Law and Economics of International Telecommunications

Under the Auspices of the
Max Planck Institute for Foreign and International Private Law
edited by Prof. Ernst-Joachim Mestmäcker

Volume 18

Henning Knorr

Ökonomische Probleme von Kompatibilitätsstandards

Eine Effizienzanalyse unter besonderer Berücksichtigung des Telekommunikationsbereichs

Nomos Verlagsgesellschaft
Baden-Baden

Die Deutsche Bibliothek – CIP-Einheitsaufnahme

Knorr, Henning:
Ökonomische Probleme von Kompatibilitätsstandards: Eine Effizienzanalyse unter besonderer Berücksichtigung des Telekommunikationsbereichs / Henning Knorr. – 1. Aufl. – Baden-Baden: Nomos Verl.-Ges., 1993
(Wirtschaftsrecht der internationalen Telekommunikation ; Vol. 18)
Zugl.: Hamburg, Univ., Diss., 1992
ISBN 3-7890-2864-9
NE: Law and Economics of International Telecommunications

1. Auflage 1993

Vorwort des Herausgebers

Die vorliegende Arbeit ist als Teil des Forschungsprojekts "Wirtschaftsrecht der internationalen Telekommunikation" im Max-Planck-Institut für ausländisches und internationales Privatrecht in Hamburg entstanden. Die Entwicklung von Kompatibilitätsstandards ist im Zeichen der Deregulierung des traditionell monopolisierten Fernmeldewesens weltweit zu einem der zentralen Probleme der Wettbewerbs- und Industriepolitik geworden. Der Verfasser hat sich die Aufgabe gestellt, die Voraussetzungen für eine effiziente und wettbewerbsorientierte Standardisierungspolitik zu klären. Das geschieht in Auseinandersetzung mit den Besonderheiten, die sich aus den Kompatibilitätserfordernissen zwischen den Komponenten eines Telekommunikationsnetzwerks ergeben. Es sind diese Besonderheiten, die zugleich die Struktur der Telekommunikationsmärkte prägen. Die Arbeit verbindet die theoretische ökonomische Analyse mit der Untersuchung der tradierten Verfahren der Standardisierung im Telekommunikationsbereich auf nationaler, europäischer und internationaler Ebene. Sie ermöglicht eine vergleichende Bewertung wettbewerblicher, kooperativer und regulierter Standardisierungsprozesse und der mit ihnen verbundenen institutionellen Probleme.

Die Arbeit wurde vom Fachbereich Wirtschaftswissenschaften der Universität Hamburg als Dissertation angenommen und von Prof.Dr. E. Kantzenbach, HWWA-Institut für Wirtschaftsforschung Hamburg, betreut.

Besonderer Dank gebührt Frau Ingeborg Stahl, die das Typoskript in ein druckfähiges Format gebracht hat.

Hamburg, im Oktober 1992 *Ernst-Joachim Mestmäcker*

Inhaltsverzeichnis

Abbildungsverzeichnis

Abkürzungsverzeichnis

a.a.O.	am angegebenen Ort
Abb.	Abbildung
ANSI	American National Standards Institute
ATM	Asynchroner Transfermodus
AT&T	American Telephone & Telegraph Corp.
Aufl.	Auflage
BAPT	Bundesamt für Post und Telekommunikation
Bd.	Band
BMPT	Bundesministerium für Post und Telekommunikation
BSI	British Standards Institution
Btx	Bildschirmtext
bzw.	beziehungsweise
ca.	circa
c.p.	ceteris paribus
CCIR	International Radio Consultative Committee
CCITT	International Telegraph and Telephone Consultative Committee
CEN	Comité Européen de Normalisation
CENELEC	Comité Européen de Normalisation Electrotechnique
CEPT	Conférence Européenne des Administrations des Postes et des Télécommunications
Datex-L	leitungs-vermitteltes Datennetz
Datex-P	paket-vermitteltes Datennetz
DBP	Deutsche Bundespost
ders.	derselbe
d.h.	das heißt
dies.	dieselbe(n)
DIN	Deutsches Institut für Normung
Diss.	Dissertation
DK	Durchschnittskosten
DKE	Deutsche Elektrotechnische Kommission
DKK	kurzfristige Durchnittskostenkurve
DV	Datenverarbeitung
E-Mail	Electronic Mail
ed.	Edition
EDI	Electronic Data Interchange
EDWS	Elektronisches Digitales Wählsystem
EFTA	European Free Trade Association
EG	Europäische Gemeinschaft
EMD	Edelmetall-Motordrehwähler

etc.	et cetera
ETNO	European Public Telecommunication Network Operators
ETSI	European Telecommunications Standards Institute
EWS	Elektronisches Wählsystem
F&E	Forschung und Entwicklung
f./ff.	folgende/fortfolgende
FAG	Gesetz über Fernmeldeanlagen
FCC	Federal Communications Commission
FTZ	Fernmeldetechnisches Zentralamt
GATT	General Argeement on Tariffs and Trade
GWB	Gesetz gegen Wettbewerbsbeschränkungen
HdB	Handwörterbuch der Betriebswirtschaft
HDTV	High Definition Television
HdWW	Handwörterbuch der Wirtschaftswissenschaften
Hrsg.	Herausgeber
IBC	Integrated Broadband Communications (Integrierte Breitbandkommunikation)
IBM	International Business Machines Corp.
IEC	International Electrotechnical Commission
IEEE	Institute of Electrical and Electronic Engineers
insb.	insbesondere
ISDN	Integrated Services Digital Network
ISO	International Organization for Standardization
ITU	International Telecommunication Union
Jg.	Jahrgang
JTC	Joint Technical Committee
Kap.	Kapitel
LAN	Local Area Network
LDK	langfristige Durchschnittskostenkurve
MAN	Metropolitan Area Network
MOS	Mindest-Optimale Betriebsgröße
NET	Norme Européen de Télécommunication
No.	Number
Nr.	Nummer
OECD	Organization for Economic Cooperation and Development
OFTEL	Office of Telecommunications
o.J.	ohne Jahr
ONA	Open Network Architecture
ONP	Open Network Provision

o.O.	ohne Ort
OSI	Open System Interconnection
o.V.	ohne Verfasser
PBX	Private Branch Exchange (Nebenstellenanlage)
PostStruktG	Gesetz zur Neustrukturierung des Post- und Fernmeldewesens und der Deutschen Bundespost
PTT	Post, Telephone & Telegraph Administration
S.	Seite
SDH	Synchrone Digital Hierarchie
Sp.	Spalte
TKV	Telekommunikationsverordnung
TKZulV	Verordnung über die Zulassung von Telekommunikationseinrichtungen
TRAC	Technical Recommendations Applications Comittee
u.a.	und andere
VANS	Value Added Network Services
VDMA	Verband Deutscher Maschinen- und Anlagenbau
vgl.	vergleiche
Vol.	Volume
WAN	Wide Area Network
ZVEI	Zentralverband der Elektrotechnischen Industrie
ZZF	Zentralamt für Zulassungen im Fernmeldewesen

Teil I: Einführung

1. *Problemstellung*

»... given the implications of standardization for competition, innovation, and international trade, most would agree that the standards problem is one the most important, yet understudied, issues before us today.« (*Berg*, 1990)[1]

Wie diese Aussage von *Berg* andeutet, sind Standards wichtige Determinanten der Marktstruktur, des Marktverhaltens und des Marktergebnisses. Dies gilt insbesondere für diejenigen Standards, die ein technisches Zusammenwirken von Gütern unterschiedlicher Hersteller ermöglichen, d.h. für *Kompatibilitätsstandards*. Trotz ihrer weitreichenden Bedeutung für wichtige Branchen wie Telekommunikation, Datenverarbeitung oder Unterhaltungselektronik wurden die ökonomischen Probleme dieser Standards in der Literatur lange Zeit vernachlässigt. Von wenigen Ausnahmen abgesehen, gilt dies für den deutschen Sprachraum auch heute noch.[2]

Seit Mitte der achtziger Jahre wurden im englischen Sprachraum verstärkt Untersuchungen mit dem Ziel durchgeführt, die ökonomischen Probleme der Kompatibilität im allgemeinen und die der Kompatibilitätsstandards im besonderen zu verdeutlichen. Ausgehend von der zentralen Fragestellung, ob durch unregulierte, marktliche Standardisierungsprozesse ein gesamtwirtschaftlich effizienter Kompatibilitätsgrad erreicht wird, hat sich die Ökonomie der Kompatibilitätsstandards mittlerweile zur Ökonomie von *Pferden*, *Pinguinen* und *Lemmingen*, zur Ökonomie von *engen Fenstern* (»Narrow Windows«), *blinden Giganten* (»Blind Giants«) und *verärgerten Waisen* (»Angry Orphans«) entwickelt - um nur einige Begriffe zu verwenden, die den Ideenreichtum der Ökonomen dieses Forschungszweigs belegen. Trotzdem sind viele Fragen

---

1 *Berg, S.V.*: Technical Standards and Technological Change in the Telecommunications Industry, in: Advances in Applied Micro-Economics, Vol. 5 (1990), S. 105-127 (123 f.), im folgenden zitiert als: Berg (1990).

2 Ausnahmen bilden *Pfeiffer, G.*: Kompatibilität und Markt: Ansätze zu einer ökonomischen Theorie der Standardisierung, Baden-Baden 1989, im folgenden zitiert als: *Pfeiffer (1989)* und *Wiese, H.*: Netzeffekte und Kompatibilität: Ein theoretischer und simulationsgeleiteter Beitrag zur Absatzpolitik für Netzeffekt-Güter, Stuttgart 1990. Beide Autoren widmen sich den modelltheoretischen Analysen zur Effizienz marktlicher, nichtkooperativer Standardisierungsprozesse.

noch offen, und die Ökonomie der Kompatibilitätsstandards ist immer noch alles andere als ein »Standard« der Lehrbuchliteratur.[3]

Eine Branche, in der Kompatibilitätsstandards zweifellos eine zentrale Rolle spielen, ist der *Telekommunikationsbereich*. Die Telekommunikation, d.h. der Austausch von Informationen mittels nachrichtentechnischer Übertragungsverfahren,[4] zeichnete sich in den letzten Jahrzehnten durch eine wachsende gesamtwirtschaftliche Bedeutung aus. Sie übernimmt heute eine Schlüsselrolle für das Wirtschaftsgeschehen innerhalb der entwickelten Volkswirtschaften wie auch für den Welthandel.

Die Branche selbst unterliegt einem hohen Wandel: Einerseits ermöglichen der technische Fortschritt in der Mikroelektronik und der zunehmende Einsatz von Datenverarbeitungstechnologien in der Nachrichtentechnik immer neue Telekommunikationsdienstleistungen und -geräte. Andererseits sind die Fernmeldemärkte in den entwickelten Volkswirtschaften Gegenstand tiefgreifender ordnungspolitischer Umgestaltungen. Waren die nationalen Telekommunikationsmärkte lange Zeit durch weitgehende, rechtlich abgesicherte Monopolstellungen der sog. »Fernmeldeverwaltungen« (wie z.B. die Deutsche Bundespost, DBP) gekennzeichnet, so wird nun in steigendem Ausmaß Wettbewerb zugelassen, um das durch den technischen Fortschritt entstandene Innovationspotential auszuschöpfen.

Die wachsende gesamtwirtschaftliche Bedeutung des Telekommunikationsbereichs und der technologisch-ökonomische Wandel der Telekommunikationsmärkte lassen es sinnvoll erscheinen, die ökonomischen Probleme von Kompatibilitätsstandards anhand dieser Branche näher zu untersuchen. Insbesondere zwei Faktoren unterstreichen die Relevanz des Standardisierungsproblems in dieser Industrie:

Erstens ist hier die Standardisierung in der Vergangenheit vielfach als *industriepolitisches Mittel* eingesetzt worden, um nationale Märkte gegenüber ausländischen Konkurrenten abzuschotten. Das bekannteste, aktuelle Beispiel für diesen »industriepolitischen Wettbewerb« ist der Kampf um die Standards für das zukünftige, hochauflösende Fernsehen HDTV, der zwischen der Europäischen Gemeinschaft, Japan und den USA mit unverminderter Härte ausgetragen wird.

---

3 *Scherer/Ross* widmen dem Problem beispielsweise ganze zwei, *Tirole* immerhin sechs Seiten. Vgl. *Scherer, F.M./Ross, D.*: Industrial Market Structure and Economic Performance, 3. Aufl., Boston 1990, S. 607-608; *Tirole, J.*: The Theory of Industrial Organization, Cambridge, London 1988, S. 404-409.

4 Vgl. z.B. *Berger H./Blankart, C.B./Picot, A.* (Hrsg.): Lexikon der Telekommunikationsökonomie, Heidelberg 1990, Stichwort »Telekommunikation«, S. 295.

Zweitens entsteht durch die ordnungspolitischen Umgestaltungen im Telekommunikationsbereich die Notwendigkeit, die traditionelle Standardisierung der Monopolunternehmen in eine Standardisierung durch den Markt zu überführen. Durch die Auflösung der Monopolstellungen gewinnen Kompatibilitätsstandards zugleich eine zentrale Bedeutung für einen funktionsfähigen Wettbewerb im Telekommunikationsbereich. Es ergibt sich insgesamt die Notwendigkeit für eine *effiziente, wettbewerbsorientierte Standardisierungspolitik*, die die Trennlinie zwischen Markt und Regulierung neu definieren muß. Da im Telekommunikationsbereich im wesentlichen keine Erfahrungen mit rein marktlichen Standardisierungsprozessen vorliegen, ist es sinnvoll, für die Ausgestaltung dieser Politik auf die Erkenntnisse zurückzugreifen, die sich aus der theoretischen Behandlung des Kompatibilitätsproblems gewinnen lassen.

Daß auch die ökonomische Bedeutung von Standards im Telekommunikationsbereich in der Vergangenheit unterschätzt wurde, spiegelt sich bereits darin wider, daß trotz der Relevanz des Problems nur wenige vertiefende Analysen vorliegen. Ein Grund für die Vernachlässigung des Problems ist allerdings auch in den nicht leicht zugänglichen *technischen* Zusammenhängen zu sehen, die die *ökonomische* Analyse mitunter erheblich erschweren.

Mit der vorliegenden Arbeit wird insgesamt das Ziel verfolgt, im Rahmen einer Effizienzanalyse die grundlegenden ökonomischen Probleme von Kompatibilitätsstandards strukturiert aufzuzeigen und - hierauf aufbauend - die branchenspezifischen Probleme dieser Standards im Telekommunikationsbereich zu analysieren, um schließlich Empfehlungen für eine effiziente Standardisierungspolitik für diese Industrie ableiten und überprüfen zu können.

Auf diese Weise wird ein zusammenfassender Beitrag zur Ökonomie der Kompatibilitätsstandards geleistet, der durch die Anwendung auf die Telekommunikation weiterführt und gleichzeitig einen Beitrag zur Deregulierungsdiskussion in diesem Sektor darstellt. Zwar läßt das vergleichsweise breite Untersuchungsspektrum die vertiefende Analyse einzelner Aspekte oftmals nicht zu. Mit dieser Arbeit soll jedoch vielmehr eine geordnete Grundlage für die weitere Forschung geschaffen werden, die die hier aufgezeigten Probleme vertiefen und die noch ungelösten Fragen beantworten kann.

2. *Gang der Untersuchung*

Im folgenden II. Teil der Arbeit wird eine theoretische Effizienzanalyse der gesamtwirtschaftlichen Wirkungen von Kompatibilitätsstandards und der zugrundeliegenden Standardisierungsprozesse durchgeführt. Hierdurch wird nicht nur die bisherige Diskussion in der Literatur strukturiert zusammengefaßt, sondern es entsteht zugleich ein analytischer Rahmen, der für die Untersuchung und Einordnung branchenspezifischer Probleme genutzt werden kann.

Notwendige Voraussetzung der Effizienzanalyse ist die Bestimmung des Begriffes »Kompatibilitätsstandard« sowie die Festlegung von Effizienzkriterien, die als ökonomischer Maßstab der Analyse dienen. Diesen Fragen widmet sich Abschnitt II.1. Da in der Literatur keine operationale Definition des Begriffes Kompatibilitätsstandard existiert, wird ein eigener Ansatz zur Begriffsklärung erarbeitet.

Im folgenden Abschnitt II.2 wird untersucht, welche kurz- und langfristigen Effizienzwirkungen von Kompatibilitätsstandards ausgehen, wobei zwischen potentiellen Effizienzgewinnen und Effizienzverlusten unterschieden wird. Da Kompatibilitätsstandards nicht die einzige Möglichkeit zur Erlangung von Kompatibilität in wettbewerblichen Märkten sind, werden im Rahmen eines kurzen Exkurses die gesamtwirtschaftlichen Effizienzwirkungen der sog. »Gateway-Technologien«, die eine Anpassung originär inkompatibler Güter ermöglichen, analysiert. Den Abschluß dieses Abschnitts bildet eine zusammenfassende Untersuchung der Frage, unter welchen Marktbedingungen Kompatibilitätsstandards die Erlangung gesamtwirtschaftlicher Effizienz erwarten lassen und wann sich Gateway-Technologien als überlegen erweisen können. Die vergleichsweise breite Analyse in diesem Teil rechtfertigt sich durch die Tatsache, daß eine strukturierte Darstellung der Effizienzwirkungen von Kompatibilitätsstandards (und Gateway-Technologien) bislang nicht erfolgt ist.

Im folgenden Abschnitt II.3 werden marktliche und regulatorische Standardisierungsprozesse zur Erlangung von Kompatibilität analysiert. Zentral ist hierbei die Frage, ob durch unregulierte, nicht-kooperative Marktprozesse ein gesamtwirtschaftlich effizienter Standardisierungsgrad erreicht wird. Da dies der Bereich ist, mit dem sich die Literatur intensiv auseinandersetzt, können ausgewählte modelltheoretische Analysen nachgezeichnet werden, die einen Überblick über die Effizienz dieser Standardisierungsprozesse erlauben. Anschließend wird die Rolle der Kooperation von Wirtschaftssubjekten im Standardisierungsprozeß untersucht, da in der vorangehenden Analyse - zumindest teilweise - auch Funktionsmängel von Marktprozessen deutlich werden. Aus dem gleichen Grund wird analysiert, ob und unter welchen Bedingungen staatliche Eingriffe in den Standardisierungsprozeß das Erreichen eines effizienten Kompatibilitätsgrades beschleunigen oder überhaupt erst ermöglichen können. Ausgangspunkt dieser Diskussion sind die »klassischen« Ursachen des Marktversagens, die um ein »nachfrageseitiges natürliches Monopol« als zusätzliche Ursache erweitert werden.

Nachdem in Teil II grundlegende Einsichten in die Effizienz von Kompatibilitätsstandards und der zugrundeliegenden Standardisierungsprozesse entwickelt wurden, wird in Teil III der Arbeit analysiert, welche branchenspezifischen Bedingungen im Telekommunikationsbereich vorliegen. Obwohl der Begriff »Telekommunikation« sowohl die Zweiweg-Kommunikation des Fernmeldebereichs (Telefon-, Telex-, Telefax-Dienst etc.) als auch die Einweg- bzw. Verteilkommunikation des Rundfunkbereichs (Hörfunk, Fernsehen) umfaßt, muß die Analyse im III. Teil aus Vereinfachungsgründen auf den Fernmeldebereich beschränkt bleiben.[5] Sie läßt sich jedoch relativ problemlos auf die Verteilkommunikation übertragen. Dies gilt insbesondere im Hinblick auf die zukünftige, integrierte Breitbandkommunikation (IBC), die einem vollständigen technologischen Zusammenwachsen der beiden »klassischen« Bereiche gleichkommt.

Im Abschnitt III.1 werden die technologischen und ökonomischen marktstrukturellen Faktoren diskutiert, die die Effizienz von Kompatibilitätsstandards im Telekommunikationsbereich aufzeigen. Zu den technologischen Faktoren gehören die Struktur von Telekommunikationsnetzwerken und die hieraus resultierenden, weitreichenden Kompatibilitätserfordernisse. Mit diesen technologischen Faktoren sind Größenvorteile auf Nachfrage- und Angebotsseite, Irreversibilitäten und Transaktionskosten verbunden, die als ökonomische Faktoren untersucht werden.

Abschnitt III.2 bringt die überblicksartige Darstellung und die Kritik der etablierten Vorgehensweisen zur Erlangung von Kompatibilität im Telekommunikationsbereich. Ausgehend von den monopolistischen Marktstrukturen, die das Aussehen der nationalen Telekommunikationsmärkte seit ihrem Bestehen bestimmt haben, werden die etablierten Verfahren zur Schaffung von Kompatibilitätsstandards auf internationaler und europäischer Ebene dargestellt. Das Vorgehen auf nationaler Ebene wird am Beispiel der Bundesrepublik verdeutlicht.

Der zentrale Untersuchungsgegenstand des III. Teils ist die Notwendigkeit einer wettbewerbsorientierten Standardisierungspolitik, die sich sowohl aus der Ineffizienz der etablierten Verfahrensweisen als auch durch die einschneidenden ordnungspolitischen Umgestaltungen der nationalen Telekommunikationsmärkte ergibt. Letztere werden im Abschnitt III.3 einführend dargestellt.

---

5 Die Begriffe Telekommunikationsbereich und Fernmeldebereich werden aus Vereinfachungsgründen im folgenden synonym verwendet.

Anschließend werden auf der Basis der in der Theorie gewonnenen Erkenntnisse die Anforderungen an eine effiziente Standardisierungspolitik unter Berücksichtigung der speziellen Bedingungen des Telekommunikationsbereichs abgeleitet. Dabei werden sowohl symmetrische als auch asymmetrische Wettbewerbsbedingungen im Standardisierungsprozeß berücksichtigt. Im Abschnitt III.4 werden schließlich die bislang erfolgten institutionellen Reformen auf internationaler, europäischer und nationaler Ebene diskutiert, um eine Einschätzung der Effizienz der »neuen« Standardisierungspolitik im Telekommunikationsbereich zu ermöglichen. Die Abschnitte III.3 und III.4 sind damit explizit der Deregulierungsdiskussion im Telekommunikationsbereich gewidmet.

Im IV. Teil werden die Ergebnisse der Arbeit zusammengefaßt und Ansätze der weiteren Forschung aufgezeigt.

Teil II: Theoretische Grundlagen von Kompatibilitätsstandards

In diesem Teil der Arbeit sollen zunächst grundlegende Begriffsbestimmungen und Abgrenzungen zum Problem der Kompatibilitätsstandards vorgenommen werden (dazu 1.). Anschließend werden die Wirkungen dieser Standards auf die gesamtwirtschaftliche Effizienz untersucht (dazu 2.). Schließlich werden marktliche Standardisierungsprozesse und regulatorische Eingriffsalternativen analysiert (dazu 3.).

1. *Grundlegende Begriffsbestimmungen und Abgrenzungen*

Eine notwendige Voraussetzung einer Effizienzanalyse von Kompatibilitätsstandards ist die Bestimmung des Begriffes »Kompatibilitätsstandard« (dazu 1.1) sowie die Festlegung von Effizienzkriterien, die als ökonomischer Maßstab der Analyse dienen (dazu 1.2).

1.1 *Begriffsbestimmung »Kompatibilitätsstandard«*

Zur Bestimmung des Begriffes »Kompatibilitätsstandard« muß geklärt werden, was aus ökonomischer Sicht unter »Standardisierung« bzw. unter »Standards« einerseits und unter »Kompatibilität« andererseits zu verstehen ist.

1.1.1 *Standardisierung / Standard*

»Standardisierung« bedeutet allgemein Vereinheitlichung nach bestimmten Regeln oder Mustern. Standardisierung kann auf unterschiedlichen, auch nicht-ökonomischen Ebenen stattfinden.[1] Aus ökonomischer Sicht ist die Vereinheitlichung von Gütern (inklusive Dienstleistungen) und Produktionsverfahren von Interesse.

1 So z.B. moralische Normen und Standards.

In der betriebswirtschaftlichen Literatur wird bei der Standardisierung von Gütern danach unterschieden, ob lediglich bestimmte Einzelteile eines Gutes oder das Gut als Endprodukt selbst vereinheitlicht werden. Während für den ersten Fall der Begriff »Normung« geläufig ist, wird der zweite Fall als »Typung« bzw. »Typisierung« bezeichnet.[2] Da diese Unterscheidung - insbesondere im Hinblick auf komplexe Güter wie DV-Anlagen - erhebliche Abgrenzungsschwierigkeiten bereitet, wird ihr in dieser Untersuchung nicht gefolgt. Statt dessen werden die Begriffe »Standardisierung«, »Normung« und »Typung« synonym verwendet.

Standardisierung kann sowohl unternehmensintern als auch unternehmensübergreifend erfolgen. Während bei unternehmensinterner Standardisierung die Unternehmen eines Marktes voneinander unabhängige Standardisierungsentscheidungen für ihr Produktspektrum treffen, werden bei unternehmensübergreifender Standardisierung Gütermerkmale in gleicher Weise durch verschiedene Unternehmen vereinheitlicht.[3] Die Standardisierung erfolgt hier in aller Regel unter Zuhilfenahme von »Standards« (bzw. synonym: »Normen«[4]). Der »Standardisierungsgrad« eines Marktes bezieht sich folglich auf die Akzeptanz eines bestimmten Standards auf diesem Markt. In Abgrenzung zum Standardisierungsgrad eines Marktes sollte unter der »Standardisierungstiefe« eines Gutes der Anteil der unternehmensübergreifend vereinheitlichten Eigenschaften an der Gesamtzahl der Eigenschaften eines Gutes verstanden werden.

Näher zu präzisieren ist nun, was unter »Standards« selbst zu verstehen ist. Im Rahmen dieser Arbeit werden Standards auf Angebotsseite folgendermaßen abgegrenzt:[5]

Standards sind regulatorische Vorgaben bzw. explizite oder implizite Übereinkünfte zwischen unabhängigen, wirtschaftlichen Einheiten, die bestimmte Merkmale eines Gutes festlegen, um Vielfalt zu reduzieren.

---

2 Vgl. *Mathes, H.D.*: Rationalisierung, in: HdWW, Bd. 6, Stuttgart 1981, S. 399-406 (403).

3 Hierbei ist es nicht erforderlich, daß *alle* am Markt befindlichen Unternehmen in gleicher Weise vereinheitlichen. Unternehmensübergreifende Standardisierung ist streng genommen bereits dann gegeben, wenn auch nur *zwei* Unternehmen ihre Produkte nach gleichen Spezifikationen gestalten.

4 Das Wort »Norm« wird vorwiegend im deutschem und französischem Sprachraum (franz.: »norme«) verwendet. In den meisten Ländern ist hingegen der aus dem englischen Sprachraum stammende Begriff »Standard« gebräuchlich. Dieser wird auch im folgenden verwendet.

5 Operationale Definitionen des Begriffes »Standard« liegen nicht vor. Häufig werden Standards lediglich als »technische Spezifikationen« umschrieben. Vgl. z.B. *David, P.A./Greenstein, S.*: The Economics of Compatibility Standards: An Introduction to Recent Research, in: Economics of Innovation and New Technology, Vol. 1 (1990), No. 1, S. 3-41 (4).

Durch Standards wird generell aus der Gesamtmenge effektiver oder potentieller Varianten eines bestimmten Gütermerkmals *eine* Variante ausgewählt, so daß *auf dieser Ebene* Vielfalt reduziert wird. Dies kann sowohl durch staatliche Regulierung als auch durch den Markt geschehen:
Die Beispiele für Standards, die durch staatliche Regulierung verbindlich vorgegeben bzw. unverbindlich empfohlen werden, sind zahlreich. Einer der wichtigsten Bereiche staatlicher Betätigung ist der Verbraucherschutz, d.h. der Schutz von Gesundheit und Sicherheit der Konsumenten. Aber auch in anderen Bereichen - wie z.B. im öffentlichen Beschaffungswesen - spielen staatliche Vorgaben für einzelne Güter eine große Rolle. Die Analyse des Telekommunikationsbereichs wird dies zeigen.
Von den staatlich vorgegebenen Standards abzugrenzen sind die im Markt entstandenen Standards. Es lassen sich hierbei Standards unterscheiden, die auf explizite oder implizite Übereinkünfte zwischen den am Markt befindlichen Wirtschaftssubjekten zurückzuführen sind. Eine explizite Übereinkunft ist gegeben, wenn sich Unternehmen gemeinschaftlich auf eine bestimmte technologische Lösung einigen, wobei dies häufig in entsprechenden Gremien - wie z.B. dem DIN[6] auf nationaler Ebene oder der ISO[7] auf internationaler Ebene - geschieht.[8] Implizite Übereinkünfte liegen hingegen vor, wenn sich Standards in reinen Marktprozessen herausbilden, in dem Sinn, daß Unternehmen eine spezielle firmeninterne Lösung (sog. »Firmenstandard«[9]) eines anderen Unternehmens imitieren,[10] da diese Lösung auf große Akzeptanz bei den Nachfragern gestoßen ist. Das Angebot »IBM-kompatibler« Geräte auf dem Markt für Personal-Computer durch die überwiegende Mehrzahl der am Markt befindlichen Unternehmen ist nur ein Beispiel hierfür.[11]
Bezüglich der *rechtlichen* Ausgestaltung können »de-jure-« und »de-facto-Standards« unterschieden werden. De-jure-Standards sind rechtlich verbind-

6 DIN bedeutet »Deutsches Institut für Normung e.V.«.

7 ISO bedeutet »International Organization for Standardization«.

8 In dem Verständnis des DIN ist die explizite Kooperation ein wesentliches Merkmal der Normung. Dies kommt bereits in der Definition des Begriffes Normung zum Ausdruck. Nach DIN 810 ist Normung (bzw. Standardisierung) »die planmäßige, ... durch die interessierten Kreise gemeinschaftlich durchgeführte Vereinheitlichung von materiellen und immateriellen Gegenständen zum Nutzen der Allgemeinheit.« Vgl. DIN 820 Teil 3, S. 2.

9 Diese »Firmenstandards« sind nach der obigen Definition nicht als Standards zu bezeichnen. Ein Standard ist danach nur dann gegeben, wenn *mehrere* unabhängige Einheiten (Unternehmen) eine Übereinkunft treffen.

10 Es sollte beachtet werden, daß sich der Begriff »implizite Übereinkunft« - wie er hier verwendet wird - von der spieltheoretischen Begrifflichkeit unterscheidet.

11 Vgl. z.B. *Hergert, M.*: Technical Standards and Competition in the Microcomputer Industry, in: *Gabel, H.L.* (Hrsg.): Product Standardization and Competitive Strategy, Amsterdam 1987, S. 67-89.

lich, während bei de-facto-Standards[12] die rechtliche Bindung fehlt. Neben dieser *rechtlichen* Unterscheidung können Standards auch nach ihrem *räumlichen* Geltungsbereich (nationale, regionale oder internationale Märkte oder Marktsegmente) differenziert werden.

Schließlich können Standards nach ihrer *Funktion* unterschieden werden. In der Literatur werden verschiedene Arten von Standards identifiziert, mit denen unterschiedliche ökonomische Ziele verfolgt werden. *Sirbu/Estrin* geben folgende Funktionen an:[13]

— *Vielfaltsreduzierungsstandards* begrenzen die Anzahl unterschiedlicher Varianten eines Systems, um Ausbildung, Wartung und Lagerhaltung zu vereinfachen und Größenvorteile in der Produktion und Anwendung zu realisieren.

— *Informationsstandards* erleichtern Transaktionen mit komplexen Gütern, indem sie bestimmte Eigenschaften dieser Güter beschreiben.

— *Qualitätsstandards* legen Minimalanforderungen fest, wodurch den Nachfragern eine Entscheidungshilfe gegeben wird.

— *Kompatibilitätsstandards* erlauben das Zusammenwirken der Produkte bzw. Systeme unterschiedlicher Hersteller.

Betrachtet man diese von *Sirbu/Estrin* unterschiedenen Arten von Standards genauer, so wird deutlich, daß sie keinesfalls gleichberechtigt nebeneinander stehen:

Wie bereits angeführt, ist mit Standards *generell* die Reduktion von Vielfalt auf derjenigen Ebene verbunden, für die die Standards definiert werden. Konsequenterweise wären damit auch Informations-, Qualitäts- und Kompatibilitätsstandards der Gruppe der Vielfaltsreduzierungsstandards zuzurechnen. Vergleichbare Probleme ergeben sich auch für die Gruppe der Informations-

---

12 In der Literatur werden mit »de-facto-Standards« häufig nur Standards bezeichnet, die auf *implizite* Übereinkünfte der Wirtschaftssubjekte zurückgehen. Diese werden dann von »voluntary consensus standards« abgegrenzt, die *explizite* Übereinkünfte darstellen. Diese Trennung ist jedoch fragwürdig, da auch Konsensnormen in Abgrenzung zu rechtlich bindenden »de-jure-Standards« *faktische* Standards darstellen. Zur Begrifflichkeit in der Literatur vgl. z.B. *David, P.A.*: Some New Standards for the Economics of Standardization in the Information Age, in: *Dasgupta, P./Stoneman, P.* (Hrsg.): Economic Policy and Technological Performance, Cambridge 1987, S. 206-239 (212 f.), im folgenden zitiert als: *David* (1987).

13 Vgl. *Sirbu, M.A./Estrin, D.L.*: Standards, in: *Barnouw, E.* u.a. (Hrsg.): The International Encyclopedia of Communications, Vol. 4, Oxford 1989, S. 173-176 (173 f.), die als fünfte, hier nicht relevante Kategorie »testing standards« aufführen. Vgl. auch die Unterscheidung bei *Link, A.N.*: Market Structure and Voluntary Product Standards, in: Applied Economics, Vol. 15 (1983), No. 3, S. 393-401 (393); *McKnight, L.*: The International Standardization of Telecommunications Services and Equipment, in: *Mestmäcker, E.-J.* (Hrsg.): The Law and Economics of Transborder Telecommunications, Baden-Baden 1987, S. 415-436 (417).

standards. *Sirbu/Estrin* charakterisieren diese implizit durch die Eigenschaft der Transaktionskostensenkung. Auch die Transaktionskostensenkung ist letztendlich Folge der Vielfaltsreduktion,[14] so daß auch hier eine Abgrenzung zu den Vielfaltsreduzierungsstandards kaum gefunden werden kann. Analog führen auch Qualitäts- und Kompatibilitätsstandards automatisch zu Transaktionskostensenkungen, so daß eine eigenständige Kategorie »Informationsstandards« fragwürdig erscheint.[15]

Erkennt man an, daß Standards generell als Mittel der Vielfaltsreduktion und Transaktionskostensenkung angesehen werden können, so reduziert sich die Kategorisierung auf die Unterscheidung zwischen Qualitätsstandards einerseits und Kompatibilitätsstandards andererseits.[16] Allerdings ist es im Zusammenhang dieser Arbeit nötig, den Begriff des Kompatibilitätsstandards genauer zu bestimmen.

1.1.2 *Kompatibilität*

Kompatibilität bezeichnet allgemein einen Zustand der Vereinbarkeit von bestimmten Einheiten.[17] Wie kann diese Vereinbarkeit aus ökonomischer Sicht charakterisiert werden?

In der Literatur wird der Begriff der Kompatibilität - wenn überhaupt - häufig nur vage bestimmt. Einen Versuch der Begriffsklärung unternehmen *Farrell/Saloner*, die verschiedene Arten der Kompatibilität unterscheiden und diese in drei Gruppen zusammenfassen:[18]

— *Physical Compatibility* ist gegeben, wenn bestimmte Objekte mechanisch oder elektromagnetisch »zusammenpassen«.
  Als Beispiele führen sie an: Hydranten und Schläuche, Kameras und Linsen (oder Filme), Eisenbahnschienen und -achsen, Autoteile, aber auch Computer und Peripheriegeräte, Fernseher und Sendestationen etc.

---

14 Vgl. hierzu ausführlich Abschnitt II.2.1.2.3.

15 In der Kategorisierung von *Sirbu/Estrin* leuchtet zudem nicht ein, worin die Unterschiede von Informations- und Qualitätsstandards bestehen sollen.

16 In diese Richtung zielt auch *Hemenway, D.*: Industrywide Voluntary Product Standards, Cambridge 1975, S. 8, der Standards lediglich nach »uniformity« und »quality« unterscheidet. Vgl. auch *David* (1987), a.a.O., S. 213 f.

17 *Gabel* betont, daß diese Vereinbarkeit in unterschiedlichen Dimensionen auftreten kann. Er unterscheidet »multivendor«-, »multivintage«- und »productline«-Kompatibilität. Vgl. *Gabel, H.L.*: Open Standards in the European Computer Industry: The Case of X/Open, in: *ders.* (Hrsg.): Product Standardization and Competitive Strategy, Amsterdam 1987, S. 91-123 (94 f.), im folgenden zitiert als: *Gabel* (1987b).

18 Vgl. *Farrell, J./Saloner, G.*: Competition, Compatibility and Standards, in: *Gabel, H.L.* (Hrsg.): Product Standardization and Competitive Strategy, Amsterdam 1987, S. 1-21 (1 f.), im folgenden zitiert als: *Farrell/Saloner* (1987).

— *Communications Compatibility* liegt vor, wenn bestimmte Einheiten in der Lage sind, miteinander zu kommunizieren.
Beispiele für diese Kommunikationskompatibilität sind die gemeinsame Nutzung einer Sprache innerhalb eines Landes oder die Kommunikation zwischen Computern auf der Basis standardisierter technischer Protokolle.
— *Compatibility by Convention* stellt die letzte Gruppe dar, bei der die Nutzen der Kompatibilität überwiegend extern sind. *Farrell/Saloner* spielen damit auf die Bedeutung der Kompatibilität als öffentliches Gut an und nennen als Beispiele Uhrzeit und Währung.

Farrell/Saloner stellen fest, daß sich diese Gruppen keineswegs gegenseitig ausschließen. Dies ist sicherlich zu unterstreichen. So ist beispielsweise die Erlangung von Kommunikationskompatibilität zwischen zwei Telekommunikationsgeräten häufig mit der Vereinbarkeit auf physischer Ebene verbunden. Umgekehrt beschränkt sich die Vereinbarkeit von Computern und Druckern nicht auf die physische Ebene, sondern es finden zusätzlich Kommunikationsprozesse zwischen den Geräten statt, für deren effizienten Ablauf Kompatibilität auch auf dieser Ebene erstellt werden muß. Schließlich weist die gemeinsame Nutzung einer Sprache immer auch externe Nutzen auf, so daß neben der Kommunikationskompatibilität gleichzeitig »compatibility by convention« gegeben ist. Diese wenigen Beispiele zeigen bereits, daß die unterschiedlichen Dimensionen der »Kompatibilität« häufig gleichzeitig nebeneinander vorliegen.

Doch auch hiervon abgesehen wird deutlich, daß *Farrell/Saloner* den Begriff der Kompatibilität sehr weit fassen. Es ist deshalb zu fragen, ob nicht eine vergleichsweise engere Auslegung des Begriffes Kompatibilität unter Verwendung eines ökonomisch-operationalen Kriteriums möglich ist.

Katz/Shapiro, die zu den ersten Ökonomen gehören, die sich mit dem Kompatibilitätsproblem intensiv beschäftigt haben, führen den Begriff der Kompatibilität anhand eines Beispiels ein:

> »If two brands of hardware can use the same software, then the hardware brands are said to be compatible.«[19]

Allgemein formuliert bedeutet dies, daß Kompatibilität zwischen bestimmten Gütern dann gegeben ist, wenn diese in gleicher Weise ein komplementäres

---

19 *Katz, M.L./Shapiro, C.*: Network Externalities, Competition, and Compatibility, in: American Economic Review, Vol. 75 (1985), No. 3, S. 424-440 (425), im folgenden zitiert als: *Katz/Shapiro* (1985); vgl. auch *Katz, M.L./Shapiro, C.*: Product Compatibility Choice in a Market with Technological Progress, in: *Morris, D.J.* u.a. (Hrsg.): Strategic Behaviour and Industrial Competition, Oxford 1986, S. 146-165 (146), im folgenden zitiert als: *Katz/Shapiro* (1986a).

Gut nutzen bzw. mit diesem zusammenwirken können. Hieraus folgt, daß diese Güter hinsichtlich des komplementären Gutes untereinander vollständig substituierbar sein müssen.
Der Definitionsversuch von *Economides* geht in die gleiche Richtung wie der von *Katz/Shapiro*, nutzt jedoch zugleich Kostenkategorien:

> »Components produced by different manufacturers are *compatible* if it is feasible for the consumers to combine them costlessly into a working system.«[20]

Damit ist Kompatibilität allgemein dann gegeben, wenn keine speziellen Kosten bei der Substitution von Komponenten unterschiedlicher Hersteller innerhalb eines Systems entstehen. Offensichtlich ist dies bei vollständiger Substituierbarkeit der Fall.
Das Kriterium der Substitutionalität ist auch zentraler Bestandteil der differenzierten Definition von *Pfeiffer*:

> »Kompatibel sind solche Güter, die hinsichtlich einer durch eine Schnittstelle definierten Funktion vollständig substituierbar sind«.[21]

Die Substituierbarkeit von Gütern orientiert sich nach dieser Kompatibilitätsdefinition - im Gegensatz zu den Überlegungen von *Katz/Shapiro* - also nicht direkt an einem komplementären Gut, sondern wird durch eine vorgegebene Funktion determiniert, die an einer Schnittstelle zu einem komplementären Gut realisiert werden muß:

Abb. 1: Kompatibilität und Substitutionalität

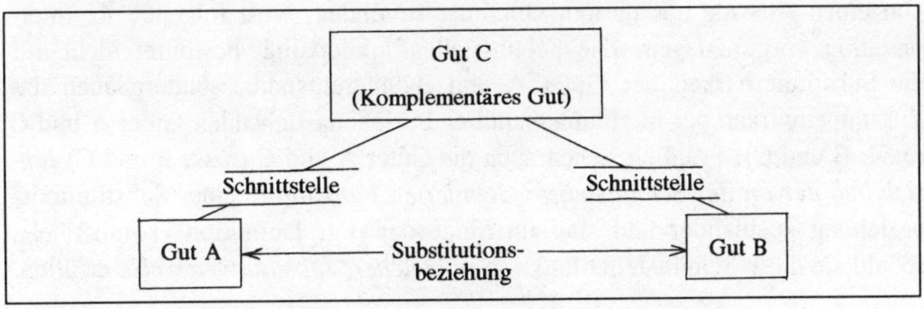

Quelle: *Pfeiffer* (1989), a.a.O., S. 23

---

20 *Economides, N.*: Desirability of Compatibility in the Absence of Network Externalities, in: American Economic Review, Vol. 79 (1989), No. 5, S. 1165-1181 (1165) (Hervorhebung im Original), im folgenden zitiert als: *Economides* (1989).

21 *Pfeiffer* (1989), a.a.O., S. 23. Unter einer *Schnittstelle* versteht er »die Gesamtheit aller Festlegungen über die 1) mechanischen Eigenschaften der Schnittstelle ..., 2) Signale ..., 3) Bedeutung der Signale ... und 4) Orte, an denen Schnittstellenleitungen mechanisch oder elektrisch unterbrochen werden«; ebenda, S. 12.

Abb. 1 verdeutlicht die Systemzusammenhänge. Das Gut C steht in einer komplementären Beziehung zu den Gütern A und B. Zwischen C und A bzw. C und B ist eine Schnittstelle definiert. Sind die Güter A und B nun vollständig substituierbar in bezug auf die Bedingungen, die an der Schnittstelle vorliegen und zur Realisation einer bestimmten Funktion erfüllt werden müssen, so gelten diese als »kompatibel« - die Güter sind dann *kompatible Substitute* (»compatible substitutes«[22]). Ein Beispiel hierfür wären Drucker, die hinsichtlich der Schnittstelle zum komplementären Computer C vollständig austauschbar sind und damit *untereinander* als kompatibel gelten. Die Nutzung des Druckers A mit dem Computer C führt dabei zum gleichen Systemoutput wie die Nutzung von Drucker B mit Computer C.

Pfeiffer betont, daß es sich bei den Beziehungen zwischen den Gütern A und C bzw. B und C dann um »normale, komplementäre Beziehungen« handele, die im alltäglichen Sprachgebrauch fälschlicherweise als »Kompatibilität« bezeichnet würden.[23] Diese Argumentation ist m.E. problematisch. Nimmt man wieder Drucker-Computer (oder auch Telefongerät-Vermittlungsstelle) als Beispiel, so wird unmittelbar deutlich, daß zwischen beiden ein direktes Zusammenwirken erreicht werden muß, das nicht unter den sehr allgemeinen Begriff der Komplementarität gefaßt werden sollte. Auch in der Literatur wird der Begriff »compatible complements«[24] gebraucht, um diese komplexen Beziehungen zwischen Gütern, die als Komplemente in einem System zusammenwirken müssen, zu verdeutlichen.

Um einen Ausweg aus diesem Dilemma zu finden, wird folgende Re-Interpretation vorgeschlagen: Die Schnittstellenfunktionalität bestimmt nicht nur die Substituierbarkeit der Güter A und B untereinander, sondern auch das Zusammenwirken der in komplementärer Beziehung stehenden Güter A und C (bzw. B und C). Folglich stehen auch die Güter A und C (bzw. B und C) *hinsichtlich der an der Schnittstelle*[25] *definierten Funktion* in einer Substitutionsbeziehung zueinander und sind im Sinne der o.g. Definition »kompatibel«, sobald sie diese Schnittstellenfunktion *in gleicher, substitutiver Weise* erfüllen.

22 *David, P.A./Bunn, J.A.*: The Economics of Gateway Technologies and Network Evolution: Lessons from Electricity Supply History, in: Information Economics and Policy, Vol. 3 (1988), No. 2, S. 165-202 (171). Vgl. auch *Sirbu, M.A./Stewart, S.*: Market Structure and the Emergence of Standards, Paper Presented at the 13th Annual Telecommunications Policy Research Conference, Airlie Virginia 1985, die bei kompatiblen Substituten von »peer-to-peer«-Kompatibilität sprechen.

23 *Pfeiffer* (1989), a.a.O., S. 23 f.

24 *David/Bunn* (1988), a.a.O., S. 171; vgl. auch *Sirbu/Stewart* (1985), a.a.O., die diesen Fall als »interface-compatibility« bezeichnen.

25 Unter einer *Schnittstelle* wird hier allgemein ein gedachter oder tatsächlicher Übergang zwischen zwei Einheiten verstanden.

In dieser Interpretation ist es damit insgesamt gleichgültig, ob es sich bei den relevanten Gütern, die in irgendeiner Form an einer vorgegebenen Schnittstelle zusammenwirken sollen, um Güter mit ansonsten substitutiven oder komplementären Aufgaben im Gesamtsystem handelt. Wichtig ist nur, daß diese Güter *die vorgegebene Funktion an der Schnittstelle in gleicher Weise* erfüllen, d.h. daß sie hinsichtlich *dieser* Schnittstellenbedingungen substituiert werden *könnten* - unabhängig von ihrer Aufgabe im Gesamtsystem.
Kritiker dieser Interpretation werden einwenden, daß zwischen komplementären Gütern eine Positiv/Negativ-Beziehung (z.B. Stecker und Steckdose, Magnetkopplung) besteht, so daß dann auch keine Substituierbarkeit gegeben sein kann. Tatsächlich taucht dieses Problem im wesentlichen nur auf der rein physischen Ebene, d.h. auf der Ebene der *mechanischen oder elektromagnetischen Trennstelle* zwischen komplementären Gütern auf.
Im Gegensatz hierzu läßt sich das Zusammenwirken von komplementären Gütern an einer Schnittstelle, das über das physische Zusammenpassen an der Trennstelle hinausgeht, durch das Kriterium »Substituierbarkeit« sehr wohl angemessen beschreiben: Für das Zusammenwirken der Komponenten eines Datenverarbeitungs- oder eines Telekommunikationsnetzwerks ist es entscheidend, daß über die (wie auch immer realisierte) physische Verbindung die *gleiche* Art von Signalen (elektrisch, optisch, akustisch) in *gleicher* Weise (Spannungsstärke, Spannungspegel) nach *gleichen* Kommunikationsprotokollen ausgetauscht und die übermittelten Informationen in *gleicher* Weise interpretiert werden.[26] Auch bei Videorecordern und -kassetten, bei Compact-Disk-Geräten und Tonträgern oder bei Computern und Disketten ist nicht das Problem vorrangig, daß die Informationsträger in die Geräte »passen«, sondern daß die auf einem Träger gespeicherte Information in der *gleichen* Formatierung vorliegt und *gleichen* Konventionen folgt, wie sie vom Gerät für die Interpretation und Verarbeitung benötigt werden.
Schon um den Begriff der Kompatibilität nicht zu weit zu fassen, ist es insgesamt sinnvoll, das reine physische »Zusammenpassen« von Gütern als »strikte Komplementarität« aufzufassen und »nur« den darüber hinausgehenden Bereich des Zusammenwirkens von Gütern an einer Schnittstelle als »Kompatibilität« zu verstehen. Diese Eingrenzung erweist sich dabei nicht so restriktiv, wie sie auf den ersten Blick erscheinen mag, denn hierdurch werden nicht einfach Probleme »wegdefiniert«, es treten die eigentlichen, ökonomischen Probleme der Kompatibilität vielmehr erst isoliert hervor: So ist es beispielsweise für Newcomer, die eine Komponente eines am Markt

26 Für den Telekommunikationsbereich wird dies unter Abschnitt III.1.1.2 anhand des »ISO-Schichtenmodells« präzisiert.

etablierten Systems anbieten möchten, vergleichsweise leicht möglich, im Wege der Imitation der Konkurrenzprodukte die Vereinbarkeit der Komponenten auf physischer Ebene sicherzustellen. Für das Erreichen eines höherwertigen Zusammenwirkens der Komponenten - wie in den genannten Beispielen - ist dies typischerweise jedoch nicht der Fall. Ebenso geht das Problem, einen möglichst fließenden Übergang von einer alten zu irgendeiner neuen Technologie zu realisieren, insbesondere in Branchen wie Telekommunikation, Datenverarbeitung oder Unterhaltungselektronik weit über die Vereinbarkeit der Technologien auf physischer Ebene hinaus.

1.1.3 *Ergebnis*

Nachdem gezeigt wurde, was unter »Kompatibilität« und unter »Standards« aus ökonomischer Sicht zu verstehen ist, kann nun der Begriff »Kompatibilitätsstandard« festgelegt werden:
Kompatibilitätsstandards sind vielfaltsreduzierende regulatorische Vorgaben oder Übereinkünfte zwischen unabhängigen, wirtschaftlichen Einheiten, die die vollständige Substituierbarkeit von Gütern hinsichtlich einer vorgegebenen Schnittstellenfunktion ermöglichen.
In Abgrenzung zu Kompatibilitätsstandards stellen dann »Qualitätsstandards« sonstige Vorgaben bzw. Übereinkünfte dar, die *nicht* mit dem Ziel der Erlangung von Kompatibilität im Zusammenhang stehen.[27]
Sofern nicht abweichend angegeben, bezeichnet der Oberbegriff »Standardisierung« im folgenden vereinfachend die Vereinheitlichung von Gütern mit dem Ziel der Erlangung von Kompatibilität.

1.2 *Effizienzkriterien*

Eine ökonomische Analyse kann nicht ohne einen Maßstab auskommen, anhand dessen die Ergebnisse von Märkten beurteilt werden. Deshalb ist es notwendig, Effizienzkriterien festzulegen, die diese Beurteilung ermöglichen.
Im Rahmen dieser Arbeit wird unter ökonomischer Effizienz »die kostenminimale Erstellung der richtigen Produktqualitäten und -mengen und ihr Angebot zu den richtigen Preisen«[28] verstanden. Diese »umfassende« ökonomische

---

27 Für einen Überblick über die Effizienzwirkungen von Qualitätsstandards vgl. *Hemenway* (1975), a.a.O., S. 47 ff. und *Oberlack*, H.G.: Handelshemmnisse durch Produktstandards: Ökonomische Aspekte ihrer Beseitigung, Hamburg 1989, Kap. 1.

28 *Kruse, J.*: Ökonomie der Monopolregulierung, Göttingen 1985, S. 70.

Effizienz kann weiter unterteilt werden in die Subkriterien der allokativen, technischen und qualitativen Effizienz, die im folgenden kurz dargestellt werden.[29]

Allokative Effizienz ist gegeben, wenn auf einem Markt die »richtigen« Preis- und Mengenverhältnisse für vorgegebene Produkte und vorgegebene Kosten- und Nachfragefunktionen vorliegen. Für den Fall abnehmender oder konstanter Skalenerträge wird dies genau dann realisiert, wenn der Marktpreis in Höhe der (langfristigen) Grenzkosten festgelegt wird. Dieser Punkt zeichnet sich dadurch aus, daß die Summe aus Konsumenten- und Produzentenrente[30] maximal ist. Jede Abweichung von diesem Punkt bedingt einen Effizienzverlust, der allgemein als »Dead Weight Loss« bezeichnet wird.[31]

Als Voraussetzung für allokative Effizienz muß *technische Effizienz* gegeben sein. Technische Effizienz liegt vor, wenn ein vorgegebener Output kostenminimal erstellt wird. Unter der Annahme einer langfristigen Durchschnittskostenfunktion (LDK), die die jeweils minimalen Kosten bei unterschiedlichen Betriebsgrößen angibt, bedeutet technische Ineffizienz jede Abweichung der tatsächlichen Durchschnittskosten vom gesamtwirtschaftlich minimalen Niveau. Die Gründe hierfür können unterschiedlicher Natur sein:

Überhöhte Kosten können einmal dadurch entstehen, daß die Beschäftigten des Unternehmens danach streben, geldliche und nichtgeldliche Extra-Vorteile zu realisieren. Derartige Vorteile der Unternehmensinsider bestehen z.B. in überhöhten Löhnen und Gehältern, überhöhten Sozial- und Sonderleistungen oder in überhöhtem Repräsentationsaufwand. Sowohl die Realisation dieser Insiderrenten selbst als auch das Streben danach führt zu überhöhten Organisationskosten und damit zu einer gesamtwirtschaftlichen Ressourcenverschwendung. Diese Art der technischen Ineffizienzen wird in der Literatur üblicherweise unter dem Begriff »X-Ineffizienz« diskutiert.[32]

Technische Ineffizienzen sind darüber hinaus dann gegeben, wenn bei der Produktion nicht sämtliche Massenproduktionsvorteile (Economies of Scale)

---

29 Vgl. hierzu die ausführliche Darstellung dieser Kriterien bei *Kruse* (1985), a.a.O., S. 70-142.

30 Die Konsumentenrente ist der aggregierte Vorteil der Nachfrager, der bestimmt wird aus der Differenz von Zahlungsbereitschaft und dem zu zahlenden Preis. Die Produzentenrente ist analog der aggregierte Vorteil der Anbieter und entspricht der Differenz von Erlös und Kosten, d.h. dem Gewinn. Vgl. *Kruse* (1985), a.a.O., S. 74; *Siebke, J.*: Preistheorie, in: *Bender, D.* u.a. (Hrsg.): Vahlens Kompendium der Wirtschaftstheorie und Wirtschaftspolitik, Bd. 2, München 1981, S. 57-111 (77 f.).

31 Statt vieler vgl. hierzu *Scherer/Ross* (1990), a.a.O, S. 18-29.

32 Vgl. grundlegend *Leibenstein, H.*: Allocative Efficiency vs. X-Efficiency, in: American Economic Review, Vol. 56 (1966), S. 392-415; *Scherer/Ross* (1990), a.a.O., S. 668-672.

ausgeschöpft werden (Skalen-Ineffizienz), oder wenn mit einer suboptimalen Technologie produziert wird (Verfahrens-Ineffizienz):[33]

Abb. 2: Technische Ineffizienzen

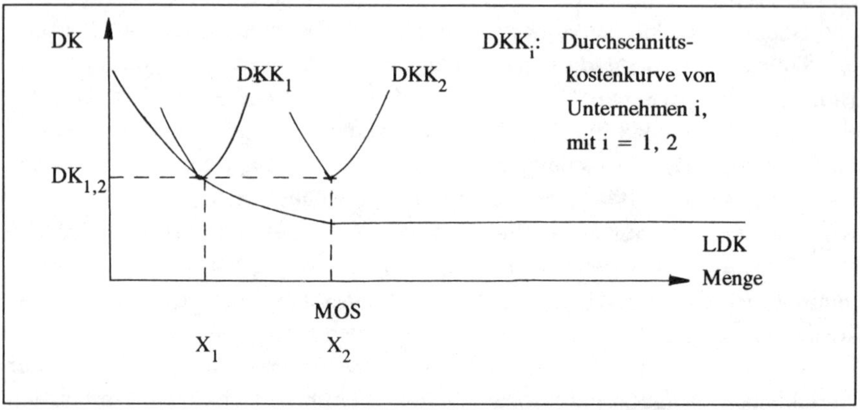

Ausgehend von einer am Markt nachgefragten Menge x_2 liegt in Abb. 2 eine Skalen-Ineffizienz im Punkt DK_1/X_1 vor. Unternehmen 1, dessen Kostenfunktion durch DKK_1 dargestellt wird, produziert mit einer Betriebsgröße, die kleiner als die Mindest-Optimale Betriebsgröße (MOS)[34] ist, so daß nicht alle Massenproduktionsvorteile ausgeschöpft werden. Eine Verfahrens-Ineffizienz ist hingegen bei DK_2/X_2 gegeben, da die Produktionstechnologie des Unternehmens 2 - dargestellt durch die resultierende Durchschnittskostenkurve DKK_2 - keine gesamtwirtschaftlich minimalen Kosten ermöglicht.

Qualitative Effizienz liegt vor, wenn die angebotenen Güter hinsichtlich ihrer qualitativen Eigenschaften den Präferenzen der Nachfrager bestmöglich entsprechen.[35] Anders formuliert bedeutet dies, daß die gesamtwirtschaftliche Angebotsstruktur der Präferenzstruktur der Nachfrager gleichkommen muß. Die qualitative Effizienz stellt demzufolge die Frage nach optimalen Produkten bzw. optimalen Produkteigenschaften.

Hinsichtlich des ökonomischen Qualitätsbegriffes ist dabei zu beachten, daß Qualitätsunterschiede, die zwischen Gütern bestehen, nicht notwendigerweise anzeigen, daß bestimmte Güter »besser« oder »schlechter« sind als andere

33 Möglich sind ferner Kapazitäts-Ineffizienzen durch suboptimale Kapazitätsauslastung. Da diese nur kurzfristig eine Bedeutung besitzen, werden sie hier nicht näher betrachtet.
34 Zur MOS vgl. *Scherer/Ross* (1990), a.a.O., S. 103.
35 Vgl. *Kruse* (1985), a.a.O., S. 117.

Güter, sie können vielmehr auch nur »anders« sein (z.B. unterschiedliche Farbgebung).
Diese drei Subkriterien der gesamtwirtschaftlichen Effizienz, die im vorangehenden als *statische* Kriterien angegeben wurden, lassen sich auch für eine *dynamische* Betrachtung verwenden. Zu untersuchen ist dann, in welcher Zeitdauer von einer (allokativ, technisch und/oder qualitativ) ineffizienten Situation zu einem gegebenen Optimum gekommen werden kann. Hierbei muß berücksichtigt werden, daß sich die gesamtwirtschaftlichen Optima im Zeitablauf typischerweise ändern. Verantwortlich sind Produkt- und Prozeßinnovationen, die einerseits Angebots- und Präferenzstrukturen sowie andererseits Kostenstrukturen verändern.[36]

2. *Gesamtwirtschaftliche Effizienzwirkungen von Kompatibilitätsstandards*

Im folgenden werden die wesentlichen Effizienzwirkungen von Kompatibilitätsstandards dargestellt, um deren gesamtwirtschaftliche Bedeutung aufzuzeigen. Als zentraler Aspekt der Analyse erweist sich die *Vielfaltsreduktion*, die durch diese Standards hervorgerufen wird.[37] Prinzipiell lassen sich alle Effizienzwirkungen unmittelbar oder mittelbar auf die Vielfaltsreduktion zurückführen.
Der Abschnitt ist wie folgt gegliedert: die gesamtwirtschaftlichen Effizienzwirkungen von Kompatibilitätsstandards werden unterteilt in Effizienzgewinne einerseits (dazu 2.1) und Effizienzverluste andererseits (dazu 2.2). Da Standards nicht das einzige Mittel zur Erlangung von Kompatibilität sind, werden im Rahmen eines kurzen Exkurses die gesamtwirtschaftlichen Vor- und Nachteile von »Gateway-Technologien« untersucht (dazu 2.3). Zusammenfassend werden Kompatibilitätsstandards und Gateway-Technologien bezüglich ihrer gesamtwirtschaftlichen Effizienz gegenübergestellt (dazu 2.4).

---

36 Produktinnovationen fallen dabei in den Untersuchungsbereich der qualitativen Effizienz, Prozeßinnovationen sind hingegen dem Bereich der technischen Effizienz zuzuordnen.

37 Überraschenderweise wird die Vielfaltsreduktion in der Literatur häufig nur als *eine* mögliche, aber nicht als *die* Effizienzwirkung von Standards aufgefaßt. Eine Ausnahme bildet *Gabel*: »*By definition*, standardization is a reduction in one kind of variety«; *Gabel, H.L.*: The Competitive Factors influenced by Standardization, Summary of the Workshop, in: *Berg, J.L./Schumny, H.*: The Information Technology Standardization Process, Amsterdam 1990, S. 443-447 (445, Hervorhebung durch den Verfasser), im folgenden zitiert als: *Gabel* (1990).

2.1 *Effizienzgewinne durch Kompatibilitätsstandards*

Die wesentlichen durch Kompatibilitätsstandards realisierbaren Effizienzgewinne lassen sich unterscheiden in Größenvorteile auf Nachfrageseite, Kostenersparnisse und positive Wettbewerbseffekte.

2.1.1 *Größenvorteile auf der Nachfrageseite*

Kompatibilitätsstandards bedingen generell eine Reduktion an Vielfalt auf der Ebene der standardisierten Produktmerkmale. Hierdurch werden - neben der Realisierung von Economies of Scale auf der Angebotsseite - insbesondere *Größenvorteile auf der Nachfrageseite*[38] ermöglicht. Als zentrale Ursache für diese Größenvorteile werden in der Literatur *Netzwerkexternalitäten* diskutiert.[39] Im folgenden wird zwischen Netzwerkexternalitäten und den hiermit verbundenen, indirekten Wirkungen (»market-mediated effects«[40]) unterschieden.

2.1.1.1 *Netzwerkexternalitäten*

Netzwerkexternalitäten sind direkte, positive, interpersonelle Konsumexternalitäten, die darin bestehen, daß der Nutzen, den ein Individuum *bei gegebenem Preis* aus dem Konsum eines Gutes zieht, zunimmt, je mehr andere Individuen das gleiche Gut nachfragen: »The benefit that a consumer derives from the use of a good often is an increasing function of the number of other consumers purchasing compatible items ... we call these positive external

---

38 *Farrell/Saloner* verstehen unter diesen »demand-side economies of scale« ganz allgemein »benefits to doing what others do«; *Farrell, J./Saloner, G.*: Installed Base and Compatibility: Innovation, Product Preannouncements, and Predation, in: American Economic Review, Vol. 76 (1986), No. 5, S. 940-955 (940), im folgenden zitiert als: *Farrell/Saloner* (1986c).

39 Weitere Ursachen finden sich bei *Arthur, W.B.*: Competing Technologies: An Overview, in: *Dosi, G.* u.a. (Hrsg.): Technical Change and Economic Theory, London 1988, S. 590-607 (591), im folgenden zitiert als: *Arthur* (1988). Es ist jedoch keine klare Trennung zwischen den dort genannten Ursachen und den Netzwerkexternalitäten möglich.

40 Vgl. *Farrell, J./Saloner, G.*: Standardization, Compatibility, and Innovation, in: Rand Journal of Economics, Vol. 16 (1985), No. 1, S. 70-83 (70), im folgenden zitiert als: *Farrell/Saloner* (1985).

consumption benefits *network externalities*«.[41] Das relevante Gut stellt dann ein »Netzwerk-Gut« bzw. ein »Netzeffekt-Gut«[42] dar.
Unmittelbar einsichtig ist, daß diese Konsumexternalitäten insbesondere in Kommunikationsnetzwerken auftreten. Kommunikationsnetzwerke weisen in aller Regel die Eigenschaft auf, daß sich der Nutzen U der Individuen i erhöht, je mehr Teilnehmer T ein Netzwerk N besitzt, d.h.:[43]

(1) $U_i = U_i(T, N)$ und
(2) $U_i(T, N) \leq U_i(T', N)$ für $T \leq T'$.

Am Beispiel des Gutes »Sprache« kann dies veranschaulicht werden: Ein Individuum, das als einziges in der Lage ist, Englisch zu sprechen, wird aus seinen Kenntnissen im Normalfall keinen Nutzen ziehen können. Jeder zusätzliche englischsprechende Netzwerkteilnehmer realisiert nicht nur seinen individuellen Nutzengewinn, sondern stiftet auch den »alten« Netzwerkteilnehmern zusätzlichen Nutzen, da diese nun effektiv oder potentiell mit den »Newcomern« kommunizieren können. Insgesamt gilt, daß das Netzwerk umso wertvoller ist, je mehr Teilnehmer das Netzwerk besitzt. Gleichzeitig erhöht sich der Anreiz für potentielle Teilnehmer, diesem Netzwerk beizutreten.[44]
Diese Überlegungen lassen sich direkt auf Telekommunikationsdienste übertragen, für deren Bereitstellung *physische* Netzwerke erforderlich sind. Auch im Beispiel von Telefon- oder Computernetzwerken gilt - zumindest innerhalb bestimmter Grenzen[45] -, daß sich der individuelle Wert und der Wert des Netzwerkes mit zunehmender Teilnehmerzahl erhöht.[46] Jeder zusätzliche

41 *Katz/Shapiro* (1986a), a.a.O., S. 146 (Hervorhebung im Original), vgl. auch *Katz/Shapiro* (1985), a.a.O., S. 424. Ähnlich argumentieren auch *Farrell/Saloner* (1985), a.a.O., S. 70: »There may be a direct 'network externality' in the sense that one consumer's value for a good increases when another consumer has a compatible good«.
42 *Wiese* (1990), a.a.O., S. 2.
43 Vgl. *Blankart, C.B./Knieps, G.*: Netzökonomik, Vortrag für die Tagung für Neue Politische Ökonomie, Berlin, Groningen 1991, S. 8, im folgenden zitiert als: *Blankart/Knieps* (1991a).
44 An diesem einfachen Beispiel wird bereits deutlich, daß Netzwerkexternalitäten nicht notwendigerweise das Vorhandensein von *physischen* Netzen voraussetzen. Vgl. hierzu auch *Farrell/Saloner* (1987), a.a.O., S. 5; *Katz/Shapiro* (1986), a.a.O, S. 146.
45 Derartige Grenzen können kurzfristig durch Kapazitätsengpässe entstehen. Sie können jedoch auch durch spezielle Konsumentenpräferenzen begründet sein - vgl. hierzu II.2.2.2.
46 Vgl. *Katz/Shapiro* (1985), a.a.O., S. 424; *Katz/Shapiro* (1986a), a.a.O., S. 146; *Farrell/Saloner* (1985), a.a.O., S. 70; *Neumann, K.-H.*: Gebührenpolitik im Telekommunikationsbereich, Baden-Baden 1984, S. 47 ff., im folgenden zitiert als: *Neumann* (1984).

Netzwerkteilnehmer schafft zugleich Anreize für weitere potentielle Teilnehmer, sich ebenfalls anzuschließen. Werden hingegen nicht-kompatible Endgeräte verwendet, die mit anderen Endgeräten nicht kommunizieren können, so wird das Netzwerk gegenüber dem Zustand, in dem Kompatibilität besteht, entwertet.[47]

Aber auch abgesehen von Kommunikationsnetzwerken, die ohne Zweifel Netzeffekt-Güter darstellen, lassen sich andere Bereiche identifizieren, in denen Netzwerkexternalitäten *mittelbar* vorliegen.[48] Dies ist dann der Fall, wenn eine »Hardware-Software-Beziehung« zwischen einem dauerhaften Gut und einem hierzu komplementären Gut gegeben ist - wie im Beispiel von Personal Computern und Anwendungsprogrammen, Videorecordern und Videofilmen oder bei phonographischen Geräten und Tonträgern. Der Anreiz zum Kauf einer bestimmten Hardware (Computer, Videorecorder etc.) hängt dabei von der Anzahl anderer Konsumenten ab, die die gleiche Technologie nachfragen, da hierdurch die Verfügbarkeit der Software (Programme, Filme etc.) bestimmt wird, die für diese spezielle Technologie angeboten wird. Analog ergeben sich umso größere Anreize für potentielle Teilnehmer, einem Netzwerk beizutreten, je größer das relevante Netzwerk bereits ist.

Netzwerkexternalitäten sind schließlich häufig mit Technologien verbunden, für deren Anwendung eine spezielle Ausbildung erforderlich ist. Auch in diesem Fall realisiert ein Individuum tendenziell einen Nutzenzuwachs, wenn die relevante Technologie verbreitet ist und die eigenen Fähigkeiten universell einsetzbar sind. Die Anwendung von Computerprogrammen oder die Nutzung standardisierter Tastaturen sind Beispiele hierfür.[49]

Nach diesen Ausführungen wird die wesentliche, direkte Auswirkung der Externalitäten deutlich: die Netzwerkeffekte generieren ein *endogenes Nachfragewachstum* nach der relevanten Technologie. Als Folge der Netzwerkeffekte ist in dynamischer Sicht die Vergrößerung des Marktumfangs zu

47 Vgl. *Knieps, G./Müller, J./von Weizsäcker, C.C.*: Die Rolle des Wettbewerbs im Fernmeldebereich, Baden-Baden 1981, S. 92 f.; *Knieps, G.*: Entstaatlichung und Wettbewerb im nationalen Telekommunikationsbereich, in: *Windisch, R.* (Hrsg.): Privatisierung natürlicher Monopole im Bereich von Bahn, Post und Telekommunikation, Tübingen 1987, S. 147-203 (161), im folgenden zitiert als: *Knieps* (1987).

48 Vgl. z.B. *Farrell, J./Saloner, G.*: Economic Issues in Standardization, in: *Miller, J.* (Hrsg.): Telecommunications and Equity, Amsterdam 1986, S. 165-177 (168), im folgenden zitiert als: *Farrell/Saloner* (1986b); *Katz/Shapiro* (1985), a.a.O, S. 424; *Katz/Shapiro* (1986a), a.a.O, S. 146.

49 David hat eine in der Literatur viel beachtete, historische Betrachtung über die Verbreitung der »QWERTY«-Tastatur von Schreibmaschinen und Computern angestellt; vgl. *David, P.A.*: Clio and the Economics of QWERTY, in: American Economic Review, Vol. 75 (1985), No. 2, S. 332-337, im folgenden zitiert als: *David* (1985). Vgl. auch *Liebowitz, S.J./Margolis, S.E.*: The Fable of the Keys, in: Journal of Law and Economics, Vol. 33 (1990), No. 1, S. 1-25.

erwarten. Da diese Effekte nicht der traditionellen ökonomischen Sichtweise einer Welt abnehmender Skalenerträge entsprechen,[50] sollen die Implikationen näher betrachtet werden:[51]

Abb. 3: Angebot und Nachfrage bei Vorhandensein von Netzwerkexternalitäten

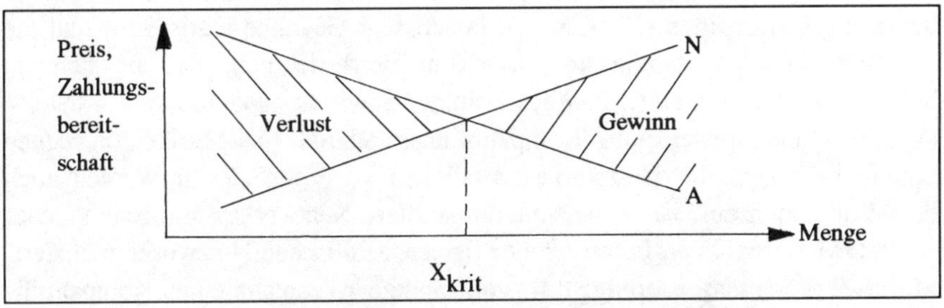

Quelle: *Allen* (1988), a.a.O., S. 258 (Notation geändert)

Allen bezieht sich in seiner Untersuchung explizit auf die Netzwerkexternalitäten eines Telekommunikationsnetzwerks. Dadurch, daß der Wert des Netzwerks von der Zahl der Teilnehmer abhängt, und dadurch, daß ein größerer Teilnehmerpool mehr Verbindungen möglich macht, läßt sich eine positive Beziehung zwischen Wert des Netzwerks und Größe des Netzwerks ableiten. Für die Nachfrager eines bestimmten Fernmeldedienstes bedeutet dies nun typischerweise, daß ihre Zahlungsbereitschaft mit zunehmender Netzwerkgröße steigt. Hieraus leitet Allen eine Nachfragekurve (N) mit *positiver* Steigung ab, die die zunehmende Zahlungsbereitschaft der Individuen bei steigender Angebotsmenge zeigt.[52] Abb. 3 wird durch eine Angebotskurve (A)

---

50 »The economist's traditional view of the world is based on the assumption of *decreasing returns*. This means that the more others are doing a particular thing, the less attractive it is to you to do that thing. ... In a 'standards-driven' market, the principle of decreasing returns fails. The more others are using, or even producing, Unix-based, or DOS-based, systems, the *more* it pays you to do so...« *Farrell, J.*: The Economics of Standardization: A Guide for Non-Economics, in: *Berg, J.L./Schumny, H.* (Hrsg.): The Information Technology Standardization Process, Amsterdam 1990, S. 189-198 (194 f., Hervorhebung im Original). Vgl. auch *Arthur, W.B.*: Positive Feedbacks in the Economy, in: Scientific American, Vol. 262 (1990), No. 2, S. 80-85.

51 Vgl. *Allen, D.*: New Telecommunications Services: Network Externalities and Critical Mass, in: Telecommunications Policy, Vol. 12 (1988), No. 3, S. 257-271.

52 Diese Formulierung ist nicht unumstritten: Fullerton kritisiert an Allens Überlegungen, daß Netzwerke unterschiedlicher Größe keine homogenen Güter sind und deshalb *Verschiebungen* von Angebots- und Nachfragekurven (mit ansonsten »klassischem« Verlauf) die angemessene Form der Analyse darstellen. Vgl. *Fullerton, H.S.*: Microeconomic Theory and Critical Mass, in: Telecommunications Policy, Vol. 13 (1989), No. 2, S. 167-168.

komplettiert, die das Vorhandensein von Economies of Scale unterstellt.[53] Der Schnittpunkt beider Kurven bestimmt die *kritische Masse* (X_{krit}), die für eine erfolgreiche Einführung des Netzwerks am Markt erreicht werden muß.[54] Wird diese kritische Masse nicht realisiert ($X < X_{krit}$), entstehen Verluste auf Angebotsseite, und die Angebotsmenge sinkt auf Null. Es stellt sich damit ein *Startproblem* bei Netzeffekt-Gütern. Wird die kritische Masse hingegen überschritten ($X > X_{krit}$), lassen sich Gewinne realisieren, und die Nachfrage wächst ständig an. Insgesamt wird deutlich, daß es sich im betrachteten Fall um einen Fall beschränkter Stabilität handelt.
Welche Rolle spielen nun Kompatiblitätsstandards für Märkte, in denen erhebliche potentielle Netzwerkexternalitäten vorliegen? Zwar werden auch bei Vorhandensein *mehrerer*, inkompatibler Netzwerke unterschiedlicher Anbieter Externalitäten *innerhalb* der firmenspezifischen Netzwerke realisiert. Marktweite Standardisierung, d.h. vollständige Akzeptanz eines Kompatibilitätsstandards auf dem Markt vorausgesetzt, sorgt jedoch dafür, daß sich diese Netzwerke zu *einem* relevanten Netzwerk addieren. Angesichts des Startproblems bei Netzeffekt-Gütern kann dies das Überwinden der kritischen Masse überhaupt erst ermöglichen. In jedem Fall kommen die Netzwerkeffekte bei Kompatibilität *marktweit* zum Tragen, wodurch das Nachfragewachstum verstärkt wird. Hiermit sind typischerweise weitere Wirkungen verbunden, die im folgenden dargestellt werden.

2.1.1.2 *Indirekte Wirkungen von Netzwerkexternalitäten*

Möglich ist zunächst, daß infolge des Wachstumsprozesses Größenvorteile auf Angebotsseite realisiert werden, die im Zustand der Inkompatibilität unterschiedlicher Systeme nicht zu erreichen sind. Angesichts hoher Forschungs-

---

53 Die in Abb. 3 dargestellte Angebots-Nachfrage-Situation impliziert das Vorliegen eines »natürlichen Monopols« (vgl. hierzu auch Abschnitt II.3.2.3). Diese Annahme ist *willkürlich*. Ebenso kann unterstellt werden, daß die Angebotskurve - nach Ausschöpfung sämtlicher Größenvorteile auf Angebotsseite - einen konstanten Verlauf annimmt und die Marktnachfrage hinreichend groß ist, so daß *kein* natürliches Monopol gegeben ist.

54 Die »kritische Masse« kann auch rein *nachfrageseitig* betrachtet werden: *Rohlfs* leitet eine Nachfragekurve mit umgekehrt U-förmigen Verlauf ab, wobei der aufsteigende Ast der Funktion die kritische Masse zum gegebenen Marktpreis angibt. Vgl. *Rohlfs, J.*: A Theory of Interdependent Demand for a Communications Service, in: Bell Journal of Economics, Vol. 5 (1974), No. 1, S. 16-37. Vgl. auch *Leibenstein, H.*: Bandwagon, Snob and Veblen Effects in the Theory of Consumers's Demand, in: Quarterly Journal of Economics, Vol. 64 (1950), S. 183-207, der eine Mindestnachfragemenge $x > 0$ (»taboo breaking point«) vermutet, die den Anfang der Nachfragekurve eines Netzeffekt-Gutes bestimmt. Vgl. *Wiese* (1990), a.a.O., S. 39 ff. für den Zusammenhang beider Ansätze.

und Entwicklungskosten, die z.B. im Telekommunikationsbereich oder in der Computerindustrie für neue Produkte regelmäßig getätigt werden müssen, erscheint dies auch als wahrscheinlich. Die Verteilung dieser Kosten auf größere Produktionseinheiten bzw. das Ausschöpfen sämtlicher Massenproduktionsvorteile bei mehreren Anbietern führt dann tendenziell zu gesamtwirtschaftlicher technischer Effizienz. In einem kompetitiven Markt ist c.p. ein verbilligtes Angebot zu erwarten.

Der durch die Netzwerkeffekte vergrößerte Marktumfang führt tendenziell auch zur Entstehung neuer bzw. Erweiterung bereits bestehender »Secondhand«-Märkte, auf denen gebrauchte Systeme, Systembestandteile und -zubehör oder systemspezifisches Know-how gehandelt werden. Die Folge ist, daß dauerhafte Güter bei ihrer Veräußerung c.p. einen höheren Liquidationserlös erbringen, als dies für Märkte der Fall ist, die durch eine Vielzahl spezifischer, inkompatibler Systeme gekennzeichnet sind. Insgesamt ergibt sich sowohl für Investitionen in Sach- als auch in Humankapital eine Verringerung der Irreversibilitäten.[55]

Eine weitere, bedeutsame Auswirkung von Netzwerkexternalitäten, die auf einem bestimmten Markt bestehen, betrifft die Märkte, auf denen komplementäre Güter gehandelt werden.[56] Das durch den Netzwerkeffekt generierte Nachfragewachstum nach dem originären Gut führt tendenziell zu einer stärkeren Nachfrage nach komplementären Gütern, die dann auch ein sowohl in quantitativer als auch in qualitativer Hinsicht vergrößertes Angebot wahrscheinlich macht. Folglich erhöht sich die gesamtwirtschaftliche Vielfalt in diesen Bereichen als Konsequenz der Vielfaltsreduktion auf der Ebene des originären Gutes.[57] Beispiele hierfür wären Computer und Zusatzgeräte (Drucker, Speichermedien, Computermöbel etc.) oder Videorecorder und Leerkassetten. Analog lassen sich auch auf diesen Märkten Größenvorteile in der Produktion realisieren.

---

55 Die Irreversibilität einer Investition wird allgemein bestimmt durch den Wertverlust, der sich aus der Differenz zwischen Anschaffungswert und Liquidationswert ergibt, wobei der Liquidationswert den Wert der besten alternativen Verwendung darstellt. Vgl. ausführlich *Kruse* (1985), a.a.O., S. 41 ff.

56 Vgl. hierzu *Farrell/Saloner* (1985), a.a.O., S. 70 f.; *Farrell/Saloner* (1986b), a.a.O, S. 168; *Blankart/Knieps* (1991a), a.a.O., S. 8.

57 Wie *Matutes/Regibeau* modelltheoretisch zeigen, können sich durch die vermehrten Kombinationsmöglichkeiten zwischen kompatiblen Komponenten unterschiedlicher Hersteller auch bei Abwesenheit von Netzwerkexternalitäten »mix and match«-Nutzengewinne auf Nachfrageseite ergeben. Vgl. *Matutes, C./Regibeau, P.*: »Mix and Match«: Product Compatibility without Network Externalities, in: Rand Journal of Economics, Vol. 19 (1988), No. 2, S. 221-234 (222), im folgenden zitiert als: *Matutes/Regibeau* (1988); *Matutes, C./Regibeau, P.*: Standardization in Multi-Component Industries, in: *Gabel, H.L.* (Hrsg.): Product Standardization and Competitive Strategy, Amsterdam 1987, S. 23-28 (24 ff.), im folgenden zitiert als: *Matutes/Regibeau* (1987a).

2.1.2 *Kostenersparnisse*

Die durch Kompatibilitätsstandards erzielbaren Kostensenkungen lassen sich unterscheiden in Größenvorteile auf Angebotsseite, Substitutions- und Transaktionskostenersparnisse.

2.1.2.1 *Größenvorteile auf der Angebotsseite*

Wie vorstehend gezeigt wurde, ermöglichen Kompatibilitätsstandards *nachfrageseitige* Größenvorteile, so daß sich ein Marktwachstum einstellt, das wiederum die Ausschöpfung *angebotsseitiger* Größenvorteile wahrscheinlich werden läßt. Nun gilt Standardisierung allgemein - d.h. auch bei Abwesenheit von Marktwachstumseffekten - als *das* Mittel der Ausnutzung von Größenvorteilen in Produktion, Absatz und Lagerhaltung.[58] Um für Klarheit in der Diskussion zu sorgen, muß dieses Argument bei Kompatibilitätsstandards jedoch in zweifacher Hinsicht relativiert werden:

Erstens werden durch Kompatibilitätsstandards im Gegensatz zur Vereinheitlichung »kompletter« Produkte immer nur die kompatibilitätsrelevanten Produktmerkmale standardisiert, so daß sich grundsätzlich auch nur in diesen Bereichen Größenvorteile erzielen lassen.

Zweitens standardisieren Anbieter diese kompatibilitätsrelevanten Produktmerkmale *unternehmensintern* auch im Zustand der Inkompatibilität, um innerhalb ihrer Produktgruppen für Kompatibilität zu sorgen. Folglich bedeutet die Einführung *marktweiter* Kompatibilitätsstandards c.p. auch nicht, daß *zusätzlich* Größenvorteile auf diesem Markt realisiert werden können. Da die Unternehmen bei gleichem technischen Design ihrer Produkte häufig jedoch gleiche Einzelteile oder aggregierte Systemkomponenten nachfragen, ist als Folge der Kompatibilitätsstandards eine zusätzliche Ausschöpfung von Größenvorteilen insbesondere auf der Zulieferseite zu erwarten.[59]

Doch auch hiervon abgesehen wird deutlich, daß die wesentliche Auswirkung von Kompatibilitätsstandards auf die Produktionskosten der Unternehmen diejenige ist, die sich als Folge der Marktwachstumseffekte ergibt.

---

58 Zur Standardisierung als Mittel der betriebswirtschaftlichen Rationalisierung und Kostensenkung vgl. *Hinterhuber, H.H.*: Normung, Typung und Standardisierung, in: HdB, 4. Aufl., Bd. 2, Stuttgart 1975, Sp. 2776-2782.

59 Vgl. *Farrell/Saloner* (1985), a.a.O., S. 71; *Farrell/Saloner* (1986b), a.a.O, S. 166 f.

2.1.2.2 *Substitutionskostenersparnisse*

Wie gezeigt, sind Güter dann als kompatibel zu bezeichnen, wenn sie hinsichtlich einer vorgegebenen Schnittstellenfunktion vollständig substituiert werden können. Vollständige Substituierbarkeit bedeutet dann definitionsgemäß nichts anderes, als daß der Austausch dieser Güter keine speziellen Kosten, d.h. keine *Substitutionskosten*, hervorruft.[60] Durch Kompatibilitätsstandards lassen sich damit die Anschaffungskosten von »Gateway-Technologien«[61], die andernfalls für die Anpassung unterschiedlicher, inkompatibler Systeme erforderlich werden, vermeiden. Zugleich werden Transaktionskosten verhindert, die auf die speziellen, bei Inkompatibilität entstehenden Austauschbeziehungen zurückzuführen sind.[62]

Braunstein/White stellen Bedingungen auf, unter denen Kompatibilität eine gesamtwirtschaftlich bedeutsame Eigenschaft ist und gehen dabei auch auf das Problem der Substitutionskosten ein.[63] Anhand ihrer Ausführungen wird deutlich, daß Substitutionskosten nur unter besonderen Umständen relevant sind:

Einerseits werden Substitutionskosten nur dann bedeutsam, wenn die Nachfrager einen »gemischten« Konsum des Angebots unterschiedlicher Hersteller präferieren. Einige Beispiele mögen dies verdeutlichen: So möchten die Besitzer eines Radio- oder Fernsehgerätes mit ihrem Gerät nicht auf eine bestimmte Sendestation beschränkt sein, sondern wünschen typischerweise die Programme sämtlicher (räumlich relevanter) Radio- oder Fernsehanstalten zu empfangen. Gleiches gilt auch im Bereich Schallplatten- oder CD-Spieler, Audio- oder Videorecorder sowie bei Computern bezüglich des Angebots der jeweiligen Software.

Andererseits hängen die Substitutionskosten von der jeweils relevanten Technologie ab. Substitutionskosten sind natürlich insbesondere dann bedeutsam, wenn es technisch nur mit erheblichem Aufwand möglich ist, unterschiedliche Systeme aneinander anzupassen, so daß entsprechend hohe Kosten für

---

60 Vgl. auch *Pfeiffer* (1989), a.a.O., S. 24: Substitutionskosten (bzw. switching costs) sind »Kosten, die anfallen, wenn zwei nicht-kompatible (nicht vollständig substituierbare) Produkte A' und B'... kompatibel angepaßt werden«.

61 Zu diesen »Gateway-Technologien« vgl. ausführlich Abschnitt II.2.3.

62 Für Beispiele von Substitutionskosten vgl. *Klemperer, P.*: The Competiveness of Markets with Switching Costs, in: Rand Journal of Economics, Vol. 18 (1987), No. 1, S. 138-150 (138); *Farrell, J./Shapiro, C.*: Dynamic Competition with Switching Costs, in: Rand Journal of Economics, Vol. 19 (1988), No. 1, S. 123-137 (123), im folgenden zitiert als: *Farrell/Shapiro* (1988).

63 Vgl. *Braunstein, Y.M./White, L.J.*: Setting Technical Compatibility Standards: An Economic Analysis, in: The Antitrust Bulletin, Vol. 30 (1985), No. 2, S. 337-355 (339 f.).

Gateway-Technologien anfallen. Ist darüber hinaus die Grundausstattung (»basic equipment«) zur Nutzung einer bestimmten Technologie relativ »teuer«, so ist für die Nachfrager auch die Möglichkeit eingeschränkt, mehrere Grundausstattungen zur gleichzeitigen Verwendung von inkompatiblen Systemen unterschiedlicher Hersteller anzuschaffen.[64] Dies gilt umso mehr, je größer der irreversible Anteil der notwendigen Investitionen in Sach- und Humankapital ist.
Insbesondere bei mehrperiodiger Nutzung von Gütern entsteht das Problem der Inkompatibilität mit nachfolgenden Technologien - wie dies z.B. bei den heutigen TV-Standards und dem zukünftigen, hochauflösenden Fernsehen HDTV[65] der Fall ist. Durch mögliche Inkompatibilitäten mit nachfolgenden Technologien wird der Wert des in die alte Technologie investierten Kapitals, d.h. der Wert der »installierten Basis«, tendenziell verringert. Kann hingegen durch Kompatibilitätsstandards *Abwärtskompatibilität* der Technologien gewährleistet werden, d.h. kann die Nachfolgetechnologie auch die Funktionen der Vorgängertechnologie wahrnehmen,[66] so tritt diese spezifische Wertminderung des investierten Kapitals nicht ein.[67] Substitutionskosten, die andernfalls durch den Einsatz von Gateway-Technologien entstehen, entfallen entsprechend.

2.1.2.3 *Transaktionskostenersparnisse*

Unter Transaktionskosten werden alle Kosten verstanden, die den Wirtschaftssubjekten bei der Vorbereitung, Durchführung und Kontrolle von Austauschbeziehungen entstehen. Transaktionskosten resultieren aus Informationsunvollkommenheiten, die ihren Ursprung in der Umweltkomplexität und

---

64 Zur Illustration bringen *Braunstein/White* in diesem Zusammenhang das Beispiel von Fernsehgeräten, die lediglich $2,50 kosten. In diesem Fall wäre es vergleichsweise leicht möglich, mehrere unterschiedliche Grundausstattungen für den Fall zu beschaffen, daß mit einem Gerät allein nicht alle Sendestationen empfangen werden könnten; vgl. *Braunstein/White* (1985), a.a.O., S. 340.

65 HDTV steht für High Definition Television; zur Standardproblematik beim HDTV vgl. *Grewlich, K.*: HDTV: The Struggle for Telepresence, in: Transnational Data and Communications Report, Vol. 12 (1989), No. 4, S. 17-23.

66 Im Gegensatz zur dieser *Abwärtskompatibilität* ist *Aufwärtskompatibilität* dann gegeben, wenn ältere Technologien auch die Funktionen neuerer Technologien wahrnehmen können; vgl. *Berger/Blankart/Picot* (1990), a.a.O., S. 180 f.

67 *Pfeiffer* (1989), a.a.O., S. 17 bezeichnet diese Werterhaltung des investierten Kapitals als »interpersonellen, intertemporalen externen Effekt« der Kompatibilität.

-unsicherheit, in der eingeschränkten Rationalität der Wirtschaftssubjekte und in opportunistischen Verhaltensweisen der Vertragspartner haben.[68]
Da durch Kompatibilitätsstandards die Vielfalt bei kompatibilitätsrelevanten Produktmerkmalen vermindert wird, wirken sie bei ihrer *Anwendung* tendenziell transaktionskostensenkend. In streng theoretischer Betrachtungsweise findet eine Reduktion an Umweltkomplexität und -unsicherheit statt, die bestehende Informationsunvollkommenheiten abbaut und damit auch der eingeschränkten Rationalität der Wirtschaftssubjekte Rechnung trägt.
Im einzelnen wirken Kompatibilitätsstandards bei ihrer Anwendung folgendermaßen auf Markttransaktionen: Grundsätzlich vermindern sich die Such- und Informationskosten bei Transaktionen mit standardisierten Gütern gegenüber Transaktionen mit nicht-standardisierten Gütern.[69] Insbesondere auf der Nachfrageseite ist es lediglich nötig, Informationen über die relevanten Standards einzuholen, anstatt sich mit den spezifischen Eigenschaften der Güter im einzelnen auseinanderzusetzen.[70] Speziell bei Erfahrungsgütern (wie z.B. DV-Anlagen oder Telekommunikationsendgeräten), bei denen bestimmte Eigenschaften erst im Zuge der Nutzung deutlich werden, können auf diese Weise erhebliche Informationskosten eingespart werden. Häufig ist eine Beurteilung von technischen Eigenschaften dieser Erfahrungsgüter durch die Nachfrager aufgrund fehlender Fachkenntnisse überhaupt nicht möglich; die Informationskosten sind in diesem Fall exorbitant. Durch die Verringerung von Informationsasymmetrien zwischen den Transakteuren werden schließlich auch die Spielräume für opportunistisches Verhalten auf der Marktgegenseite begrenzt, so daß sich Verhandlungs- und Kontrollkosten reduzieren lassen. Je komplexer die Technologien, desto größer ist c.p. die Transaktionskostensenkung.[71]

---

68 Zur Transaktionskostentheorie vgl. grundlegend *Williamson, O.E.*: Markets and Hierarchies: Analysis and Antitrust Implications, New York 1975; *Williamson, O.E.*: Economic Organization, Brighton 1986, im folgenden zitiert als: *Williamson* (1986).

69 Vgl. *Link* (1983), a.a.O., S. 394.

70 So genügt beispielsweise bereits ein Zulassungszertifikat des Zentralamts für Zulassungen im Fernmeldewesen (ZZF), um die Kompatibilität eines bestimmten Telefongeräts mit dem Telefonnetz zu erkennen. Ein weiteres Beispiel ist auf dem Markt für Personal Computer zu finden, wo die Bezeichnung »IBM-kompatibel« von vielen Herstellern häufig als transaktionskostensenkendes Verkaufsargument benutzt wird.

71 Vgl. auch *David* (1987), a.a.O., S. 212; *Kleinaltenkamp, M.* (Hrsg.): Standardisierungsprozesse: Beispielhafte Standardisierungsprozesse aus den Bereichen der Konsum- und Mikroelektronik sowie der rechnerintegrierten Fertigung, Zwischenbericht des Projektes K-2 des Sonderforschungsbereichs 187, Bochum 1990, S. 33.

Transaktionskostensenkungen durch Kompatibilitätsstandards treten weiterhin insbesondere in vertikalen Marktbeziehungen auf.[72] Nach Williamson können Transaktionen durch folgende Merkmale charakterisiert werden:[73]

— die Häufigkeit, mit der sie sich wiederholen,
— deren spezifische Unsicherheit sowie
— das Ausmaß, in dem Transaktionen dauerhafte, irreversible Investitionen erfordern.

Wenn ein Unternehmen A für eine Innovation (z.B. DV-Anlage) ein spezifisches Vorprodukt (z.B. Mikro-Chip) benötigt, das es (z.B. aufgrund fehlenden Know-hows) nicht selbst produzieren kann, so müßte ein spezialisiertes Unternehmen B eine entsprechende Investition vornehmen, die durch hohe Unsicherheit und hohe transaktionsspezifische Irreversibilitäten gekennzeichnet ist. Es entstehen erhebliche Transaktionskosten, da die transaktionsspezifischen Risiken verteilt werden müssen. Falls Unternehmen A nicht in der Lage sein sollte, durch Mindestabnahmeverpflichtungen die Investition von B zu amortisieren, so unterbleibt die Investition. Bei Definition und Offenlegung von Kompatibilitätsstandards reduziert sich hingegen tendenziell die Irreversibilität der Investition und deren Unsicherheit: Da Unternehmen B das Vorprodukt nunmehr prinzipiell auch an Imitatoren vermarkten kann, wird die Vornahme der Investition wahrscheinlicher. Analog reduziert sich die Abhängigkeit des Unternehmens A von B.

Sirbu/Stewart haben einen allgemeinen Ansatz entwickelt, mit dem die *Entstehung* von Kompatibilitätsstandards durch deren transaktionskostensenkende Wirkung in der *Anwendung* erklärt werden kann.[74] Das Marktergebnis hängt hier davon ab, ob die Entscheidungsgewalt über die Gestaltung verschiedener Systemkomponenten »dezentralisiert« oder »zentralisiert« ist. »Dezentralisiert« bedeutet hierbei, daß die Entscheidungsgewalt für *unterschiedliche* Systemkomponenten (dezentral) bei *unterschiedlichen* Individuen liegt, wodurch die Entscheidungen der Wirtschaftssubjekte *für funktionierende Gesamtsysteme* voneinander abhängig werden. »Zentralisiert« bedeutet hingegen, daß jedes Wirtschaftssubjekt (zentral) die Entscheidungsgewalt *für alle*

---

72 Vgl. ausführlich *Sirbu, M.A./Hughes, K.*: Standardization of Local Area Networks, Paper Presented at the 14th Annual Telecommunications Policy Research Conference, Airlie Virginia 1986, S. 22 ff; *David/Greenstein* (1990), a.a.O., S. 19 f. und *Reddy, N.M.*: Technology, Standards, and Markets: A Market Institutionalization Perspective, in: *Gabel, H.L.* (Hrsg.): Product Standardization and Competitive Strategy, Amsterdam 1987, S. 47-66 (55ff.).

73 Vgl. *Williamson* (1986), a.a.O., S. 105.

74 Vgl. *Sirbu/Stewart* (1986), a.a.O.; vgl. auch *Sirbu, M.A.*: Telecommunication Standards, Innovation and Industry Structure, Discussion Paper, Carnegie Mellon University Pittsburgh 1989, S. 11 ff.

Komponenten eines Systems besitzt, wodurch ein Nebeneinander unterschiedlicher Gesamtsysteme möglich wird. Bei expliziter Berücksichtigung von Nachfrage- und Angebotsseite lassen sich insgesamt vier Fälle unterscheiden:

1. *Nachfrage- und Angebotsentscheidung zentralisiert*: In diesem Fall stehen sich Nachfrager, die komplette Systeme kaufen, und Anbieter, die komplette Systeme herstellen, gegenüber (z.B. Computer/ Speichereinheiten). Jeder Nachfrager erreicht Kompatibilität innerhalb »seines« Systems durch seine Kaufentscheidung für einen bestimmten Anbieter.
2. *Nachfrageentscheidung zentralisiert/Angebotsentscheidung dezentralisiert*: Dadurch, daß nunmehr unterschiedliche Anbieter *gemeinsam* kompatible Komponenten für ein Gesamtsystem herstellen müssen (z.B. Videorecorder und Videofilme), entstehen auf Anbieterseite Transaktionskosten durch den hieraus resultierenden Koordinationsbedarf. Die Nachfrager sind jedoch in ihrer Entscheidung, bei welcher Anbieterkoalition gekauft werden soll, weiterhin unabhängig voneinander.
3. *Nachfrageentscheidung dezentralisiert/Angebotsentscheidung zentralisiert*: In diesem Fall, der durch eine »diffuse« Nachfragesituation gekennzeichnet ist (z.B. bei gemeinsamer Nutzung von Computersoftware), entstehen erhebliche Transaktionskosten: Um Kompatibilität sicherzustellen, müssen zwischen den einzelnen Nachfragern bilaterale Abkommen getroffen werden, bei welchem Anbieter der Kauf erfolgen soll.
4. *Nachfrage- und Angebotsentscheidung dezentralisiert*: Offensichtlich entstehen in diesem Fall die höchsten Transaktionskosten, da sowohl auf Nachfrage- als auch auf Angebotsseite, d.h. unter *allen* Marktbeteiligten, durch bilaterale Abkommen Kompatibilität zwischen den Systemkomponenten sichergestellt werden muß, um funktionierende Gesamtsysteme zu erhalten (z.B. TV-Stationen und Empfangsgeräte).

Die Implikationen sind offensichtlich: Während im ersten Fall zentralisierter Nachfrage- und Angebotsentscheidungen marktweite Kompatibilitätsstandards überflüssig sind, entstehen in den anderen Fällen aufgrund der Interdependenz von Nachfragern und/oder Anbietern erhebliche Transaktionskosten bei der Erlangung von Kompatibilität. Die höchsten Kosten sind im vierten Fall zu erwarten. Hier lassen sich durch die Anwendung eines marktweiten Standards im Gegensatz zu fallweisen Absprachen Transaktionskosten zwischen den Wirtschaftssubjekten beträchtlich reduzieren. »Consequently standards are inevitable if interworking is to be achieved economically«.[75]

75 *Sirbu* (1989), a.a.O., S. 13.

2.1.3 *Intensivierung des Wettbewerbs*

Im folgenden sollen Überlegungen darüber angestellt werden, ob und unter welchen Bedingungen Kompatibilitätstandards zu einer Intensivierung des Wettbewerbs beitragen können. Es wird dabei zwischen Wirkungen der Kompatibilitätsstandards auf die marktinterne (effektive) Konkurrenz einerseits und auf die potentielle Konkurrenz andererseits unterschieden.

2.1.3.1 *Marktinterne Konkurrenz*

Angenommen, auf einem Markt konkurrieren mehrere, inkompatible Systeme unterschiedlicher Hersteller, wobei relativ hohe Substitutionskosten (als Ausdruck der Inkompatibilität) bei Herstellerwechsel unterstellt werden. Die Nachfrager haben nun die Möglichkeit, sich für ein bestimmtes System zu entscheiden. Nach ihrer Entscheidung sind sie aufgrund der Substitutionskosten auf das jeweilige System festgelegt, selbst wenn sie einen »gemischten« Konsum des Angebots unterschiedlicher Hersteller wünschen. In der Konsequenz bedeutet dies, daß zwar *ex ante* ein intensiver Wettbewerb zwischen den unterschiedlichen Systemen besteht, *ex post* ist der Wettbewerb jedoch als Folge der Substitutionskosten eingeschränkt. Die Nachfrager sind in der speziellen Technologie »eingeschlossen« und sehen sich deshalb möglicherweise auch überhöhten, allokativ ineffizienten Preisen für komplementäre Inputs oder Zusatzgeräte gegenüber. Die Inkompatibilitäten stellen demzufolge eine Form der Produktdifferenzierung dar, die den Anbietern eine Monopolstellung für ihr Segment des Gesamtmarkts ermöglichen.[76]
Wie ändert sich nun dieses Szenario unter der Voraussetzung, daß sich das Angebot unterschiedlicher Hersteller an einem Kompatibilitätsstandard orientiert? Es ist zu erwarten, daß es bei Standardisierung zu einer Intensivierung des Wettbewerbs allgemein sowie insbesondere zu einer Intensivierung des Preiswettbewerbs kommt:[77]

---

76 Im Gegensatz hierzu zeigt von Weizsäcker modelltheoretisch, daß Substitutionskosten *generell* einen intensivierenden Einfluß auf den Preiswettbewerb ausüben können. Dieses Ergebnis ist allerdings auf die unterstellte Erwartungsbildung auf Nachfrageseite zurückzuführen, die es für Unternehmen profitabel macht, Goodwill aufzubauen anstatt Konsumenten »auszubeuten«. Vgl. von *Weizsäcker, C.C.*: The Costs of Substitution, in: Econometrica, Vol. 52 (1984), No. 5, S. 1085-1116; für eine Diskussion dieses Modells vgl. *Pfeiffer* (1989), a.a.O., S. 76 ff.

77 Vgl. z.B. *Hemenway* (1975), a.a.O., S. 38; *Veall, M.R.*: On Product Standardization as Competition Policy, in: Canadian Journal of Economics, Vol. 18 (1985), No. 2, S. 418-425 (422); *Farrell/Saloner* (1986b), a.a.O., S. 167; *Farrell/Saloner* (1987), a.a.O., S. 5; *Klemperer* (1987), a.a.O., S. 139; *David* (1987), a.a.O., S. 218; *Gabel, H.L.*: Conclusion, in: *ders.* (Hrsg.): Product Standardization and Competitive Strategy,

Einerseits nimmt die Vergleichbarkeit der Produkte zu, da durch die Standardisierung der kompatibilitätsrelevanten Produktmerkmale der Heterogenitätsgrad reduziert wird. Tendenziell wird hierdurch der Wettbewerb bereits gefördert, *bevor* sich die Nachfrager auf eine bestimmte Technologie festlegen.

Noch bedeutsamer ist andererseits, daß es für die Nachfrager durch die Abwesenheit von Substitutionskosten infolge der Standardisierung auch *nach* dem Kauf eines speziellen Systems leichter möglich ist, einen Herstellerwechsel durchzuführen. Auf den Märkten für Zusatzgeräte, Ersatzteile oder komplementäre Inputfaktoren treten die unterschiedlichen Anbieter durch die Substitutionsbeziehungen nunmehr in ein direktes Wettbewerbsverhältnis zueinander. Dadurch werden in idealtypischer Sicht auf diesen Märkten überhöhte Preise verhindert, die bei einem Zustand der Inkompatibilität unterschiedlicher Systeme als Folge der Substitutionskosten möglich sind. Ein Systemwechsel wird insbesondere auch deshalb erleichtert, da durch die Standardisierung - wie oben ausgeführt - Secondhand-Märkte entstehen bzw. vergrößert werden, so daß Irreversibilitäten eine geringere Rolle spielen.

Gleichzeitig werden die Nachfrager vor einer »Verwaisung« ihrer Technologie bei Marktaustritt des relevanten Anbieters geschützt, da sie - ohne Substitutionskosten aufwenden zu müssen - auf die Technologien anderer Anbieter ausweichen können.[78] Bei Kenntnis dieses Zusammenhangs entscheiden sich bestimmte Nachfrager möglicherweise bereits *vor* dem Kauf eines Systems gegen die Lösung der finanzkräftigsten und marktstärksten Unternehmen, die in dieser Hinsicht bei Inkompatibilität der Systeme einen Wettbewerbsvorteil besitzen.[79]

Nimmt man diese Wirkungen zusammen, so läßt sich feststellen, daß durch Kompatibilitätsstandards die Systeme bzw. Systembestandteile unterschiedlicher Hersteller direkt in Preis und allen nicht-standardisierten Eigenschaften konkurrieren. Dies ist wiederum eine wesentliche Auswirkung der durch Standards bedingten Vielfaltsreduktion. Zu fragen ist nun aber, welche Anreize die Anbieter haben könnten, sich einem verschärften Wettbewerb auszusetzen. Wie oben dargestellt, generieren die Netzwerkeffekte der

---

Amsterdam 1987, S. 303-316 (307); im folgenden zitiert als: *Gabel* (1987c); *Gabel* (1990), a.a.O., S. 446; *Kleinaltenkamp* (1990), a.a.O., S. 40. Einzelne modelltheoretische Analysen kommen jedoch zum Resultat, daß sich bei Kompatibilität auch *preissteigernde* Effekte ergeben können. Im einzelnen vgl. Abschnitt II.3.2.1.2.

78 Vgl. *Farrell/Saloner* (1986b), a.a.O., S. 167; *Farrell/Saloner* (1987), a.a.O., S. 8.

79 Dieser Wettbewerbsvorteil resultiert daraus, daß die Nachfrager in aller Regel einen Konkurs eines finanzstarken und marktmächtigen Unternehmens für unwahrscheinlicher halten werden als für ein relativ kleines Unternehmen.

Kompatibilität ein Nachfragewachstum mit der Folge eines tendenziell vergrößerten Marktumfangs. Für jeden Anbieter bestehen dadurch erhebliche Anreize, daß sich seine Technologie am Markt durchsetzt. Allerdings ist es möglich, daß kein Anbieter die kritische Masse an Nachfragern für seine Technologie gewinnen kann. Folglich entstehen Verluste für die Unternehmen, und der Markt stagniert bei einer Vielzahl inkompatibler Lösungen. In diesem Fall ist eine koordinierte Produktgestaltung der Unternehmen (bzw. einzelner Koalitionen von Unternehmen) zur Überwindung der kritischen Masse nötig, um schließlich von der Nachfragedynamik profitieren zu können.

Durch den hierdurch tendenziell intensivierten Wettbewerb sind verbesserte Marktergebnisse in bezug auf die allokative und technische Effizienz zu erwarten. Die Wirkungen auf die qualitative Effizienz sind hingegen nicht eindeutig und verlangen besondere Beachtung.[80] Insgesamt ist nicht immer eindeutig zu entscheiden, ob die Konkurrenz von Unternehmen in bezug auf Preis und sonstige Qualitätseigenschaften bei Standardisierung einerseits einer monopolistischen Konkurrenz mit unterschiedlicher technischer Produktgestaltung andererseits vorzuziehen ist.[81]

2.1.3.2 *Potentielle Konkurrenz*

Das durch die Nachfragedynamik generierte Marktwachstum schafft Anreize für potentielle Konkurrenten, in den Markt einzutreten. Finden Newcomerzutritte statt, so ist prinzipiell mit einer weiteren Intensivierung des Wettbewerbs zu rechnen. Möglich ist allerdings, daß erhebliche Markteintrittsbarrieren Marktzutritte bereits im voraus erschweren bzw. sogar gänzlich verhindern. Diese Markteintrittsbarrieren können sowohl natürlich, strategisch als auch institutionell bedingt sein.[82]

Positive Wirkungen von Kompatibilitätsstandards auf die potentielle Konkurrenz sind folglich dann gegeben, wenn durch die Standards bestehende Markt-

80 Vgl. hierzu auch Abschnitt II.2.2.1.

81 So auch *Farrell/Saloner* (1986b), a.a.O., S. 167.

82 Dabei behindern *natürliche* Barrieren den Marktzutritt aufgrund spezieller ökonomischer Bedingungen (z.B. hohe Irreversibilitäten, Economies of Scale, Goodwill-Vorteile der etablierten Unternehmen, hoher Kapitalbedarf bei Marktzutritt). *Strategische* Barrieren sind hingegen bewußt von den etablierten Unternehmen errichtet, um Newcomer vom Markteintritt abzuschrecken (z.B. durch interne Subventionierung, strategische Überkapazitäten oder Ressourcenmonopolisierung). *Institutionelle* Barrieren beruhen schließlich auf gesetzlichen Vorgaben (Lizenzen, Patente etc.) oder auf speziellen historischen Gegebenheiten; vgl. *Kantzenbach, E./Kruse, J.*: Kollektive Marktbeherrschung, Göttingen 1989, S. 70 ff. Vgl. grundlegend *Bain, J.S.*: Barriers to New Competition, Cambridge 1956.

eintrittsbarrieren reduziert werden. Durch die Verringerung dieser Barrieren werden nicht nur effektive Marktzutritte gefördert, es vergrößert sich auch bereits durch die Zutrittsdrohung der Disziplinierungsdruck der potentiellen Konkurrenz auf die am Markt befindlichen Unternehmen. Hiervon gehen in aller Regel positive Wirkungen auf die gesamtwirtschaftliche Effizienz aus.[83]
Ohne Zweifel weisen Märkte für Netzeffektgüter Besonderheiten auf. Für einen Newcomer, der mit einem neuen System auf den Markt tritt, das mit der Technologie der etablierten Anbieter inkompatibel ist, stellen die Netzwerkexternalitäten, die in der installierten Basis realisiert werden, eine *natürliche* Markteintrittsbarriere dar:[84] Etablierte und neue Nachfrager werden nur zögerlich bereit sein, die effektiven oder potentiellen Vorteile eines großen Netzwerks zugunsten einer noch nicht verbreiteten Lösung aufzugeben und möglicherweise auch Irreversibilitäten bei Anbieterwechsel in Kauf zu nehmen.
In dieser Situation können erfolgreiche Marktzutritte oftmals nur dann erfolgen, wenn Newcomer mit *kompatiblen* Systemen auf den Markt kommen. Hierfür ist es jedoch erforderlich, daß die Newcomer Informationen über die technischen Spezifikationen der Systeme der etablierten Unternehmen besitzen. Es eröffnen sich Spielräume für *strategische* Verhaltensweisen der etablierten Unternehmen: Besteht ein Patentschutz für die etablierte Lösung, kann eine restriktive Lizensierungspolitik den Marktzutritt erheblich erschweren oder verhindern. Sind Unternehmen auch nach Ablauf des Patentschutzes nicht bereit, die relevanten Schnittstelleninformationen vollständig offenzulegen, so werden Marktzutritte verzögert. Eine Imitation gestaltet sich dabei *strukturell* um so schwieriger, je komplexer die Technologie ist. Marktzutritte werden schließlich gänzlich verhindert, wenn es bei der Analyse der Konkurrenzprodukte nicht möglich ist, die relevanten Informationen zu erlangen.[85]

---

83 Eine Verbesserung der Marktergebnisse ist natürlich dann nicht mehr möglich, wenn die marktinterne Konkurrenz bereits für gesamtwirtschaftliche Effizienz sorgt. In diesem Fall könnten sogar relativ hohe Markteintrittsbarrieren bestehen, ohne daß deshalb Ineffizienzen zu erwarten wären.

84 Vgl. auch *Wiese* (1990), a.a.O., S. 73.

85 Ein Beispiel für diese Problematik ist die Weigerung von IBM, Schnittstelleninformationen für ihr System/370 offenzulegen. Die EG-Kommission hatte (unter anderem) deswegen ein Verfahren der mißbräuchlichen Ausnutzung einer marktbeherrschenden Stellung angestrengt. Im Rahmen eines Vergleichs fand sich IBM 1984 schließlich bereit, entsprechende Schnittstelleninformationen bereitzustellen. Vgl. hierzu Bulletin der EG 1984, Nr. 7/8, S. 7-9 und Nr. 10, S. 105-113; *Sucker, M.*: Die kartellrechtliche Beurteilung von Standardisierung und Normung auf EDV-Märkten, in: *Göbel, J.W.* (Hrsg.): Rechtliche und ökonomische Rahmenbedingungen der deutschen EDV-Branche, Köln 1990, S. 174-194 (191 ff.).

In einer derartigen Situation können Kompatibilitätsstandards den Zugang zum Markt überhaupt erst ermöglichen. Allerdings wird der Abbau dieser strategischen Markteintrittsbarrieren, die durch die natürliche Barriere der Netzwerkexternalitäten ermöglicht werden, nur mit staatlicher Intervention zu erreichen sein.
Doch auch abgesehen von Effizienzgewinnen der Marktöffnung sind mit Kompatibilitätsstandards weitere positive Effekte verbunden. So reduzieren Kompatibilitätsstandards auch die Unsicherheit bezüglich der bei Marktzutritt erforderlichen Investitionen.[86] Da durch die Standards die technischen Spezifikationen bekannt sind, die die Produkte der Newcomer aufweisen müssen, wird das Marktzutrittsrisiko für Newcomer reduziert. Dies ist für das Eintrittskalkül potentieller Konkurrenten insbesondere dann von Bedeutung, wenn die für den Marktzutritt erforderlichen F&E-Investitionen hochgradig irreversibel sind.
Darüber hinaus erlauben Kompatibilitätsstandards häufig Marktzutritte auf einzelnen Systemebenen.[87] Newcomer können damit auch auf den Markt kommen, ohne komplette Systeme anzubieten. Die Entwicklung von komplexen Technologien erfordert typischerweise einen erheblichen F&E-Aufwand. Das hierfür notwendige Kapital kann mitunter von relativ kleinen Unternehmen nicht aufgebracht werden, so daß ein Marktzutritt von vornherein unterbleibt. Müssen hingegen nur einzelne Systemkomponenten entwickelt werden, so läßt sich der für den Marktzutritt erforderliche Kapitalbedarf und das hiermit verbundene Risiko reduzieren.
Insgesamt lassen sich als Folge von Kompatibilitätsstandards wettbewerbsfördernde (hinsichtlich der marktinternen Konkurrenz) und konzentrationssenkende Wirkungen (hinsichtlich der potentiellen Konkurrenz) identifizieren.

2.2 *Effizienzverluste durch Kompatibilitätsstandards*

Standardisierung bewirkt eine Reduktion von Vielfalt, die eine wichtige Voraussetzung für die Erlangung von Größenvorteilen auf Nachfrage- und Angebotsseite, für die Realisierung von Transaktions- und Substitutionskostenersparnissen und für die Intensivierung des Wettbewerbs ist.

---

86 Vgl. *David/Greenstein* (1990), a.a.O., S. 12; *Sirbu/Estrin* (1989), a.a.O., S. 174.
87 Vgl. *Farrell/Saloner* (1987), a.a.O., S. 5; *Gabel* (1987c), a.a.O., S. 307; *Gabel* (1990), a.a.O., S. 446.

Im Mittelpunkt des folgenden Abschnitts stehen nun die Effizienzverluste, die sich bei der *Anwendung* von Kompatibilitätsstandards ergeben.[88] Da sich diese gesamtwirtschaftlichen Kosten ebenfalls auf die vielfaltsreduzierende Wirkung von Standards zurückführen lassen, wird im folgenden zwischen statischen und dynamischen Kosten der Vielfaltsreduktion unterschieden. Die Kosten möglicher Wettbewerbsbeschränkungen werden aus analytischen Gründen anschließend gesondert behandelt, obwohl auch sie mittelbar Folge der Vielfaltsreduktion sind.

2.2.1 *Kosten der Vielfaltsreduktion in statischer Sicht*

Die gesamtwirtschaftlichen Kosten der Vielfaltsreduktion können nach Nachfrage- und Angebotsseite getrennt betrachtet werden.
Die Durchsetzung eines Marktstandards bewirkt das Ausscheiden von effektiven und/oder potentiellen Güteralternativen. Für die Anbieter unterliegender Technologien können hiermit erhebliche Kosten verbunden sein:
Erstens ist davon auszugehen, daß die Investitionen, die für die Entwicklung unterliegender Technologien getätigt wurden, hochgradig irreversibel sind, so daß hierdurch Kosten für die betroffenen Unternehmen entstehen. Zweitens bedingt die notwendig werdende Umstellung auf den Marktstandard häufig Kosten (zumeist in Form von Lizenzgebühren), die für die autorisierte Anwendung des Standards aufgewendet werden müssen. Schließlich ist in aller Regel die Umstellung der Produktion erforderlich, um die Produkte den vorherrschenden Spezifikationen entsprechend produzieren zu können.
Welche Kosten der Vielfaltsreduktion auf Nachfrageseite entstehen, hängt von der Präferenzstruktur der Nachfrager ab. Aus dieser Präferenzstruktur können die Präferenzen hinsichtlich der kompatibilitätsrelevanten Produktmerkmale isoliert werden, wobei zwei untergeordnete Ebenen unterschieden werden sollten: die Kompatibilitätspräferenz und die Standardpräferenz.
Die Kompatibilitätspräferenz gibt das Ausmaß an, in dem die Nachfrager eines Marktes aufgrund von nachfrageseitigen Größenvorteilen marktweite Kompatibilität der Produkte wünschen. Je »stärker« die Kompatibilitätspräferenz, desto eher wird sich *eine* bestimmte Lösung durchsetzen. Da mit den ausscheidenden inkompatiblen Lösungen in der Regel ein Verlust an sonstigen Gütermerkmalen verbunden ist, sind qualitative Ineffizienzen möglich, sofern

88 Es bleiben zunächst die Kosten außer acht, die mit der *Entstehung* von Standards verbunden sind. Diese Kosten werden im Rahmen der Untersuchung marktlicher und regulatorischer Standardisierungsprozesse im Abschnitt II.3. verdeutlicht.

einige Individuen diese Merkmale auch weiterhin präferiert hätten.[89] Diese Ineffizienzen sind dann *mittelbar* Folge der Vielfaltsreduktion bei den kompatibilitätsrelevanten Produktmerkmalen. Es zeigt sich ein Trade-off zwischen der Erlangung von Kompatibilität durch Standardisierung und dem Erhalt der gesamtwirtschaftlichen Vielfalt.

Die Vielfaltsreduzierung kann aber auch *unmittelbar* qualitative Ineffizienzen hervorrufen. Bestehen bei einer »starken« Kompatibilitätspräferenz erhebliche Präferenzunterschiede bezüglich des zu wählenden Standards, d.h. liegen divergierende *Standardpräferenzen* vor, so ergibt sich wiederum ein Effizienzproblem: Zwar wird sich im Idealfall derjenige Standard am Markt durchsetzen, der von der größten Nachfragegruppe bevorzugt wird, so daß auch die Präferenzen dieser Nachfrager befriedigt werden. Die Präferenzen aller anderen Nachfragegruppen bleiben jedoch unberücksichtigt, da die von diesen Gruppen gewünschten Standards ausscheiden. Hier kommt es unmittelbar zum Zielkonflikt zwischen Standardisierung und Vielfalt. Lediglich in den Extremfällen homogener Präferenzen bezüglich eines Standards bzw. Indifferenz bezüglich unterschiedlicher Standards wird durch Standardisierung auch qualitative Effizienz erreicht. Die Vielfaltsreduktion zieht in diesem Fall keine gesamtwirtschaftlichen Kosten durch unbefriedigte Bedürfnisse nach sich.

Insgesamt wird deutlich, daß sich aufgrund der *nachfrageseitigen* Größenvorteile ein Trade-off zwischen Standardisierung und Vielfalt ergeben kann. Dieser ist spiegelbildlich zum »klassischen« Trade-off zwischen Produktionseffizienz bei Standardisierung und gesamtwirtschaftlicher Vielfalt (»efficiency versus diversity«) zu sehen, der bei Vorhandensein von *angebotsseitigen* Größenvorteilen auftritt.[90]

---

89 Ein Beispiel hierfür ist der Markt für Videorecorder, auf dem sich das System »VHS« als Marktstandard gegen alternative Systeme (»Betamax«, »Video 2000«) durchgesetzt und diese mit allen spezifischen Eigenschaften (fast vollständig) verdrängt hat. Für eine Analyse dieses Prozesses vgl. *Kleinaltenkamp* (1990), a.a.O., S. 2. ff. Ein weiteres Beispiel geben *Matutes/Regibeau* (1987), a.a.O., S. 25: die Software des Computerherstellers »Apple« sei im Vergleich zur Software der »IBM-kompatiblen« Konkurrenten durch wertvolle Qualitätsmerkmale gekennzeichnet, die bei Kompatibilität der Systeme aus technischen Gründen möglicherweise nicht mehr zu realisieren seien.

90 Vgl. *Chamberlin, E.H.*: Product Heterogenity and Public Policy, in: American Economic Review, Vol. 40 (1950), S. 85-92; *Lancaster, K.*: Socially Optimal Product Differentiation, in: American Economic Review, Vol. 65 (1975), No. 4, S. 567-585. Vgl. auch *Farrell, J./Saloner, G.*: Standardization and Variety, in: Economic Letters, Vol. 20 (1986), S. 71-74.

2.2.2 *Kosten der Vielfaltsreduktion in dynamischer Sicht*

In der Literatur wird häufig ein Zielkonflikt zwischen Standardisierung und Innovation festgestellt.[91] Es ist also zu untersuchen, ob die durch Standardisierung hervorgerufene Vielfaltsreduktion *dynamische* technische und qualitative Ineffizienzen durch verhinderte Prozeß- und Produktinnovationen hervorruft. Grundsätzlich gilt, daß die technologische Entwicklung innerhalb einer Industrie durch Kompatibilitätsstandards in eine vorgegebene Richtung gelenkt wird. Zur Strukturierung der Diskussion sollte daher zwischen Anreizen zur Entwicklung *(abwärts-)kompatibler* Neuerungen einerseits und Anreizen zur Entwicklung *nicht-kompatibler* Neuerungen andererseits unterschieden werden.

Anreize zur Innovation sind insbesondere im Bereich *abwärtskompatibler*[92] Neuerungen gegeben. Bei Entwicklung kompatibler Neuerungen im standardisierten Technologiebereich sind die Netzwerkexternalitäten der alten Lösung auch für die neue Lösung relevant. Das potentielle Nachfragewachstum für neue Systeme und komplementäre Systembestandteile läßt Gewinne erwarten, so daß hier eine verstärkte und konzentrierte Innovatitionstätigkeit wahrscheinlich ist. Vor diesem Hintergrund kann daher festgestellt werden, daß sich der genannte Zielkonflikt nicht zwangsläufig stellt: Von der Standardisierung gehen in den Bereichen abwärtskompatibler Innovationen c.p. innovationsfördernde Wirkungen aus.[93]

Ohne Zweifel sind jedoch auch innovationshemmende Wirkungen der Standardisierung möglich. Die Hemmung von Innovationen ist dann wahrscheinlich, wenn die Anreize zur Entwicklung *nicht*-kompatibler Neuerungen auf Anbieterseite gering sind, weil ungewiß ist, ob sich die neue Technologie am Markt durchsetzen kann. Dies ist der Fall, wenn auf Nachfrageseite nur geringe Anreize für einen Technologiewechsel bestehen. Letztere sind c.p. um so geringer,

— je höher die Netzwerkexternalitäten, die für die alte Lösung bestehen,
— je höher die Irreversibilitäten des investierten Kapitals in der installierten Basis,
— je höher die Substitutionskosten bei Technologiewechsel und

---

91 So z.B. bei *McKnight* (1987), a.a.O., S. 416 und *Dorros, I.*: Standards, Innovation, and ISDN, in: Public Utilities Fortnightly, Vol. 115 (1985), No. 5, S. 6-10 / 47 (6). Vgl. auch *David/Greenstein* (1990), a.a.O., S. 12; *Berg* (1990), a.a.O., S. 106; *Sirbu/Estrin* (1989), a.a.O., S. 176; *Hemenway* (1975), a.a.O., S. 40.

92 Vgl. Abschnitt II.2.1.2.2.

93 Des weiteren gehen auch von einer Intensivierung des Wettbewerbs durch Standardisierung über die Zunahme des Wettbewerbsdrucks indirekt positive Wirkungen auf die Innovationstätigkeit aus.

— je geringer die qualitativen Verbesserungen, die mit der neuen Technologie verbunden sind.

In einer Situation mit hohen Netzwerkexternalitäten werden die Nachfrager einen Technologiewechsel - wenn überhaupt - nur zögerlich vornehmen. Einerseits tragen sie das Risiko, bei Standardwechsel zumindest temporär »inkompatibel« zu sein, und damit die Nutzen der Kompatibilität zu verlieren. Fallen bei der Aufgabe zusätzlich irreversible Kosten an, so wird der Standardwechsel noch unwahrscheinlicher. Wollen sie auch mit dem neuen System kompatibel zur alten Lösung bleiben - und ist dies technisch überhaupt möglich - so sind schließlich Substitutionskosten für Gateway-Technologien zu tragen. Für die Anbieterseite bedeutet dies insgesamt, daß mit der Entwicklung nicht-kompatibler Innovationen ein erhebliches Risiko verbunden ist, da nicht sichergestellt ist, ob ein neuer Standard tatsächlich vom Markt angenommen wird.

Ein Technologiewechsel wird allerdings wahrscheinlicher, wenn mit der neuen Technologie *erhebliche* qualitative Verbesserungen verbunden sind. Verglichen mit einem Markt ohne nennenswerte Netzwerkexternalitäten, Irreversibilitäten oder Substitutionskosten, müssen die qualitativen Verbesserungen hier jedoch *um so größer* sein, damit die für die Nachfrager zu erwartenden Nutzenzuwächse die zu erwartenden Kosten übersteigen.

Die Beispiele für Probleme beim Standardwechsel sind zahlreich: Zu nennen ist hier der verzögerte Übergang von der Schallplatten- zur Compact-Disk-Technolgie oder das bisherige Scheitern der Digital-Audio-Tape-Technologie (DAT) gegenüber der herkömmlichen Kompakt-Kassetten-Technologie in der Unterhaltungselektronik.[94] In der Datenverarbeitungsindustrie zeigt sich die Wechselproblematik beispielsweise deutlich beim Ablösen des etablierten Betriebssystems MS-DOS gegenüber neuen Entwicklungen wie OS/2 und insbesondere Unix.[95] Schließlich zeigt sich auch bei direktstrahlenden Fernsehsatelliten, daß der nicht-abwärtskompatible MAC-Standard trotz qualitativer Verbesserungen vom Markt bislang nicht angenommen wurde. 85%

---

94 Vgl. *Tunze, W.*: »Das junge Talent DAT bekommt schon Konkurrenz«, in: Frankfurter Allgemeine Zeitung vom 15.01.91, S. T1. Das Unternehmen Philips setzt mit seinem neuen System der Digital Compact Cassette (DDC) nunmehr auch auf Abwärtskompatibilität mit den herkömmlichen Kassetten. Es sollte deshalb nicht verwundern, wenn sich diese Lösung gegenüber dem Mini-Disk-Systems (MD) des Unternehmens Sony durchsetzen kann.

95 Vgl. *Kehoe, L.*: »Standards battle gets under way«, in: Financial Times vom 22.10.1991, Beilage »Networking and Open Systems«, S. 10. Vgl. *Pfeiffer* (1989), a.a.O., S. 138 f. zum bisherigen Scheitern der PS/2-Schnittstelle gegenüber dem etablierten AT-BUS.

Marktanteil für Anlagen zum Empfang des ASTRA-Satelliten, der den PAL-Standard der installierten Basis verwendet, belegen dies eindrucksvoll.[96] Wenngleich die Probleme des Standardwechsels weiter unten noch eingehender untersucht werden, so zeigen diese Überlegungen bereits, daß aufgrund der genannten marktstrukturellen Faktoren innovationshemmende Wirkungen der Standardisierung möglich sind. Folglich können auch gesamtwirtschaftliche Kosten durch dynamische technische und qualitative Ineffizienzen nicht ausgeschlossen werden.

2.2.3 *Wettbewerbsbeschränkungen*

Neben den zuvor diskutierten Kosten der Vielfaltsreduktion können spezielle Kosten durch Wettbewerbsbeschränkungen entstehen:

Oben wurde bereits gezeigt, daß durch Kompatibilitätsstandards die Produkthomogenität tendenziell zunimmt. Hierdurch werden allgemein wettbewerbsbeschränkende Absprachen vereinfacht sowie deren Einhaltung erleichtert.[97] Dies ist insbesondere dann von Bedeutung, wenn sich auf einem Markt nur eine relativ geringe Anzahl von Unternehmen befindet, die zudem durch relativ hohe Markteintrittsbarrieren vor Newcomerzutritten geschützt wird.

Wettbewerbsbeschränkungen sind insbesondere dann möglich, wenn es sich um Märkte handelt, auf denen bestimmte Unternehmen einen relativ großen Marktanteil besitzen. Die Entscheidungen dieser Unternehmen bezüglich des technischen Produktdesigns haben eine große Bedeutung für den Gesamtmarkt - oder wie *Farrell/Saloner* betonten: »*Size confers power in the standardization game*«.[98] Die Erfahrung zeigt, daß dominante Unternehmen (wie AT&T oder IBM[99]) in der Vergangenheit häufig in der Lage waren, unilateral »de-facto«-Standards zu setzen. Wenngleich diese Fähigkeit nicht *per se* wettbewerbsbeschränkend ist, eröffnet sie doch Spielräume für strategische Verhaltensweisen:[100]

Erstens ist es für ein dominantes Unternehmen bei Vorhandensein von Netzwerkexternalitäten vergleichsweise leicht möglich, eine technische Neuerung

96 Vgl. »Astra auf Höhenflug« in: Funkschau, Nr. 5/1991, S. 32-39.

97 Vgl. *Hemenway* (1975), a.a.O., S. 76; *Link* (1983), a.a.O., S. 395; *Veall* (1985), a.a.O., S. 424; *Oberlack* (1989), a.a.O., S. 34.

98 *Farrell/Saloner* (1986b), a.a.O., S. 171.

99 Diese Fähigkeit wird für AT&T im US-amerikanischen Telekommunikationsbereich und für IBM in der Computerindustrie angenommen. Vgl. *Hergert* (1987), a.a.O., S. 81 f.; *Farrell/Saloner* (1986b), a.a.O., S. 171.

100 Vgl. *Farrell/Saloner* (1986b), a.a.O., S. 171 f.

eines relativ kleinen Unternehmens (oder eines Industrie-Outsiders) zu boykottieren. Während diese Verhaltensweise auf einem Markt ohne Netzwerkexternalitäten zumindest langfristig die Stellung des dominanten Unternehmens schwächen würde, so ist dies auf einem Markt mit Netzwerkexternalitäten vergleichsweise unwahrscheinlich: es bestehen Zweifel, ob die Nachfrager der alten Lösung bereit sein werden, die Vorteile der Kompatibilität zugunsten einer zwar qualitativ verbesserten, jedoch nicht verbreiteten Lösung aufzugeben. Dieser Effekt verschafft dem Marktführer eine starke Verhandlungsposition, die er entweder dazu nutzen kann, die Übernahme der neuen Lösung als zukünftigen Marktstandard gänzlich zu verweigern oder aber günstige Konditionen beim Erwerb von Lizenzen zu erlangen. In der Konsequenz wird eine marktbeherrschende Stellung gefestigt oder ausgebaut.
Zweitens besteht für dominante Unternehmen prinzipiell die Möglichkeit, die technische Gestaltung der Produkte strategisch zu ändern, mit dem Ziel, die Konkurrenz zu schädigen (»predatory standard switching«)[101]. Unter der Voraussetzung, daß die Mehrheit der Nachfrager die neue Lösung des Marktführers als zukünftigen Marktstandard erwarten wird, besteht für die anderen Unternehmen die Notwendigkeit, ihrerseits einen Wechsel des technischen Produktdesigns vorzunehmen.[102] Dies verursacht für die betreffenden Unternehmen Kosten; im Extremfall müssen sie vom Markt ausscheiden. Wenngleich der Standardwechsel kurzfristig auch Kosten für den Marktführer nach sich zieht, so verbessert sich nach Schädigung der Konkurrenzunternehmen die Gewinnerwartung in langfristiger Sicht.
Anreize zur Behinderung von Konkurrenten durch Inkompatibilität bestehen insbesondere dann, wenn ein Unternehmen Monopolist auf einem Primärmarkt (Komponente A) ist, zugleich aber auch auf einem wettbewerblichen Sekundärmarkt (Komponente B) anbietet.[103] Die Manipulation der Kompati-

---

101 Zum Problem strategischer Innovationen vgl. *Ordover, J.A./Willig, R.*: An Economic Definition of Predation: Pricing and Product Innovation, in: The Yale Law Journal, Vol. 91 (1981), No. 1, S. 8-53 (22 ff.).

102 Ist die Mehrheit der Nachfrager jedoch nicht bereit, den Standardwechsel zu akzeptieren, so schwächt das dominante Unternehmen durch den Technologiewechsel seine eigene Wettbewerbsposition.

103 Für eine modelltheoretische Diskussion und Beispiele aus der Datenverarbeitungs-, Fotografie- und Automobilindustrie vgl. *Greenstein, S.M.*: Computers, Compatibility, and Economic Choice, Stanford 1989, S. 4 ff. *Besen/Saloner* zeigen dies anhand eines einfachen Zahlenbeispiels, vgl. *Besen, S.M./Saloner, G.*: The Economics of Telecommunications Standards, in: *Crandall, R.W./Flamm, K.*: Changing the Rules: Technological Change, International Competition, and Regulation in Communications, Washington 1989, S. 177-220 (205 ff.). Vgl. auch *Adams, W./Brock, J.W.*: Integrated Monopoly and Market Power: System Selling, Compatibility Standards, and Market Control, in: Quarterly Review of Economics and Business, Vol. 22 (1983), No. 4, S. 29-42 (36 f.).

bilitätsstandards zwischen den Komponenten A und B führt zu Anpassungszwängen bei den Sekundärmarktanbietern und ermöglicht daher - zumindest temporär - die Erlangung von Monopolrenten auf dem Sekundärmarkt (»Leveraging von Monopolmacht«). Die Anreize für derartige Verhaltensweisen sind insbesondere dann groß, wenn die Fähigkeit zur Monopolpreisbildung auf dem Primärmarkt aufgrund von Regulierung begrenzt ist.[104] Sie werden jedoch eingeschränkt, wenn durch die Inkompatibilität eine große, installierte Basis an »alten« Komponenten erheblich entwertet wird.[105]
Effizienzprobleme können sich schließlich auch im Zusammenhang mit strategischen Produktvorankündigungen (»predatory preannouncement«) bei Vorhandensein erheblicher Netzwerkeffekte ergeben. Wie *Farrell/Saloner* zeigen, kann eine Vorankündigung nicht nur zum gesamtwirtschaftlich effizienten, sondern auch zum gesamtwirtschaftlich ineffizienten Erfolg einer neuen Technologie führen, der ohne die Ankündigung nicht eingetreten wäre:[106] Nachfrager, die nur aufgrund der Vorankündigung mit ihrer Kaufentscheidung warten, verhindern das Wachstum der installierten Basis der alten Technologie und vergrößern die Basis der neuen Technologie bei deren Markteinführung. Es entstehen negative externe Effekte, da durch das Abwarten dieser Nachfrager ein höherer Netzwerknutzen bei sämtlichen etablierten und allen potentiellen Nachfragern, die die alte Lösung präferiert hätten, verhindert wird. Hiermit sind gesamtwirtschaftliche Kosten verbunden, die den Effizienzgewinn aus der Erhöhung der Markttransparenz durch die Vorankündigungen überkompensieren können.[107]

2.3 Exkurs: *Zur Effizienz von »Gateway-Technologien«*

Nachdem im vorangehenden die wesentlichen gesamtwirtschaftlichen Effizienzwirkungen von Kompatibilitätsstandards untersucht wurden, sollen vor der zusammenfassenden Würdigung die Effizienzwirkungen von »Gateway-Tech-

---

104 Vgl. *Besen/Saloner* (1989), a.a.O., S. 206 ff. In Abschnitt III. 3.2.2.3 wird gezeigt, daß diese Situation im Telekommunikationsbereich erhebliche, praktische Bedeutung besitzt.

105 Vgl. *Greenstein* (1989), a.a.O., S. 40 und Abschnitt III.3.2.2.3.

106 Vgl. *Farrell/Saloner* (1986c), a.a.O., S. 940 ff.; vgl. auch *Bartkus, R.E.*: Innovation Competition: Beyond Telex v. IBM, in: Stanford Law Review, Vol. 28 (1976), No. 1, S. 285-331 (293 f.).

107 *Fisher/McGowan/Greenwood* bestreiten hingegen, daß Vorankündigungen überhaupt wettbewerbsbeschränkend sein können und verweisen auf die Erhöhung der Markttransparenz: »Solche Ansagen sind vielmehr wettbewerbsstimulierend; der Wettbewerb gedeiht, wenn man gut informiert ist.« *Fisher, F.M./McGowan, J.J./Greenwood, J.*: Der Anti-Trust-Fall US gegen IBM, Tübingen 1985, S. 280.

nologien« kurz dargestellt werden. Dies ist deshalb sinnvoll, da Gateway-Technologien als einzige Alternative zu Standards bei der Erlangung von unternehmensübergreifender Kompatibilität in wettbewerblichen Märkten angesehen werden können.

Unter Gateway-Technologien werden hier bestimmte technologische Lösungen verstanden, die originär inkompatible Systeme aneinander anpassen, so daß Kompatibilität zwischen diesen Systemen erreicht wird.[108] Beispiele für solche Gateway-Technologien sind Translatoren oder Emulatoren, die als Hardware- und/oder Softwarelösung die Anpassung unterschiedlicher Systeme erlauben.[109]

Zu fragen ist nun, welche Effizienzwirkungen mit diesen Gateway-Technologien verbunden sind und welche Unterschiede sich dabei im Vergleich zu Kompatibilitätsstandards ergeben. Ausgehend von einem Markt, der durch eine Vielzahl unterschiedlicher, inkompatibler Systeme bei gleichzeitigem Vorhandensein erheblicher potentieller Netzwerkexternalitäten gekennzeichnet ist, lassen sich folgende Überlegungen anstellen:

Zunächst werden durch den Bedarf für Gateway-Technologien völlig neue Märkte geschaffen, die es bei Standardisierung nicht gibt. Durch die Gateways selbst kann die Kompatibilität unterschiedlicher Systeme *ex post* erreicht werden. Damit werden auch Netzwerkexternalitäten zwischen den Nachfragern der unterschiedlichen Systeme realisiert.[110] Wie bei Standardisierung wird ein endogenes Nachfragewachstum nach der Gesamttechnologie ausgelöst, so daß im Zeitablauf eine Vergrößerung des Marktumfangs zu erwarten wäre. Die Überlegungen zu den Netzwerkeffekten und den damit verbundenen indirekten Effizienzwirkungen bei Marktwachstum (Erlangung von Größenvorteilen, Verringerung von Irreversibilitäten und vergrößertes Angebot bei komplementären Gütern als Folge des vergrößerten Marktumfangs) gelten hier also analog.

Im Gegensatz zur Standardisierung, bei der durch die Vielfaltsreduktion bestimmte Produktmerkmale mittelbar oder unmittelbar ausscheiden, bleibt

---

108 *David/Bunn* geben in einer der wenigen, vertiefenden Analysen von Gateway-Technologien - einer historischen Betrachtung der Elektrizitätsindustrie - folgende Definition: »(A) gateway technology is some means (a device, or a convention) for effectuating whatever technical connections between distinct production subsystems are required in order for them to be utilized in conjunction, within a larger integrated production system.«; *David/Bunn* (1988), a.a.O., S. 170. Das Problem der Gateway-Technologien wird ferner behandelt bei *David/Greenstein* (1990), a.a.O., S. 17 ff.; *Besen/Saloner* (1989), a.a.O., S. 201 ff; *Braunstein/White* (1985), a.a.O., S. 340 f.; *Katz/Shapiro* (1985), a.a.O., S. 426 ff.

109 Ein Modem wäre beispielsweise eine Gateway-Technologie, die einen in Digitaltechnik realisierten Computer an ein in Analogtechnik realisiertes Telefonnetz anpaßt.

110 Vgl. *David/Bunn* (1988), a.a.O., S. 172 f.

bei der Erlangung von Kompatibilität durch Gateway-Technologien die gesamtwirtschaftliche Vielfalt erhalten. Dies ist gesamtwirtschaftlich wünschenswert, wenn die Nachfragerpräferenzen bezüglich dieser Systemmerkmale heterogen sind, so daß qualitative Ineffizienzen vermieden werden können.[111] Hierin dürfte dann auch der wesentliche gesamtwirtschaftliche Effizienzgewinn von Gateway-Technologien bestehen, der aber vor dem Hintergrund möglicher technischer Ineffizienzen (als Folge der Nicht-Ausschöpfung von angebotsseitigen Größenvorteilen[112]) zu sehen ist, so daß sich hier wieder der klassische Zielkonflikt zwischen Produktionseffizienz und Vielfalt zeigt.

Die Erlangung von Kompatibilität durch Gateways ist überhaupt nur möglich, wenn diese Technologien im ausreichenden Maße vom Markt bereitgestellt werden. Wenngleich angenommen werden kann, daß die Entwicklung von Gateways selbst bei erheblichen technologischen Unterschieden zwischen verschiedenen Systemen technisch zu bewerkstelligen ist, so kann der hierfür erforderliche Forschungs- und Entwicklungsaufwand zu groß sein, als daß die Unternehmen ein entsprechendes Investitionsrisiko eingehen. Nicht-Verfügbarkeiten sind dann die Folge.[113]

Sind Gateways hingegen verfügbar, so entstehen für die Nachfrager wiederum Substitutionskosten. Zwar werden Gateways solange nachgefragt, wie diese individuellen Substitutionskosten den individuellen Nutzen aus der Kompatibilität nicht übersteigen. Diese Kosten ließen sich jedoch bei Standardisierung vollständig vermeiden.

Mit den Substitutionskosten sind jedoch weitere Probleme verbunden. Durch die Erlangung von Kompatibilität ex post wird zwar einerseits die Möglichkeit für die Unternehmen zu einer Diskriminierung der Nachfrager tendenziell reduziert. So können die Nachfrager beispielsweise komplementäre Systemkomponenten von unterschiedlichen Anbietern beziehen, so daß sich neue, direkte Konkurrenzbeziehungen ergeben. In dieser Hinsicht ist deshalb eine Intensivierung des Wettbewerbs zu erwarten. Andererseits besteht durch die

---

111 Vgl. *Besen/Saloner* (1989), a.a.O., S. 201. *David/Bunn* weisen darauf hin, daß sich durch die Verbindung unterschiedlicher Netzwerke infolge von Gateways in dynamischer Sicht veränderte Machtverhältnisse unter den Nachfragern ergeben können. Folglich sind qualitative Ineffizienzen möglich, da spezifische Bedürfnisse nicht (mehr) befriedigt werden. Vgl. *David/Bunn* (1988), a.a.O., S. 173.

112 Diese Aussage bezieht sich auf die potentiellen Massenproduktions- und Verbundvorteile, die sich bei Standardisierung der kompatibilitätsrelevanten Gütermerkmale realisieren lassen. Diese sind von den Größenvorteilen abzugrenzen, die sich bei Marktwachstum ergeben können.

113 Darüber hinaus zeigen *Katz/Shapiro* (1985), a.a.O., S. 436 ff., modelltheoretisch, daß Unternehmen, die inkompatible Systeme anbieten, nicht immer die korrekten Anreize haben, Gateways zu entwickeln.

Substitutionskosten eine Asymmetrie zwischen dem Angebot der unterschiedlichen Hersteller, so daß Preisdiskriminierung auch bei Vorhandensein von Gateways möglich ist: Ein Unternehmen kann den eigenen Angebotspreis für eine bestimmte Systemkomponente solange anheben, bis dieser dem Angebotspreis eines anderen Unternehmens für die Systemkomponente zuzüglich des zu zahlenden Preises für das relevante Gateway entspricht, ohne daß c.p. die »eigenen« Nachfrager zum anderen Unternehmen wechseln. Dies ist ein weiterer gesamtwirtschaftlicher Effizienzverlust, der sich bei Standardisierung vermeiden läßt.

Diese Überlegungen zeigen, daß auch mit Gateway-Technologien Effizienzprobleme verbunden sind, die den Vorteil des Erhalts der gesamtwirtschaftlichen Vielfalt überkompensieren können. Doch auch hiervon abgesehen weisen Standards den wesentlichen Vorteil auf, daß durch sie ein koordiniertes Produktdesign bereits *vor* Einführung einer neuen Technologie, d.h. *ex ante*, möglich ist, während Kompatibilität durch Gateways - wenn überhaupt - erst *nach* Einführung der unterschiedlichen Technologievarianten, d.h. *ex post*, erreicht werden kann. Damit sind Standards insbesondere in den Märkten vorteilhaft, in denen die marktweite Kompatibilität von Gütern aufgrund von erheblichen nachfrageseitigen Größenvorteilen von vornherein bedeutend ist und deshalb auch bereits früh in der Einführungsphase einer Technologie erreicht werden muß.

2.4 *Zusammenfassung: Standards oder Gateways?*

Nach der Darstellung der wesentlichen Effizienzwirkungen, die durch Kompatibilitätsstandards typischerweise hervorgerufen werden, und einer kurzen Analyse der Wirkungen von Gateway-Technologien, ist nun zusammenfassend zu diskutieren, unter welchen Marktbedingungen Kompatibilitätsstandards zum Erreichen von gesamtwirtschaftlicher Effizienz führen, und wann eine Überlegenheit von Gateway-Technologien zu erwarten wäre. Bei der Beantwortung dieser Fragen sind allerdings lediglich *qualitative* Aussagen ableitbar.

Das Erreichen von gesamtwirtschaftlicher Effizienz durch Kompatibilitätsstandards ist *ceteris paribus* umso eher zu erwarten,

— je homogener die *Nachfragerpräferenzen* bezüglich der zu standardisierenden Technologie sind, d.h. erstens je stärker die Kompatibilitätspräferenz und zweitens je geringer die Präferenzunterschiede hinsichtlich des hierfür notwendigen Standards,

— je größer potentielle *Größenvorteile auf Nachfrageseite*, die für eine bestimmte Technologie zu realisieren sind,
— je höher die *Irreversibilitäten* im zu investierenden Sach- und Humankapital, das mit unterschiedlichen Systemvarianten verbunden ist,
— je höher die *Substitutionskosten*, die zwischen unterschiedlichen Realisationen einer bestimmten Technologie bestehen,
— je höher die *Transaktionskosten*, die in Austauschbeziehungen aufgrund der unterschiedlichen Produkteigenschaften zu erwarten sind,
— je größer die bei gleicher technischer Gestaltung zu erzielenden *angebotsseitigen* Größenvorteile in den relevanten und den damit verbundenen Märkten sowie
— je größer das Ausmaß einer ineffizienten, rein marktsegmentierenden *Produktdifferenzierung* ist.

Unter diesen Bedingungen ist die Herausbildung von Kompatibilitätsstandards wahrscheinlich, und es wird tendenziell gesamtwirtschaftliche Effizienz in statischer Sicht erreicht.

Auf Märkten, auf denen heterogene Präferenzen bestehen, in dem Sinn, daß nur eine begrenzte Anzahl von Nachfragern Kompatibilität der Produkte wünscht und/oder unterschiedliche Standards präferiert werden, sind infolge der Vielfaltsreduktion bei marktweiter Standardisierung hingegen qualitative Ineffizienzen zu erwarten. In diesem Fall können Gateway-Technologien zu einem präferenzadäquaten Gleichgewicht zwischen »Vielfalt und Standardisierung« führen. Dies wird insbesondere dann gegeben sein, wenn die mit den Gateways verbundenen Kosten, d.h. die Substitutionskosten, relativ gering sind.

Im vorangehenden konnte auch gezeigt werden, daß bei Standardisierung Effizienzprobleme in dynamischer Hinsicht möglich sind. Insbesondere bei Vorhandensein erheblicher Netzwerkexternalitäten in Verbindung mit hohen Substitutionskosten und hohen Irreversibilitäten ist zu erwarten, daß sich (nicht-abwärtskompatible) Innovationen nur bei erheblichen qualitativen Verbesserungen durchsetzen können, so daß auch nur dann ein Standardwechsel wahrscheinlich wird. Da hieraus möglicherweise ein Regulierungsbedarf abzuleiten ist, bedarf diese Problematik weiterer Überlegungen. Diese werden im folgenden bei der Untersuchung der Effizienz von Standardisierungsprozessen angestellt.

3. *Effizienzanalyse von Standardisierungsprozessen*

Nach der Analyse der Effizienzwirkungen von Kompatibilitätsstandards soll nun die Frage gestellt werden, ob sich ein effizienter Standardisierungsgrad bzw. ein effizientes Ausmaß an Kompatibilität auf unregulierten Märkten einstellt (dazu 3.2) und wie regulatorische Alternativen bei möglichen marktlichen Funktionsmängeln zu bewerten sind (dazu 3.3). Zuvor werden die wesentlichen Determinanten von Standardisierungsprozessen untersucht (dazu 3.1).

3.1 *Determinanten von Standardisierungsprozessen*

Standardisierungsprozesse werden allgemein durch die individuell bestehenden *Anreize* der Wirtschaftssubjekte bezüglich der Partizipation am Prozeß und deren *Präferenzen* bezüglich der zu standardisierenden Technologie bestimmt. Die individuellen Anreize der beteiligten Wirtschaftssubjekte können hierbei prinzipiell nach Nachfrage- und Angebotsseite unterschieden werden. Aus den vorstehenden Überlegungen läßt sich ableiten, daß die *Nachfrager* einer bestimmten Technologie bei Standardisierung insbesondere durch

— die Erlangung von Größenvorteilen durch Netzwerkexternalitäten,
— die Verringerung von Irreversibilitäten im zu investierenden Sach- und Humankapital,
— die Vermeidung von Substitutionskosten,
— die Verringerung von Transaktionskosten sowie durch
— eine mögliche Intensivierung des Wettbewerbs unter den Anbietern

profitieren können. Analog bestehen auf *Anbieter*seite individuelle Anreize zur Standardisierung insbesondere durch

— eine erhöhte Gewinnerwartung infolge der Netzwerkeffekte nach Überwindung der kritischen Masse,
— die Realisierung von Größenvorteilen bei Beschaffung, Produktion, Absatz und Lagerhaltung,
— die Senkung von transaktionsspezifischen Risiken sowie durch
— marktstrategische Vorteile.

Besen/Saloner unterscheiden vier Fallgruppen bezüglich der Unterschiede in der Höhe der Anreize und in der Art der Präferenzen, indem sie vereinfachend »geringe« oder »hohe« Anreize einerseits mit »geringen« oder »hohen«

Interessenunterschieden andererseits kombinieren.[114] Trotz dieser Vereinfachung wird deutlich, daß die Anreize und Präferenzen der Wirtschaftssubjekte erhebliche Auswirkungen auf Struktur und Ergebnis von Standardisierungsprozessen haben:

1. *Pure public good case*: Haben die am Markt befindlichen Wirtschaftssubjekte nur geringe Präferenzunterschiede hinsichtlich eines Standards, sind aber die individuellen Anreize zur Partizipation gering, obwohl alle von einem gemeinsamen Standard profitieren würden, wird Kompatibilität nicht erreicht, wenn hiermit Kosten verbunden sind. Es besteht hier ein Free-Rider-Problem, da alle Individuen mit der Festlegung des Standards warten möchten, bis die individuellen Kosten und Nutzen sichtbar werden. Die Standardisierung nimmt hier den Charakter eines öffentlichen Gutes[115] an.
2. *Pure private good case*: Sind die individuellen Anreize zur Standardisierung weiterhin gering, und unterscheiden sich die Standardpräferenzen stark, so wird Inkompatibilität der Güter der von allen bevorzugte Zustand sein.
3. *Pure coordination case*: Divergieren die Präferenzen hinsichtlich unterschiedlicher technologischer Lösungen kaum, übersteigen jedoch die individuellen Nutzen der Standardisierung die individuellen Kosten erheblich, so entsteht ein Koordinationsproblem in der Art, daß sich die Beteiligten auf eine beliebige Alternative einigen müssen.
4. *Conflict case*: Ein Konfliktfall entsteht schließlich dann, wenn die Anreize zur Standardisierung groß sind und die Präferenzen stark divergieren. Die aus der Standardisierung zu erwartenden Gewinne fördern zwar Kooperationsbemühungen, aufgrund der unterschiedlichen Präferenzen entsteht jedoch ein erhebliches Konfliktpotential.

Diese Ausführungen deuten bereits an, daß das Erreichen eines Standards nicht problemlos ist, selbst wenn dieser gesamtwirtschaftlich wünschenswert sein sollte. Im folgenden werden deshalb marktliche und regulatorische Lösungen näher betrachtet.

---

114 Vgl. *Besen/Saloner* (1989), a.a.O., S. 170 ff. Die Übergänge zwischen diesen Fallgruppen sind jedoch fließend.

115 Zum »Öffentlichen-Gut-Charakter« von Standards vgl. insbesondere *Kindleberger, C.P.*: Standards as Public, Collective and Private Goods, in: *Kyklos*, Vol. 36 (1983), S. 377-396; *Lecraw, D.J.*: Some Economic Effects of Standards, in: Applied Economics, Vol. 16 (1984), No. 4, S. 507-522 (509 ff.). Vgl. auch Abschnitt II.3.3.1.

3.2 *Kompatibilitätsstandards durch den Markt*

In der Literatur hat sich seit Mitte der achtziger Jahre eine vergleichsweise breite Diskussion der Frage entwickelt, ob in unregulierten Märkten ein gesamtwirtschaftlich effizienter Standardisierungsgrad erreicht werden kann. Diese Diskussion betrifft überwiegend die Effizienz von »reinen« Marktprozessen und den zugrundeliegenden Anreizen auf Unternehmensebene, berücksichtigt jedoch zumindest teilweise auch die Frage der Kooperation von Unternehmen zur Erlangung von Kompatibilität. Die Analysen werden dabei vorwiegend modelltheoretisch geführt. In diesem Abschnitt sollen die wichtigsten Ergebnisse dieser Diskussion vorgestellt werden, indem einige grundlegende Modelle behandelt werden, die die marktlichen Mechanismen und deren Probleme aufzeigen.[116]

3.2.1 *Unregulierte Marktprozesse: Überblick über Modelle zum optimalen Standardisierungsgrad*

Die in der Literatur durchgeführten Analysen lassen sich nach der zugrundegelegten Situation unterscheiden, in der verschiedene Standards konkurrieren. Im Fall der »nicht-gesponserten« Standardisierungsprozesse haben die Wirtschaftssubjekte keine Eigentumsrechte an einzelnen Standards und sind auch nicht marktmächtig genug, um das Marktergebnis maßgeblich zu beeinflussen. Die Standards konkurrieren dann *passiv* um ihre Verbreitung. Im Fall der »gesponserten« Standardisierungsprozesse versuchen die Wirtschaftssubjekte, »ihre« Lösung durch strategische Maßnahmen durchzusetzen. Es findet damit eine bewußte, *aktive* Konkurrenz um die Verbreitung der Standards statt.

3.2.1.1 *»Nicht-gesponserte« Standardisierungsprozesse*

Grundlegende Einsichten in die Konkurrenzsituation bei Vorliegen von »zunehmenden Skalenerträgen der Anwendung« (»increasing returns to adop-

---

116 Eine umfassende Darstellung der mittlerweile großen Anzahl von Modellen ist hingegen im Rahmen dieser Untersuchung nicht möglich; für das Verständnis der grundlegenden Probleme ist sie auch nicht erforderlich. Für einen Überblick vgl. *David/Greenstein* (1990), a.a.O., S. 5 ff. Vgl. auch *Pfeiffer* (1989), a.a.O., Kap. IV für eine vertiefende Analyse der Mehrzahl der bis 1988 erschienenen Modelle und *Wiese* (1990), a.a.O., Teil B.

tion«) durch Netzwerkexternalitäten vermitteln die Untersuchungen von *Arthur*:[117]

Angenommen, auf einem Markt konkurrieren zwei Technologien (Standards) A und B, die sich dadurch auszeichnen, daß die Auszahlungen für die Anwender bei steigender Verbreitung zunehmen. Technologie A weist proportionale Zuwächse auf, bei Technologie B entwickeln sie sich überproportional:

Abb. 4: Auszahlungsreihen zweier konkurrierender Technologien A und B

	Bereits erfolgte Anwendungen										
	0	10	20	30	40	50	60	70	80	90	100
A	10	11	12	13	14	15	16	17	18	19	20
B	4	7	10	13	16	19	22	25	28	31	34

Quelle: *Arthur* (1989), a.a.O., S. 119

Potentielle Anwender, die keine technologie-spezifischen Präferenzen aufweisen, müssen sich nun für eine der Technologien entscheiden, wobei nach erfolgter Auswahl kein Wechsel mehr möglich ist. Das Ergebnis dieses Prozesses ist trivial, aber instruktiv: Der erste Anwender wird sich für Technologie A entscheiden, da diese Technologie am Beginn die höhere Auszahlung (zehn Einheiten bei A gegenüber vier Einheiten bei B) aufweist. Dies erhöht die Attraktivität der A-Technologie, so daß sich die nächsten Anwender a fortiori für A entscheiden. Technologie A wird fortwährend gewählt mit dem Ergebnis, daß der Markt von Beginn an in die Technologie A »eingeschlossen« ist. Technologie B, die sich bei zunehmender Verbreitung durch höhere Auszahlungen auszeichnen würde (zuletzt 34 Einheiten gegenüber 20 Einheiten bei A), scheidet von vornherein aus.

In einer Modellvariante untersucht Arthur die Adoptionsprozesse unter der realistischeren Annahme, daß die Präferenzen der Anwender divergieren, d.h. die Anwender haben eine natürliche Präferenz für eine der beiden Technologien, wobei beide Gruppen etwa gleich stark vertreten sind. Das tatsächliche

117 Vgl. *Arthur, W.B.*: Competing Technologies, Increasing Returns, and Lock-In by Historical Events, in: The Economic Journal, Vol. 99 (1989), March, S. 116-131, im folgenden zitiert als: *Arthur* (1989); *Arthur* (1988), a.a.O., S. 590-607.

Auftreten der Individuen hängt jedoch von Zufallseinflüssen (»small unknown events«) ab, die exogen sind und außerhalb der Ex-ante-Kenntnis der Beobachter liegen. Wie sich der Prozeß nun entwickelt, ist nicht vorauszusagen. Wenn es jedoch *zufällig* zu einer Anhäufung von Individuen einer bestimmten Gruppe kommt, so gewinnt die von ihnen präferierte Technologie einen Vorsprung mit der Folge, daß deren Attraktivität erheblich zunimmt. Ist dieser Vorsprung hinreichend groß, so werden sich auch die Individuen der anderen Gruppe trotz ihrer Präferenz für die alternative Technologie für die verbreitetere, durch höhere Auszahlungen gekennzeichnete Lösung entscheiden. In Abb. 5 ist ein Beispiel gegeben, in dem sich die Technologie B gegenüber Technologie A langfristig durchsetzt:

Abb. 5: Konkurrenz zweier Techologien A und B mit Zufallseinflüssen

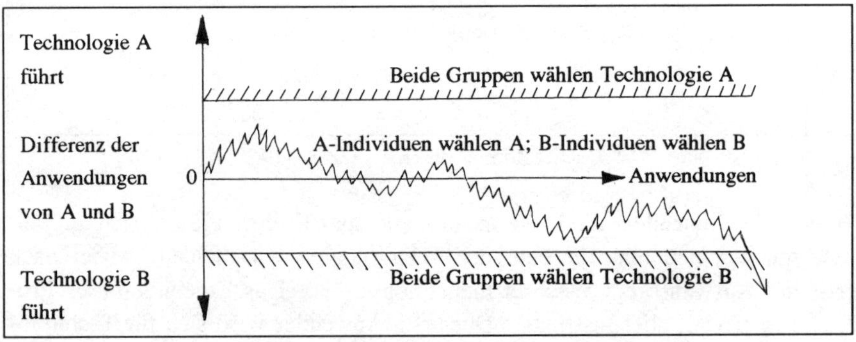

Quelle: *Arthur* (1989), a.a.O., S. 120 (Notation geändert).

Aus Arthurs Analyse werden insbesondere zwei Dinge deutlich. Erstens weist ein Markt bei Vorhandensein von zunehmenden Skalenerträgen auf Anwenderseite eine gewisse Inflexibilität auf: Eine Konkurrenz zwischen unterschiedlichen Technologien (Standards) findet nur solange statt, bis sich der Markt für eine Technologie entschieden hat. Danach ist diese Wahl nur schwer rückführbar. Konkurrierende Technologien müssen zunehmende Nachteile ausgleichen, sofern sie doch noch erfolgreich sein wollen. Zweitens ist nicht sichergestellt, daß sich im Marktprozeß tatsächlich eine gesamtwirtschaftlich effiziente Technologie - und damit ein optimaler Standard - durchsetzt: Zufallseinflüsse, die früh in der Entwicklung auf den Prozeß einwirken,

können durch die »Pfad-Abhängigkeit«[118] des Prozesses zum späteren Erfolg einer ansonsten suboptimalen Technologie beitragen.
Während *Arthur* die *Herausbildung* von Marktstandards untersucht, analysieren *Farrell/Saloner* in ihrem Modell[119] die bereits angesprochenen Probleme, die sich bei *Standardwechsel* ergeben können. Das Entscheidungsproblem der Unternehmen besteht darin, daß diese entweder weiterhin einen alten Standard X anwenden können, oder aber daß sie zu einem neuen Standard Y wechseln. Die individuelle Bewertung der Alternativen ist aufgrund der Netzwerkexternalitäten jeweils abhängig vom Verhalten der anderen Unternehmen in der Art, daß der einzelwirtschaftliche Nutzen zunimmt, wenn andere Unternehmen der Entscheidung folgen.
Farrell/Saloner zeigen, daß unter der Annahme vollständiger Information tatsächlich alle Unternehmen zum neuen Standard Y wechseln werden, wenn dieser von den Unternehmen präferiert wird. Wird die unrealistische Annahme vollkommener Information jedoch aufgegeben, so kann sich eine »excess inertia«-Situation ergeben: die Unternehmen »verharren« beim alten, inferioren Standard, selbst wenn alle den neuen Standard Y bevorzugen und ein Wechsel auch gesamtwirtschaftlich effizient wäre. Die Unternehmen verhalten sich damit wie *Pferde*, die sich - lediglich aneinander gebunden - aufgrund von Koordinationsschwierigkeiten nur geringfügig von ihrem Ausgangspunkt entfernen.
Die Ursache für diese Ineffizienz ist darin zu sehen, daß sich die Unternehmen bei unvollkommener Information nicht sicher sein können, daß andere Unternehmen den Wechsel mittragen werden. Da bei einer unilateralen Entscheidung für den neuen Standard Verluste entstehen, verhalten sie sich abwartend.[120] Ein einfaches Dyopolspiel[121] für zwei Unternehmen A und B mit folgender Auszahlungsmatrix (in Geldeinheiten) mag dies verdeutlichen:[122]

---

118 Ein Prozeß ist »pfad-abhängig« (»path-dependent«), wenn das Ergebnis des Prozesses von der Art seines Verlaufs abhängt. Vgl. *Arthur* (1988), a.a.O., S. 594. Vgl. auch *Blankart, C.B./Knieps, G.*: Path Dependence, Network Externalities and Standardization, Manuskript, Berlin, Groningen 1991, S. 1 ff., im folgenden zitiert als: *Blankart/Knieps* (1991b).

119 Vgl. *Farrell/Saloner* (1985), a.a.O., S. 72 ff.

120 »Both firms are fencesitters, happy to jump on the bandwagon if it gets rolling but insufficiently keen to set it rolling themselves«; *Farrell/Saloner* (1985), a.a.O., S. 78.

121 Der jeweils erste Wert der Auszahlungspaare der Matrix bezeichnet Gewinn bzw. Verlust des Unternehmens A in Geldeinheiten; der zweite Wert entspechend Gewinn bzw. Verlust von B.

122 Vgl. *Pfeiffer* (1989), a.a.O., S. 34.

		Unternehmen B	
		X	Y
Unternehmen A	X	0, 0	-5, -5
	Y	-5,-5	10, 10

Gegenüber der Ausgangssituation (0,0) können beide Unternehmen bei gemeinsamen Wechsel zu Y Gewinne von zehn Einheiten realisieren. Da bei *vollkommener Information* den Unternehmen das Verhalten des Konkurrenzunternehmens bekannt ist, wird die gesamtwirtschaftlich effiziente Lösung (10,10) auch tatsächlich erreicht. Besteht hingegen *unvollkommene Information* in dem Sinn, daß die Unternehmen nicht wissen, wie sich das Konkurrenzunternehmen verhalten wird, stellen sowohl die Ausgangssituation (0,0) als auch die Lösung (10,10) Gleichgewichte dar. Da eine unilaterale Entscheidung für Y sowohl A als auch B Verluste in Höhe von fünf Einheiten bringt, hat kein Unternehmen einen Anreiz, sich von der Ausgangssituation zu entfernen. Die Unternehmen verharren beim suboptimalen Standard X. Diese Situation kann jedoch durch einen *Informationsaustausch* zwischen den Unternehmen beseitigt werden, so daß sich auch die Ineffizienzen verzögerter Innovation vermeiden lassen. Diese vergleichsweise einfache Lösung des Problems ist möglich, da es sich in dieser Situation um den oben charakterisierten »pure coordination case« handelt.

Farrell/Saloner zeigen anschließend, daß auch Situationen möglich sind, in denen die Unternehmen zu einem Standard wechseln, obwohl dies gesamtwirtschaftlich ineffizient ist. Auch für diesen Fall, den die Autoren als »excess momentum«[123] bezeichnen, liegt eine Analogie aus der Tierwelt auf der Hand: Lemminge rennen, irgendeinem Führer folgend, in ihr Verderben.

Die Situation des »excess momentum« kann wiederum an einem Beispiel verdeutlicht werden:

		Unternehmen B	
		X	Y
Unternehmen A	X	0, 0	-5, -5
	Y	1,-6	4, -5

123 Vgl. *Farrell/Saloner* (1985), a.a.O., S. 79.

In dieser Situation wird A zu Y wechseln, da A immer Gewinne (1 bzw. 4 Einheiten) realisiert - unabhängig davon, ob B gleichfalls wechselt oder nicht; Y ist die dominante Strategie des A. Unter dieser Voraussetzung wird sich auch B für den neuen Standard entscheiden, da nur dann die Verluste minimiert werden können (fünf gegenüber sechs Einheiten). Dieser Zustand ist gesamtwirtschaftlich ineffizient, da die entstehenden Verluste von B größer sind als die Gewinne von A.

Im Gegensatz zur Situation des »excess inertia« kann ein Informationsaustausch das gesamtwirtschaftlich ineffiziente Ergebnis des »excess momentum« nicht verhindern. Es werden vielmehr Seitenzahlungen erforderlich, um den Standardwechsel zu vermeiden.

Farrell/Saloner untersuchen in einem weiteren Modell[124] die Anreizproblematik zur Adoption einer neuen Technologie in dynamischer Sicht. Es wird angenommen, daß auf einem Markt Güter mit einem alten Standard U verbreitet sind und daß zu einem bestimmten Zeitpunkt unerwartet eine Technologie mit dem Standard V eingeführt wird. Die etablierten Nachfrager bevorzugen aufgrund der installierten Basis die verbreitete Lösung U, es treten jedoch kontinuierlich neue Nachfrager in den Markt, die sich bezüglich der Technologie frei entscheiden können. Die Entscheidung des ersten Nachfragers hängt dabei ab vom Basisnutzen, der aus V zu realisieren ist, und vom Netzwerknutzen, der für V zu erwarten ist. Dieser Nachfrager wird sich dann für V entscheiden, wenn der Gesamtnutzen von V nicht kleiner als der Nutzen ist, den er als letzter Nachfrager von U realisieren kann.

Farrell/Saloner zeigen, daß es wie in ihrem statischen Modell auch hier zu »excess inertia« kommen kann, wenn die ersten potentiellen Nachfrager nicht bereit sind, sich gegen die Kompatibilität innerhalb der installierten Basis der alten Technologie zu entscheiden. Durch ihre Entscheidung nimmt gleichzeitig die Attraktivität der alten Lösung für alle späteren Nachfrager zu, auch wenn die Mehrzahl dieser Nachfrager die neue Lösung präferiert hätte. Gleichzeitig verringert sich die Attraktivität der neuen Technologie. Diese Effekte werden von den ersten potentiellen Nachfragern nicht berücksichtigt, so daß sich insgesamt eine gesamtwirtschaftlich ineffiziente Situation ergeben kann. *Farrell/Saloner* zeigen weiterhin, daß auch »excess momentum« möglich ist. Dies ist der Fall, wenn die neue Technologie zwar angenommen wird, die Nutzengewinne der neuen Nachfrager jedoch nicht die Nutzenverluste der etablierten Nachfrager ausgleichen können. Die Nutzenverluste der Etablierten resultieren daraus, daß diese mit ihrer Technologie »verwaisen«.

---

124 Vgl. *Farrell/Saloner* (1986c), a.a.O., S. 943 ff.

Insgesamt wird deutlich, daß - analog zu den Überlegungen *Arthurs* - die ersten Nachfrager einen wesentlichen Einfluß auf die späteren Marktergebnisse ausüben.
In einer Modellvariante untersuchen die Autoren, wie sich die Ergebnisse des Grundmodells ändern, wenn der Erfolg der neuen Technologie von den etablierten Nachfragern abhängt und keine neuen Nachfrager auf den Markt treten.[125] Auch hier ist eine ineffiziente Trägheit möglich, da die ersten Anwender der neuen Technologie den Kompatibilitätsnutzen temporär verlieren, bis alle anderen ebenfalls gewechselt sind. Die nach unilateralem Wechsel entstehenden Zeitverzögerungen bis zur Imitation machen die Individuen *zusätzlich* abgeneigt, den Wechsel überhaupt durchzuführen. Sie benehmen sich damit wie *Pinguine*, die hungrig, aber aus Furcht vor Räubern zögernd am Rande einer Eisscholle stehen und versuchen, andere zuerst ins Wasser zu drängen.[126]

3.2.1.2 *»Gesponserte« Standardisierungsrozesse*

Aus der bisherigen Analyse geht hervor, daß sich erhebliche Probleme im Standardisierungsprozeß ergeben, wenn Technologien bzw. Standards *passiv* um ihre Verbreitung konkurrieren. Insbesondere gibt es Anzeichen dafür, daß sich im Marktprozeß dann kein gesamtwirtschaftlich effizienter Standardisierungsgrad einstellt. Fraglich ist, ob sich die Ergebnisse ändern, wenn Unternehmen oder Nachfrager, die ein besonderes Interesse oder besondere Rechte an einem Standard haben, die Standardisierungsprozesse *aktiv* zu beeinflussen versuchen. Bei der folgenden Diskussion dieser »gesponserten« Standardisierungsprozesse werden statische und dynamische Modelle unterschieden.

3.2.1.2.1 *Statische Modelle*

Katz/Shapiro analysieren in dem statischen Oligopolmodell[127] die Frage der Standardisierungsentscheidungen von Unternehmen. In einem ersten Schritt untersuchen sie die Wirkungen von Netzwerkexternalitäten auf den Standardisierungsprozeß. Ausgangspunkt ist hierbei, daß aufgrund der Externalitäten die Nachfrager Erwartungen bilden müssen, welche Technologie sich am Markt durchsetzt bzw. welcher Hersteller das größte Netzwerk erreichen

---

125 Vgl. *Farrell/Saloner* (1986c), a.a.O., S. 951 ff.
126 Analog zu oben kann »excess momentum« entstehen, wenn die Nachfrager befürchten müssen, mit ihrer Technologie zu verwaisen.
127 Vgl. *Katz/Shapiro* (1985), a.a.O., S. 426 ff.

wird. Damit hängt auch die Stärke der nachfrageseitigen Größenvorteile von den Nachfragererwartungen ab. *Katz/Shapiro* zeigen, daß bei unterschiedlichen Annahmen bezüglich der Erwartungsbildung unterschiedliche Gleichgewichte möglich sind, insgesamt verifizieren sie jedoch das, was intuitiv zu vermuten wäre: »if consumers expect a seller to be dominant, then consumers will be willing to pay more for the firm's product, and it will, in fact, be dominant«.[128] Die Folge ist ein effizienter Zustand der Kompatibilität als Konsequenz dieser »self-fulfilling prophecy«.

Aus diesen Überlegungen wird bereits deutlich, daß einerseits die *Erwartungsbeeinflussung* ein wichtiges Instrument für die Durchsetzung eines Standards sein kann.[129] Andererseits kann generell ein Vorteil für ein marktstarkes Unternehmen (bzw. eine Unternehmenskoalition) bei der Durchsetzung eines neuen Standards vermutet werden.[130] Spiegelbildlich läßt sich diese Überlegung auch auf marktmächtige Nachfrager übertragen.[131]

In einem zweiten Schritt endogenisieren *Katz/Shapiro* die Produktdesignentscheidungen und stellen damit die Frage, welche Anreize für ein Unternehmen bestehen, die eigenen Produkte kompatibel zu den Produkten der Konkurrenzunternehmen zu machen. Das Ergebnis ihrer Analyse ist, daß Unternehmen mit guter Reputation oder großen, existierenden Netzwerken gegen unternehmensübergreifende Kompatibilität der Produkte sein werden, auch wenn hierdurch gesamtwirtschaftlich Wohlfahrtserhöhungen zu erreichen sind.[132] Im Gegensatz hierzu werden Unternehmen mit geringer Reputation oder kleinen Netzwerken Kompatibilität der Produkte wünschen. Die unterschiedlichen Interessenlagen sind damit zu begründen, daß Unternehmen mit großen Netzwerken bei Standardisierung den Verlust von Marktanteilen durch eine Intensivierung des Wettbewerbs befürchten müssen. Unternehmen mit kleinen Netzwerken können hingegen eine Verbesserung ihrer Wettbewerbs-

---

128 *Katz/Shapiro* (1985), a.a.O., S. 425.

129 Vgl. auch *Wiese* (1990), a.a.O., S. 48 f.; *Allen* (1988), a.a.O., S. 260 f.

130 Der Einfluß von Marktanteilsvorsprüngen auf die Standardisierungsentscheidungen eines Marktes wird auch bei *Braunstein/White* (1985), a.a.O., S. 345 ff. deutlich.

131 Vgl. z.B. *Kleinaltenkamp* (1990), a.a.O., S. 23 ff. für die bedeutende Rolle General Motors bei der Standardisierung des Manufacturing Automation Protocols (MAP) und des Technical and Office Protocol (TOP). Vgl. *Berg* (1990), a.a.O., S. 113 und *Brock, G.*: Competition, Standards and Self-Regulation in the Computer Industry, in: *Caves, R.E./Roberts, M.J.* (Hrsg.): Regulating the Product, Cambridge (Mass.) 1975, S. 75-96 (81 ff.) für den Standardisierungsprozeß der Programmiersprache COBOL, der durch das US-Department of Defense maßgeblich beeinflußt wurde.

132 Dieses Ergebnis findet auch empirische Unterstützung - vgl. z.B. *Brock* (1975), a.a.O., S. 91 für die Haltung des dominanten Unternehmens IBM in der Datenverarbeitungsindustrie: »In summary we see that IBM has generally opposed the development of standards in the computer industry that would result in an increase in computer compatibility.« Vgl. auch *Sirbu/Estrin* (1989), a.a.O., S. 175.

position erwarten, da ihre Lösungen durch die Kompatibilität wesentlich attraktiver werden.[133]

Alternativ zur Modellierung von *Katz/Shapiro* untersucht *Berg* in seinem Dyopol-Modell[134] die Frage des optimalen Standardisierungsgrads, indem er anstelle von Netzwerkexternalitäten auf Nachfrageseite von technischen Externalitäten auf Angebotsseite ausgeht. Vorausgesetzt wird eine Produktionsfunktion, die den Output als Funktion des Faktors Arbeit einerseits und eines bestimmten technischen »Standards« andererseits darstellt.[135] Die Preis-Absatz-Funktion jedes Unternehmens ist abhängig von den Absatzmengen beider Unternehmen und den jeweils verwendeten Standards. Ein erhöhter Absatz eines Unternehmens wirkt sich dabei negativ auf den Absatz und damit auf den Erlös des anderen Unternehmens aus. Zunehmende Kompatibilität führt hingegen zu Marktwachstum und erhöht den Absatz der Unternehmen.

Berg zeigt in diesem Szenario, daß sich bei Wettbewerb eine Tendenz zu suboptimaler Standardisierung bzw. ineffizienter Inkompatibilität ergibt. Dies ist darauf zurückzuführen, daß die Unternehmen bei unabhängigen Produktdesignentscheidungen nicht die Auswirkungen ihrer Entscheidungen auf den Nutzen der Nachfrager des Konkurrenzunternehmens berücksichtigen. Auch eine Kooperation der Unternehmen muß nicht notwendigerweise zu besseren Ergebnissen führen. Es lassen sich gegenläufige Effekte identifizieren. Einerseits wirken gegen eine Standardisierung die direkten Erlösverluste der Unternehmen, die sich aus der Nachfragezunahme der Konkurrenzunternehmen ergeben. Andererseits steigt die Gesamtnachfrage nach den Gütern bei Kompatibilität. Es hängt nun von der Stärke der Effekte ab, ob Kompatibilität kooperativ erreicht wird.

Bessere Ergebnisse sind hingegen zu erwarten, wenn ein Unternehmen die *Führungsrolle* im Standardisierungsprozeß übernimmt. Der Marktführer berücksichtigt bei seiner Entscheidung die Reaktionsfunktion des abhängigen Unternehmens und bezieht dadurch auch die indirekten Effekte der Standardisierung, die sich aus der Reaktion des abhängigen Unternehmens auf unterschiedliche Standards ergeben, in seine Gewinnfunktion ein. Hieraus folgt ein

---

133 Zu vergleichbaren Ergebnissen kommen auch *Esser, P./Leruth, L.*: Network Externality, Compatibility and Product Differentiation: Equilibrium in a Duopoly Model, EIASM Working Paper No. 88/07, Brussels 1988.

134 Vgl. *Berg, S.V.*: Duopoly Compatibility Standards with Partial Cooperation and Standards Leadership, in: Information Economics and Policy, Vol. 3 (1988), No. 1, S. 35-53; im folgenden zitiert als: *Berg* (1988).

135 Eine Änderung des Standards verändert damit die Kosten des Unternehmens.

größerer Anreiz zur Standardisierung und damit auch ein größeres Marktvolumen.[136]

Matutes/Regibeau[137] und *Economides*[138] erweitern die modelltheoretische Diskussion, indem sie bei ihren (sehr ähnlichen) Analysen anstelle von Produkten von kompletten Systemen ausgehen, die aus mehreren Komponenten bestehen. Im Gegensatz zu den zuvor behandelten Modellen wird hier jedoch angenommen, daß *weder* auf Nachfrage- *noch* auf Angebotsseite Externalitäten vorliegen. Stellvertretend für diesen Forschungszweig sei ein Modell[139] von *Matutes/Regibeau* skizziert:

Es wird angenommen, daß sich auf einem Markt zwei Unternehmen A und B befinden, die jeweils ein aus zwei Komponenten bestehendes System anbieten. In der ersten Stufe entscheiden sich die Unternehmen simultan für oder gegen Kompatibilität mit den Konkurrenzprodukten; in der zweiten Stufe konkurrieren die Unternehmen in Preisen, wobei der Preis der Konkurrenzunternehmung als gegeben angenommen wird. *Matutes/Regibeau* zeigen, daß unterschiedliche Gleichgewichte möglich sind, wenn unterschiedliche Mittel zur Erlangung von Kompatibilität betrachtet werden.[140] Die Anreize der Unternehmen zur Erlangung von Kompatibilität sind auf folgende Effekte zurückzuführen, die zugleich unterschiedliche Wohlfahrtswirkungen aufweisen:

Erstens entsteht durch Kompatibilität für die Nachfrager die Möglichkeit, die Systemkomponenten der beiden Unternehmen zu kombinieren, so daß - eine entsprechende Präferenzstruktur vorausgesetzt - aufgrund der Erhöhung der gesamtwirtschaftlichen Vielfalt an Kombinationsmöglichkeiten eine höhere Nachfrage entfaltet wird. Hiervon profitieren wiederum die Unternehmen durch größere Absatzmöglichkeiten. Zweitens reduziert die Kompatibilität aber die Wahrscheinlichkeit, daß ein Unternehmen Preissenkungen vornimmt, um Nachfrage auf sich zu ziehen. Eine Preissenkung für eine bestimmte Komponente verbilligt nicht nur das eigene System, sondern auch die

---

136 *Berg* untersucht auch den Fall eines Mehrproduktmonopols, das zwar die Kreuzwirkungen zwischen den Gütern berücksichtigt, jedoch durch suboptimale Angebotsmengen allokative Ineffizienzen hervorruft.

137 Vgl. *Matutes/Regibeau* (1988), a.a.O., S. 223 ff.; *Matutes, C./Regibeau, P.*: Product Compatibility and the Scope of Entry, INSEAD Working Paper No. 87/40, Fontainebleau 1987.

138 Vgl. *Economides* (1989), a.a.O., S. 1165 ff.

139 Vgl. *Matutes/Regibeau* (1988), a.a.O., S. 223 ff.

140 Im Fall einer unilateralen Adapterlösung (d.h. ein Unternehmen entwickelt eine Gateway-Technologie) wird Kompatibilität auch tatsächlich erreicht. Für den Fall, daß Kompatibilität einen Konsens erfordert, sind jedoch Gleichgewichte bei Inkompatibilität oder Kompatibilität möglich. Kompatibilität wird in keinem Fall erreicht, wenn die Kosten der Kompatibilität die zusätzlich zu erwartenden Gewinne übersteigen. Vgl. *Matutes/Regibeau* (1988), a.a.O., S. 229.

Systeme, die eine Komponente des Konkurrenten beinhalten: »In other words, under incompatibility firm A captures the full benefits from its price cut, while with compatibility some of the benefits are obtained by its rival, so that firm A's incentives to decrease prices are weaker in a compatible industry.«[141] Folglich sind bei Kompatibilität *höhere* Gleichgewichtspreise zu erwarten, mit denen gesamtwirtschaftlich ein Verlust an Konsumentenrente verbunden ist.[142] Hinzu kommt, daß einige Nachfrager, die auf die Systeme eines bestimmten Anbieters spezialisiert sind, schlechter gestellt werden, da sie nun höhere Preise für das gleiche System zu entrichten haben, jedoch nicht von der Erhöhung der gesamtwirtschaftlichen Vielfalt profitieren können.

Es hängt nun von der Höhe der Anreize bei den Unternehmen und von der Größe der Wohlfahrtsgewinne bzw. -verluste bei den Konsumenten ab, ob der sich ergebende Kompatibilitätsgrad gesamtwirtschaftlich effizient ist. *Matutes/Regibeau* zeigen in ihrer Wohlfahrtsanalyse, daß theoretisch sowohl effiziente als auch ineffiziente Zustände der Kompatibilität wie der Inkompatibilität möglich sind. Allerdings ist nochmals darauf hinzuweisen, daß durch die Nicht-Berücksichtigung von Netzwerkexternalitäten im Modell ein Spezifikum ausgeblendet wird, das in der Realität untrennbar mit Märkten für Netzeffektgüter verbunden ist.

3.2.1.2.2 *Dynamische Modelle*

»The adoption of a common standard by independent firms is an essentially dynamic process.«[143] Deshalb soll nun untersucht werden, ob und inwieweit die *dynamischen* Modelle, die in der Literatur entwickelt wurden, auch zu angemesseneren Ergebnissen führen.

Katz/Shapiro[144] untersuchen in ihrem dynamischen Modell erneut die Anreizproblematik bei der Erlangung von Kompatibilität. Sie berücksichtigen dabei explizit die Rolle von *Preisstrategien* der Unternehmen zur Durchsetzung ihrer technologischen Lösungen sowie die Rolle des technischen Fortschritts. Es wird angenommen, daß die Unternehmen zunächst ihre Produktdesignent-

141 *Matutes/Regibeau* (1988), a.a.O., S. 227.

142 Höhere Gleichgewichtspreise und -gewinne bei Kompatibilität im Vergleich zur Inkompatibilität sind auch das Ergebnis des Modells von *Economides* (1989), a.a.O., S. 1165 ff. Für den (restriktiven) Spezialfall unelastischer Nachfragereaktionen und quadratischer Transportkostenfunktion zeigt *Economides*, daß sogar bei Marktzutritt neuer Unternehmen höhere Gleichgewichtspreise und -gewinne möglich sind. Es bestehen jedoch Zweifel, ob sich diese adversen Preiseffekte auch unter realistischeren Annahmen bei Berücksichtigung von Newcomer-Zutritten ergeben würden.

143 Vgl. *Matutes/Regibeau* (1988), a.a.O., S. 232.

144 Vgl. *Katz/Shapiro* (1986a), a.a.O., S. 148 ff.

scheidung treffen und dann ihre Preise festsetzen, die die Nachfrager wiederum ihrer Kaufentscheidung zugrundelegen. In der zweiten Periode wiederholen sich dann Preis- und Nachfrageentscheidungen. Auf der Angebotsseite werden unterschiedliche Produktionskosten für die unterschiedlichen technologischen Lösungen unterstellt, wobei sich die Kostenvorteile bzw. -nachteile im Zeitablauf umkehren: in der ersten Periode kann Unternehmen A kostengünstiger produzieren, in der zweiten Periode ist es Unternehmen B. Für die Nachfrageseite wird eine unelastische Nachfrage angenommen in dem Sinn, daß in jeder Periode von jedem Nachfrager eine Einheit konsumiert wird. Der Nutzen der Nachfager ist abhängig von der Zahl der Nachfrager, die sich in *beiden* Perioden für die gleiche Technologie entscheiden.[145] Die Gesamtzahl der Nachfrager wird als exogen gegeben unterstellt und ist für beide Perioden gleich.

Katz/Shapiro zeigen, daß im Gleichgewicht mit Kompatibilität der Produkte die Nachfrager in jeder Periode von dem Anbieter kaufen werden, der einen *Effizienzvorsprung* in der Produktion aufweist und deshalb in der Lage ist, zu niedrigeren Preisen anzubieten. Die Situation der Inkompatibilität der Technologien ist hingegen komplizierter. Das Gesamtergebnis hängt wesentlich von dem Marktvorsprung (»installed base advantage«) des zunächst effizienteren Anbieters A und vom Kostenvorteil (»cost advantage«) des anschließend effizienteren Anbieters B ab. In der zweiten Periode wird sich B gegenüber A dann durchsetzen, wenn der Kostenvorteil von B größer ist als der Marktvorsprung von A. Da angenommen wird, daß die Nachfrager dies korrekt antizipieren, kann B bereits in der ersten Periode versuchen, den Markt für sich zu gewinnen, indem er die Preise in Richtung auf das Grenzkostenniveau von A senkt.[146]

Ob sich nun A und B anfänglich für oder gegen Kompatibilität entscheiden, hängt generell von deren Gewinnerwartungen ab. *Katz/Shapiro* leiten als Hauptergebnis ihres Modells ab, daß eine Tendenz zu *übermäßiger* Standardisierung besteht: »The most striking result is that firms may use product compatibility as a means of reducing competition among themselves.«[147] Damit wählen die Unternehmen Kompatibilität, da hierdurch der Preiswett-

---

145 In einem weiteren Modell, das mit dem hier skizzierten Modell fast identisch ist, untersuchen *Katz/Shapiro* die Anreize zur Standardisierung, wenn der Nutzen der Nachfrager nur vom Absatz der ersten Periode abhängt. Vgl. *Katz, M.L./Shapiro, C.*: Technology Adoption in the Presence of Network Externalities, in: Journal of Political Economy, Vol. 94 (1986), No. 4, S. 822-841.

146 Analog wird sich A durchsetzen, wenn der Kostenvorteil von B in der zweiten Periode nicht ausreicht, um den Marktvorsprung von A einzuholen.

147 Vgl. *Katz/Shapiro* (1986a), a.a.O., S. 164.

bewerb in der Einführungsphase gegenüber dem Zustand der Inkompatibilität gedämpft wird.[148] Hiermit sind jedoch allokative Ineffizienzen verbunden, da die Nachfrager durch die vergleichsweise höheren Preise an Konsumentenrente verlieren. Folglich kann sich der erreichte Kompatibilitätsgrad als gesamtwirtschaftlich ineffizient erweisen.

Farrell/Shapiro[149] untersuchen in einem dynamischen Modell explizit die Auswirkungen von *Substitutionskosten* auf den Standardisierungsprozeß. Sie analysieren einen Dyopolmarkt, in dem in jeder Periode Neukunden (»youngsters«) hinzukommen, die in der folgenden Periode zu Altkunden (»oldsters«) werden. Die Neukunden treffen ihre Kaufentscheidung anhand des niedrigeren Angebotspreises. Altkunden haben bei Anbieterwechsel Substitutionskosten zu tragen. Optimierungskalkül der Nachfrager ist die Minimierung der Summe der diskontierten Konsumausgaben; analog maximieren die Anbieter die Summe der diskontierten Periodengewinne. In jeder Periode setzt eines der beiden Unternehmen zuerst seinen Preis fest, das andere Unternehmen reagiert darauf. Es wird angenommen, daß die Anbieter *nicht* zwischen Alt- und Neukunden diskriminieren können.

Farrell/Shapiro zeigen, daß die gleichgewichtige Lösung darin besteht, daß die Unternehmen implizite Absprachen treffen und sich den Markt aufteilen: Das Unternehmen, das in der Vorperiode die Neukunden belieferte und somit zur eingesessenen Firma (»incumbent«) geworden ist, setzt einen Preis, der gerade dem Preis des Konkurrenzunternehmens zuzüglich Substitutionskosten entspricht. Mit diesem Preis kann es zwar keine Neukunden gewinnen, verliert jedoch auch keine Altkunden. Das Konkurrenzunternehmen (»entrant«) beliefert hingegen die Neukunden. Wie oben bereits angedeutet, werden als Folge der Substitutionskosten (d.h. der Inkompatibilität) höhere Preise und Gewinne realisiert,[150] »the duopolists are less direct rivals than they would be in the absence of switching costs.«[151]

In einer Modellerweiterung führen die Autoren *angebotsseitige Größenvorteile* zugunsten des eingesessenen Unternehmens ein und betonen, daß sich analoge Ergebnisse bei Berücksichtigung von *nachfrageseitigen* Größenvor-

---

148 Werden (realistischerweise) Substitutionskosten bei Anbieterwechsel unterstellt, so haben die Unternehmen die Möglichkeit, ihre Preise in den Folgeperioden entsprechend anzuheben. Dieser preissteigernde Effekt kann den preissenkenden Effekt der Einführungsphase überkompensieren, so daß sich die Unternehmen für einen (allokativ ineffizienten) Zustand der Inkompatibilität entscheiden.

149 Vgl. *Farrell/Shapiro* (1988), a.a.O., S. 123 ff.

150 *Farrell/Shapiro* unterstellen unelastische Nachfragereaktionen, so daß keine allokativen Ineffizienzen auftreten, wenn als Wohlfahrtsmaß die Summe aus Konsumenten- und Produzentenrente zugrundegelegt wird.

151 *Farrell/Shapiro* (1988), a.a.O., S. 127.

teilen ergeben.[152] Auch in dieser Modellvariante kommt es tendenziell zu der oben dargestellten Marktaufteilung. Allerdings gilt dies nur, solange die durchschnittlichen Fixkosten nicht die Substitutionskosten übersteigen. Bei größeren Fixkosten entsteht hingegen eine Tendenz zum natürlichen Angebotsmonopol mit der Folge, daß sich nur *ein* Anbieter am Markt durchsetzt. Sind die Fixkosten jedoch geringer als die Substitutionskosten, so wird es für den »incumbant« wieder die optimale Strategie sein, nur die Altkunden zu beliefern und die Neukunden dem »entrant« zu überlassen. *Farrell/Shapiro* ziehen hieraus den Schluß, daß eine etablierte Technologie mit existierendem Altkundenstamm einer (evtl. schlechteren) Technologie unterliegen kann.

Bezüglich der Wettbewerbswirkung von Substitutionskosten geben *Farrell/Shapiro* deshalb auch eine vergleichsweise optimistische Einschätzung: »Although switching costs surely make it harder for entering firms to attract established buyers, they actually encourage entry into the market to serve unattached ones«.[153] Zu beachten ist jedoch, daß diese positive Wirkung von Substitutionskosten - wie sie selbst gezeigt haben - nicht zum Tragen kommt, wenn Größenvorteile auf Angebots- oder Nachfrageseite an Bedeutung gewinnen.

Pfeiffer[154] entwickelt schließlich ein Modell eines dynamischen, inhomogenen Oligopolmarkts mit Substitutionskosten. Auch in diesem Modell wird auf Nachfrageseite zwischen Alt- und Neukunden unterschieden. Im Gegensatz zum Modell von *Farrell/Shapiro* und deren einfacher Hypothese bezüglich der Kaufentscheidungen der Nachfrager wird hier jedoch eine linear-preisabhängige Nachfragefunktion unterstellt. Die zugrundeliegende Nachfragestruktur wird dabei durch zwei Effekte bestimmt: Erstens wird Nachfragedynamik unterstellt, d.h. daß die Nachfrage der laufenden Periode aufgrund von Netzwerkexternalitäten und Lerneffekten positiv von der Nachfrage der Vorperiode abhängt (»Carryover-Effekt«). Dabei wird davon ausgegangen, daß im Altkundensegment stärkere Carryover-Effekte als im Neukundensegment vorliegen, da Erfahrungen nur beschränkt interpersonell transferierbar sind. Zweitens wird angenommen, daß Nachfrageträgheit besteht, da bei Herstellerwechsel Substitutionskosten zu tragen sind. Altkunden werden deshalb eine

---

152 In diesem Fall ist anstelle einer Fixkostengröße ein zusätzlicher Betrag zu berücksichtigen, den die Konsumenten zu zahlen bereit sind, wenn beide Kundengruppen ein standardisiertes Produkt nachfragen.

153 *Farrell/Shapiro* (1988), a.a.O., S. 134.

154 Vgl. *Pfeiffer* (1989), a.a.O., S. 97 ff.; vgl. auch *Pfeiffer*, G.: Compatibility and Competition - A Dynamic Model of an Oligopoly with Differentiated Products and Switching Costs, in: *Berg, J.L./Schumny, H.* (Hrsg): The Information Technology Standardization Process, Amsterdam 1990, S. 199-214, im folgenden zitiert als: *Pfeiffer* (1990).

geringere Nachfrageelastizität als Neukunden aufweisen. Für die Angebotsseite wird unterstellt, daß die Unternehmen in jeder Periode den Gegenwartswert ihrer Gewinne maximieren, wobei Preisdiskriminierung ausgeschlossen ist.

Die Analyse dieses Modells ergibt, daß die Unternehmen Anreize haben, während des Planungshorizontes in den Kundenstamm zu investieren, um am Ende des Horizontes Zusatzgewinne aus Verkäufen zu höheren Preisen an die Altkunden zu realisieren. Es findet somit wiederum eine intertemporale Subventionierung der eigenen Technologie mit niedrigen, unter den Grenzkosten liegenden Einführungspreisen und hohen, über den Grenzkosten liegenden Preisen in der Sättigungsphase statt. Wird der Einfluß des Carryover-Effekts und der Substitutionskosten gesondert untersucht, so zeigt sich in beiden Fällen eine preissteigernde Wirkung der Einflußgrößen über den Planungszeitraum hinweg. Bei hinreichend langem Planungszeitraum verharrt der Markt in einer Sättigungsphase, und es ergibt sich eine symmetrische Marktaufteilung zwischen den Unternehmen. Dies gilt insbesondere auch dann, wenn für ein Unternehmen ein Startvorteil angenommen wird in dem Sinne, daß es zu Beginn einen größeren Kundenstamm hatte. Dieser Startvorteil wird im Zeitablauf »wegkonkurriert«.

Pfeiffer untersucht auch den Einfluß asymmetrischer Kostenstrukturen auf die Modellergebnisse.[155] Für den Fall, daß ein Unternehmen einen Effizienzvorsprung infolge geringerer (konstanter) Grenzkosten aufweist, ergibt sich ein dauerhafter Marktvorsprung für das effizientere Unternehmen und zwar auch dann, wenn das Konkurrenzunternehmen einen Startvorteil bezüglich des Kundenstamms hatte. Werden hingegen Lernkurveneffekte auf Angebotsseite mit der Folge abnehmender Grenzkosten unterstellt, so verliert die effizientere Unternehmung ihren Vorteil bei hinreichend großem technischen Fortschritt im Zeitablauf. Sind die Lernkurveneffekte der Unternehmen jedoch unterschiedlich, so setzt sich auch langfristig die effizientere Unternehmung am Markt durch, ohne jedoch das Konkurrenzunternehmen vollständig zu verdrängen.

Abschließend vergleicht Pfeiffer die Dyopol-Ergebnisse mit einer Polypol-Lösung. Im Polypol ist mit einem sinkenden Preispfad zu rechnen, da die Preise entsprechend den im Zeitablauf sinkenden Grenzkosten gesetzt werden. Folglich wird auch ein höheres Nachfrageniveau als im Dyopol erreicht. Der Wettbewerbsmarkt zeichnet sich insgesamt durch eine größere Nachfragedynamik als der Dyopolmarkt aus. Ferner sind mit den speziellen, oben

155 Vgl. *Pfeiffer* (1989), a.a.O., S. 111 f.

dargestellten Preisstrategien im Dyopol Wohlfahrtsverluste verbunden, die bei Wettbewerb entfallen. Zusammenfassend stellt Pfeiffer fest: »Wettbewerb, auch Wettbewerb zwischen Produkten mit unterschiedlichem Kompatibilitätsgrad, erhöht also die Wohlfahrt auch bei der Existenz von beträchtlichen switching costs.«[156]

3.2.1.3 *Ergebnis der modelltheoretischen Diskussion*

Ohne Zweifel ist größte Vorsicht angebracht, wenn aus den Ergebnissen restriktiver modelltheoretischer Analysen Schlußfolgerungen für reale Märkte abgeleitet werden sollen. Dennoch haben die behandelten Modelle prinzipielle Probleme der marktlichen Standardisierung aufgezeigt. Hierzu zählen insbesondere die Möglichkeit des Entstehens eines suboptimalen Standards im Marktprozeß, die Probleme des ineffizienten Verharrens auf einem inferioren Standard, die Möglichkeit des ineffizienten Standardwechsels sowie Anreizstrukturen marktstarker Unternehmen, die sich als gesamtwirtschaftlich problematisch erweisen können. Allen Problemen ist gemein, daß sie auf die Existenz von Netzwerkexternalitäten zurückzuführen sind. Diese zentrale Bedeutung der Netzwerkexternalitäten für Standardisierungsprozesse kommt im übrigen auch in den bislang vorliegenden Fallstudien deutlich zum Ausdruck.[157]

Besen/Saloner ziehen aus der modelltheoretischen Diskussion den Schluß: »even where everyone benefits from standardization, there is no guarantee that standardization will be achieved or, if it is, that the right standard will be chosen.«[158] *Pfeiffer* relativiert dieses Ergebnis, indem er die *Dynamik von Märken* als zentralen Faktor für die Effizienz marktlicher Prozesse herausstellt: »Als Hauptergebnis der Beurteilung nicht-kooperativer, d.h. marktnaher Standardisierungsprozesse kann man damit festhalten, daß umso eher ein effizienter Kompatibilitätsgrad erreicht wird, je dynamischer sich der Markt für das betrachtete Produkt entwickelt.«[159] Demnach ist ein gesamtwirtschaftlich effizientes Ergebnis für Märkte zu erwarten, die durch hohe Wachstumsraten,

---

156 *Pfeiffer* (1989), a.a.O., S. 113.

157 Vgl. die Fallstudien in *Gabel, H.L.*: Product Standardization and Competitive Strategy, Amsterdam 1987; *Kleinaltenkamp* (1990), a.a.O.; *Berg* (1990), a.a.O., S. 109 ff.; *Besen, S.M./Johnson L.L.*: Compatibility Standards, Competition, and Innovation in the Broadcasting Industry, RAND, Santa Monica 1986; *Swann, P.*: Standards and the Growth of a Software Network, in: *Berg, J.L./Schumny, H.* (Hrsg.): The Information Technology Standardization Process, Amsterdam 1990, S. 383-393; *David* (1985), a.a.O.

158 *Besen/Saloner* (1989), a.a.O., S. 219.

159 *Pfeiffer* (1989), a.a.O., S. 130.

hohen technischen Fortschritt, hohe Lerneffekte und veränderliche Präferenzen charakterisiert sind. Wird jedoch berücksichtigt, daß Standardisierung überhaupt erst das Wachstum eines Marktes auslösen sowie Lerneffekte und (abwärts-kompatible) Innovationen induzieren kann, so bleibt es letztendlich fraglich, ob die genannten Faktoren tatsächlich die *Ursache* für einen optimalen Standardisierungsgrad bilden, oder ob sie nicht doch dessen *Ergebnis* sind. Da insgesamt nicht prinzipiell ausgeschlossen werden sollte, daß sich in marktlichen Prozessen auch ein suboptimaler Kompatibilitätsgrad herausbilden kann, wird im folgenden die Rolle der Kooperation im Standardisierungsprozeß näher untersucht.

3.2.2 *Zur Kooperation im Standardisierungsprozeß*

Eine Vielzahl realer Standardisierungsprozesse ist dadurch gekennzeichnet, daß eine Kooperation zwischen den betroffenen Wirtschaftssubjekten stattfindet. Dennoch ist in der Literatur die Frage, ob eine Kooperation von Unternehmen im Standardisierungsprozeß eine prinzipielle Überlegenheit gegenüber reinen Marktprozessen aufweist, bislang nur am Rande behandelt worden.[160] Wie aus der obigen Analyse hervorgegangen ist, sind bei reinen Marktprozessen insbesondere dann Effizienzprobleme wahrscheinlich, wenn Netzwerkexternalitäten eine dominierende Rolle spielen. Ist vor diesem Hintergrund die Erlangung von Kompatibilität durch Koordinationsschwierigkeiten in Frage gestellt, oder liegen divergierende Interessen vor, kann eine Kooperation der betroffenen Wirtschaftssubjekte im Standardisierungsprozeß zu einer Verbesserung der Marktergebnisse führen:
Wie bereits dargestellt, ist der erste Fall dann gegeben, wenn die Beteiligten sich auf eine Alternative einigen müssen, wobei keine wesentlichen Unterschiede in den Standardpräferenzen bestehen. Nicht-kooperative Standardisierungsprozesse sind hier insbesondere dann problematisch, wenn kein Unternehmen auf Angebots- oder Nachfrageseite existiert, das die Führungsrolle im Standardisierungsprozeß übernehmen kann. Offensichtlich ist dieses reine Koordinationsproblem durch einen kooperativen Informationsaustausch zur Abstimmung eines Standards leicht zu überwinden.

---

160 Ausnahmen bilden *Carlton, D.W./Klamer, J.M.*: The Need for Coordination Among Firms, with Special Reference to Network Industries, in: University of Chicago Law Review, Vol. 50 (1983), No. 2, S. 446-465; Reddy (1987), a.a.O., S. 58 ff.; *Farrell, J./Saloner, G.*: Coordination through Committees and Markets, in: Rand Journal of Economics, Vol. 19 (1988), No. 2, S. 235-252 (237 f.), im folgenden zitiert als: *Farrell/Saloner* (1988); *Berg* (1988), a.a.O., S. 44 ff. und *Berg* (1990), a.a.O., S. 119 ff.; *Pfeiffer* (1989), a.a.O., S. 131 ff.; *David/Greenstein* (1990), a.a.O., S. 23 ff.

Der realistischere und zugleich schwierigere Fall besteht hingegen dann, wenn die Wirtschaftssubjekte unterschiedliche Vorstellungen bezüglich der Ausgestaltung eines Standards haben, so daß ein Konfliktfall vorliegt. Die heterogenen Präferenzen können dabei unterschiedlich motiviert sein:[161]
Erstens ist es möglich, daß die Unternehmen in ihrer Planung auf unterschiedliche Marktsegmente abzielen, d.h. daß unterschiedliche potentielle Standards für spezielle Kundengruppen präferiert werden. Zweitens können heterogene Präferenzen aufgrund von asymmetrischen Wettbewerbsverhältnissen bestehen. So entstehen Probleme, wenn ein Unternehmen bereits einen Wettbewerbsvorsprung für eine Technologie besitzt oder über die Eigentumsrechte an einer bestimmten Lösung verfügt und nicht bereit ist, eine »offene« Patentpolitik zu betreiben. Drittens kann aufgrund unvollkommener Information ein Dissens darüber bestehen, welche Standards für die langfristige Entwicklung des Gesamtmarktes optimal sind. Viertens ist auf internationaler Ebene auch mit der Intervention staatlicher Entscheidungsträger zu rechnen, die im Rahmen ihrer Industriepolitik Binnenmärkte abschotten wollen.
Ein weiterer Grund für heterogene Standardpräferenzen wird schließlich durch das Ausmaß der Investitionen (insbesondere F&E- und Markteinführungsinvestitionen) bestimmt, die Anbieter und Nachfrager für ihre spezielle Lösung zum Zeitpunkt der Kooperation bereits getätigt haben. Da diese Investitionen typischerweise durch hohe Irreversibilitäten gekennzeichnet sind, wird jedes Unternehmen ein entsprechend großes Interesse haben, die eigene Lösung als Marktstandard durchzusetzen.
Angesichts dieser Faktoren wird insgesamt deutlich, daß sich die Kooperation im Konfliktfall als eine (mehr oder minder) institutionalisierte Form des Wettbewerbs um Standards darstellt.
Sirbu/Weiss diskutieren in ihrer empirischen Studie[162] sechs Einflußfaktoren, von denen angenommen wird, daß sie die Standardisierungsprozesse in entsprechenden Komitees bzw. Institutionen bestimmen. Ein Unternehmen (bzw. eine Unternehmenskoalition) wird sich mit seiner Lösung demnach umso eher durchsetzen:

— je größer dessen Marktmacht (Marktanteil),
— je größer dessen Finanzkraft,
— je größer dessen Aktivität bei der Unterstützung der Technologie (durch Personalentsendung, Forschungsreihen etc.)
— je größer dessen installierte Basis im Markt,

161 Vgl. *Farrell/Saloner* (1988), a.a.O., S. 237 f.
162 Vgl. *Sirbu, M.A./Weiss, M.B.*: Technological Choice in Voluntary Standards Committees: An Empirical Analysis, Discussion Paper Pittsburgh 1989, S. 4 ff.

— je größer die technologische Überlegenheit seiner Lösung und
— je größer die Kenntnis der Funktionsweise der relevanten Institution.

Der Test dieser Hypothesen mit Daten aus dem Bereich der Hardware für Computerkommunikation ergibt, daß ein bestimmender Einfluß auf die Standardisierungsprozesse von der *Finanzkraft* und der *Unterstützungsaktivität* der beteiligten Unternehmen ausgeht. Der *Marktanteil* an sich ist in den betrachteten Fällen nur nachfrageseitig, nicht jedoch angebotsseitig ein Erklärungsfaktor für die gewählten Standards. Ein Nachweis für die Bedeutung der *installierten Basis* konnte nicht erbracht werden.[163]

Die Kosten der Kooperation ergeben sich vorrangig in Form von Transaktionskosten, wobei eine institutionalisierte Form der Kooperation typischerweise Transaktionskostenersparnisse gegenüber einem Geflecht bilateraler Absprachen aufweist. Zur Überwindung der Interessenkonflikte werden darüber hinaus Kompensationszahlungen erforderlich. Als Mittel der Kompensation kommen neben reinen monetären Ausgleichszahlungen insbesondere kostenlose oder verbilligte Lizenzen für die gewählte Lösung in Betracht, so daß F&E-Kosten bei den Anwendern des Standards eingespart werden. Zum Scheitern der Kooperation kann insbesondere der Umstand führen, daß die Kosten der Kooperation kurzfristig anfallen, während die Nutzen erst langfristig sichtbar werden.[164]

Trotz dieses Problems wird eine Kooperation prinzipiell dann erfolgreich sein, wenn sich eine *kritische Masse* der Beteiligten auf einen Standard einigen kann, wobei die »Gewinner« innerhalb dieser Gruppe die »Verlierer« entsprechend kompensieren. Andere, nicht an der Kooperation beteiligte Unternehmen werden bei Vorhandensein von Netzwerkexternalitäten einen Anreiz haben, ihrerseits den gewählten Standard zu übernehmen.[165] Folglich erleichtern die Netzwerkeffekte in dieser Hinsicht die kooperative Abstimmung von Standards und senken die Transaktionskosten der Verhandlung.

Wenngleich die Kooperation von Unternehmen via Informationsaustausch und Kompensation Standardisierungsprozesse prinzipiell beschleunigen kann, so sind hiermit zugleich wettbewerbspolitische Probleme verbunden:

Erstens besteht bei F&E-Kooperationen, zu denen im weiteren Sinne auch die gemeinsame Entwicklung von Standards zu zählen ist, die Gefahr, daß »...

---

163 Letzteres ist jedoch eine Folge dessen, daß es sich in den untersuchten Fällen um »neue« Märkte handelte und folglich nur installierte Basen von geringer Größe vorhanden waren.

164 Vgl. hierzu *Berg* (1990), a.a.O., S. 117.

165 Es kann allerdings nicht ausgeschlossen werden, daß einige dieser Unternehmen schlechtergestellt werden. Insgesamt gesehen ist jedoch eine Koalition, die die Gesamtwirtschaft benachteiligt, nicht stabil. Vgl. *Pfeiffer* (1989), a.a.O., S. 133.

schon im Entstehungsstadium neuer Technologien alternative technologische Linien, die miteinander konkurrieren könnten, vergemeinschaftet werden und dann nur noch eine zur Reife kommt.«[166] Zwar ist die durch Kompatibilitätsstandards bedingte Vielfaltsreduktion bei Dominanz von Netzwerkexternalitäten in aller Regel gesamtwirtschaftlich effizient.[167] Problematisch werden die Kooperationen jedoch dann, wenn neben den kompatibilitätsrelevanten Produkteigenschaften weitere Teile des Produktdesigns standardisiert werden, die *tatsächlich* miteinander konkurrieren könnten.

Zweitens kann durch die enge Zusammenarbeit der Unternehmen das Problem entstehen, daß sich die Absprachen nicht nur auf das Produktdesign beschränken, sondern auch auf andere wettbewerbliche Parameter (Preise, Mengen, Lieferbedingungen etc.) ausgeweitet werden.[168] Ist dies der Fall, so entstehen gesamtwirtschaftliche Ineffizienzen, die den Effizienzgewinn aus der Abstimmung von Standards überkompensieren können.

Trotz dieser Gefahr erscheint eine Kooperation von Unternehmen überall dort sinnvoll zu sein, wo Netzwerkexternalitäten dominieren und deshalb Funktionsmängel nicht-kooperativer Standardisierungsprozesse zu erwarten sind. Kooperation kann in diesen Märkten insbesondere für relativ »kleine« Unternehmen auch ein Mittel sein, die Dominanz eines marktmächtigen Unternehmens im Standardisierungsprozeß zu brechen.[169] Insgesamt läßt sich für die Märkte, in denen erhebliche potentielle oder effektive Netzwerkexternalitäten bestehen, eine Freistellung der Kooperation von Unternehmen vom Kartell-

---

166 *Kantzenbach, E.*: Diskussionsbeitrag im WuW-Kolloquiums »Innovationspolitik und Wettbewerbsordnung«, abgedruckt in: Wirtschaft und Wettbewerb, Jg. 34 (1984), Nr. 12, S. 941-953 (952).

167 So stellt auch *Berg* (1990), a.a.O., S. 122 fest: »Even functional (rather than physical) standards almost always exclude (or delay) some technology from competing in the future; however, without standards spezifications, no market may exist.«

168 Vgl. *David* (1987), a.a.0., S. 219; *Pfeiffer* (1989), a.a.O., S. 137.

169 Ein interessanter Prozeß läuft seit einigen Jahren in der Datenverarbeitungsindustrie ab: Die 1984 von den Unternehmen Bull, ICL, Nixdorf, Olivetti und Siemens gegründete »X-Open«-Gruppe hat sich das Ziel gesetzt, durch Schaffung von offenen Standards (insbesondere auf der Grundlage des Betriebssystems »Unix«) eine universelle Anwendungsumgebung für die gesamte Industrie zu schaffen, um den Nachfragern ein breiteres Feld von Anwendungen zur Verfügung stellen zu können. Faktisch wird hierdurch zugleich die Vormachtstellung IBMs angegriffen. Da die Gruppe seit 1984 ständig gewachsen und somit zu einer wichtigen Koalition geworden ist, hat sich 1988 auch IBM entschlossen, der Gruppe beizutreten. Gegenwärtig verhindern jedoch Interessenkonflikte innerhalb der Gruppe den Erfolg von »X-Open«. Für eine ökonomische Analyse dieses Prozesses vgl. Grindley, P.: Standards and the Open Systems Revolution in the Computer Industry, in: *Berg, J.L./Schumny, H.* (Hrsg.): The Information Technology Standardization Process, Amsterdam 1990, S. 99-110; *Kleinaltenkamp* (1990), a.a.O., S. 15 ff.; *Gabel* (1987b), a.a.O., S. 100 ff.

verbot bei entsprechender Mißbrauchsaufsicht rechtfertigen, wenn das Ziel dieser Kooperation in der Erlangung von Kompatibilität besteht.

3.3 *Regulatorische Eingriffe in den Standardisierungsprozeß*

Angesichts der auftretenden Probleme bei der Erlangung von unternehmensübergreifender Kompatibilität ist abschließend zu fragen, ob hieraus nicht ein Regulierungsbedarf abzuleiten wäre und wie entsprechende regulatorische Alternativen zu bewerten sind.
Generell sind staatliche Eingriffe in Märkte nur dann vorzunehmen, wenn ein Versagen von Märkten vorliegt in dem Sinn, daß die Marktkräfte nicht für allokative, technische und qualitative Effizienz sorgen. Von den »klassischen« Ursachen eines Marktversagens kommen beim Kompatibilitätsproblem im allgemeinen bzw. bei Kompatibilitätsstandards im speziellen in Betracht:

— Standardisierung stellt ein *öffentliches Gut* dar,
— das Vorliegen *externer Effekte* sowie
— das Vorliegen eines *natürlichen Monopols*.[170]

Im folgenden wird diskutiert, inwieweit diese Ursachen des Marktversagen typischerweise mit dem Kompatibilitätsproblem verbunden sind und wie mögliche regulatorische Eingriffe aussehen könnten.

3.3.1 *Öffentliche Güter*

Bezüglich der Standardisierung öffentlicher Güter (wie Gewichte, Maße, Uhrzeit oder Kalender) ist festzustellen, daß ein Regulierungsbedarf entsteht, weil die Wirtschaftssubjekte zu geringe individuelle Anreize besitzen, sich am Standardisierungsprozeß zu beteiligen, obwohl alle von einer gemeinsamen Standardisierung profitieren würden. Die Standardisierung dieser Güter stellt dann selbst ein *öffentliches Gut* dar. In diesem, von *Besen/Saloner* als »pure public good case« bezeichneten Fall ist die Erlangung von Kompatibilität in Frage gestellt, so daß regulatorische Eingriffe gerechtfertigt werden können. Wie bei der Entscheidung für Rechts- oder Linksverkehr[171] ist es in diesen Fällen egal, *welcher* Standard gewählt wird. Wichtig ist vielmehr, daß *über-*

170 Zur Rechtfertigung staatlicher Eingriffe allgemein vgl. *Müller, J./Vogelsang, I.*: Staatliche Regulierung, Baden-Baden 1979, S. 31 ff.; zum natürlichen Angebotsmonopol vgl. *Kruse* (1985), a.a.O., S. 19 ff. »Ruinöse Konkurrenz« als weitere Ursache von Marktversagen wird hier nicht weiter betrachtet.

171 Vgl. *Adams, M.*: Normen, Standards, Rechte, in: Juristen Zeitung, Jg. 46 (1991), Nr. 20, S. 941-955 (947).

haupt ein Standard existiert. Insgesamt kann eine Regulierungsinstanz durch die Festlegung eines Standards die Marktergebnisse zu relativ geringen Transaktionskosten verbessern.

Aber auch bei der Erlangung von Kompatibilität zwischen rein privaten Gütern (wie Computern) entsteht ein Öffentliches-Gut-Problem hinsichtlich der hierfür notwendigen Standards. Ohne Zweifel besitzen Standards zumindest partiell den Charakter von öffentlichen Gütern.[172] Öffentliche Güter sind bekanntlich dadurch gekennzeichnet, daß sie von mehreren Individuen gleichzeitig konsumiert werden können (Nicht-Rivalität im Konsum) und kein Individuum vom Konsum dieses Gutes ausgeschlossen werden kann (Versagen des Ausschlußprinzips). Nicht-Rivalität im Konsum ist bei Standards generell gegeben, da sie letztendlich »Information« darstellen, die sich auch bei mehrfachem Konsum nicht verbraucht. Bezüglich des Versagens des Ausschlußprinzips ist festzustellen, daß Standards ihren eigentlichen Sinn darin besitzen, daß die durch sie bereitgestellte Information mehreren Wirtschaftssubjekten zuteil wird. Hierbei ist es allerdings erforderlich, daß die Anwender eines Standards gegebenenfalls vom »Entwickler« eines Standards zur Entlohnung dieser Marktleistung herangezogen werden können, um Trittbrettfahren zu verhindern. Ein Regulierungsbedarf, der über die Schaffung eines entsprechenden Systems an Eigentumsrechten (z.B. Patenten) zur Gewährung einer *temporären* Monopolstellung hinausgeht, ist in diesem Fall jedoch nicht zu rechtfertigen.

Es muß allerdings dringend beachtet werden, daß ein Markt bei *starken* nachfrageseitigen Größenvorteilen schon frühzeitig in die Lösung des Innovators »eingeschlossen« sein kann, so daß eine vergleichsweise lange Patentdauer dem Patentinhaber einen *um so größeren* Vorteil gegenüber späteren Konkurrenten verschafft. Starke nachfrageseitige Größenvorteile können damit als Rechtfertigung für kürzere Patentlaufzeiten angesehen werden.

3.3.2 *Externe Effekte*

Daß mit dem Kompatibilitätsproblem untrennbar *externe Effekte* in Form von Netzwerkexternalitäten verbunden sind, sollte deutlich geworden sein und muß hier nicht wiederholt werden. Generell gilt, daß bei positiven Externalitäten das Konsumniveau eines Gutes geringer ist als dies gesamtwirtschaftlich wünschenswert wäre, sofern die Externalität nicht internalisiert wird. Da es

---

172 Zu dieser Frage vgl. auch *Kindleberger* (1983), a.a.O., S. 377 ff.; *Berg*, S.V.: The Production of Compatibility: Technical Standards als Collective Goods, in: *Kyklos*, Vol. 42 (1989), No. 3, S. 361-383 (362 ff.).

aufgrund exorbitanter Transaktionskosten nicht effizient sein kann, daß jeder zusätzliche Netzwerkteilnehmer von allen aktuellen Teilnehmern Zahlungen erhält, die deren Nutzenzuwachs bei Zutritt des Newcomers entsprechen, sind alternative Internalisierungsverfahren zu überlegen. In der Literatur wird diskutiert, daß jedes, einem Netzwerk hinzutretende Individuum in Höhe der nicht-internalisierten Nutzengewinne subventioniert wird, so daß der zu zahlende Preis den Grenzkosten des Gutes abzüglich der Summe der nicht-internalisierten Nutzengewinne der anderen Teilnehmer entspricht.[173] Auf diese Weise bestehen korrekte Anreize für alle Individuen, einem Netzwerk beizutreten.

Fraglich ist jedoch, welcher Umfang von Externalitäten regulatorische Eingriffe rechtfertigt. Diese Beurteilung wird dadurch erschwert, daß ein Informationsproblem in der Art besteht, daß die Externalitäten bei unterschiedlichen Individuen unterschiedlich hoch und in der Realität nur schwer meßbar sind.[174] Auch hier ergibt sich ein Transaktionskostenproblem, so daß staatliche Eingriffe - wenn überhaupt - nur bei erheblichen Netzwerkexternalitäten in Frage kommen. Aufgrund der Informationsunvollkommenheiten muß jedoch bezweifelt werden, daß die vorgenommenen Eingriffe den optimalen Eingriffen entsprechen.

Neben dem Internalisierungsproblem bestehen jedoch noch weitere Probleme, die einen Regulierungsbedarf begründen können. Aufgrund der Wirkung der Netzwerkexternalitäten kann erstens nicht ausgeschlossen werden, daß sich im Marktprozeß bei einer Konkurrenz unterschiedlicher Standards ein suboptimaler Standard durchsetzt. Zweitens kann es aufgrund von Koordinations- oder Konfliktproblemen in Frage gestellt sein, ob überhaupt die Einigung auf einen Standard gelingt, der gesamtwirtschaftlich wünschenswert wäre.

Die Durchsetzung eines langfristig suboptimalen Standards kann prinzipiell durch staatliche Subventionierung oder Erwartungsbeeinflussung zugunsten des langfristig optimalen Standards verhindert werden. Es besteht jedoch ein Politik-Dilemma:[175] Da das Marktergebnis bei starken nachfrageseitigen Größenvorteilen typischerweise schon früh in der Entwicklung determiniert wird, ist damit zugleich auch der Zeitraum für regulatorische Eingriffe

---

173 Diese Preissetzungsregel ist in der Literatur zur Gebührenpolitik im Telekommunikationsbereich diskutiert worden. Die optimale Anschlußgebühr, die den sozialen Grenzkosten des Netzanschlusses eines zusätzlichen Netzwerkteilnehmers entsprechen muß, ermittelt sich demzufolge aus den Grenzkosten des physischen Netzanschlusses vermindert um die Netzwerkexternalität. Für einen Überblick vgl. *Neumann* (1984), a.a.O., S. 108 ff.

174 Zu diesem Problem vgl. *Neumann* (1984), a.a.O., S. 51 f. und Abschnitt III.1.2.1.

175 Vgl. ausführlich *David* (1987), a.a.O., S. 228 ff.; *David/Greenstein* (1990), a.a.O., S. 30.

begrenzt. Es bestehen nur »enge Zeitfenster« (»Narrow Windows of Time«) für eine effektive Intervention, bevor der Markt in eine bestimmte Lösung eingeschlossen ist. In diesem engen Zeitraum, in dem regulatorische Eingriffe ohne Zweifel die größte Effektivität aufweisen würden, ist jedoch die zur Verfügung stehende Information über die Technologien und deren Entwicklung am geringsten. Es ist damit überaus fraglich, ob schon früh in der Entwicklung diejenige Technologie identifiziert werden kann, die sich langfristig als optimal erweist. Vor dem Hintergrund der Informationsunvollkommenheiten werden die Entscheidungsträger zu »blinden Giganten« (»Blind Giants«) im Standardisierungsprozeß. Schließlich besteht das Problem, daß Wirtschaftssubjekte, die aufgrund der Intervention früh in der Entwicklung eine bestimmte Technologie annehmen, als »verärgerte Waisen« (»Angry Orphans«) zurückbleiben, wenn sich der gewählte Standard langfristig gar nicht durchsetzt. Insgesamt ist zweifelhaft, ob durch Regulierung wirklich eine Verbesserung der Marktergebnisse zu erreichen ist, in dem Sinn, daß der langfristig optimale Standard entdeckt und effektiv gefördert werden kann.

Für die Fälle, in denen zu erwarten ist, daß den Marktbeteiligten aufgrund von Koordinations- oder Konfliktproblemen keine Einigung auf einen Standard gelingt, können ebenfalls alternative regulatorische Eingriffe erwogen werden:

Bei reinen Koordinationsproblemen ist eine Beschleunigung von Standardisierungsprozessen durch Regulierung prinzipiell möglich. Einer Regulierungsinstanz kommt hierbei primär die Funktion eines Informationspools zu. Hiermit kann sichergestellt werden, daß die Individuen erkennen, daß sie sich lediglich auf eine bestimmte Alternative einigen müssen. Bestehen hingegen Koordinationsprobleme bei *Standardwechsel*, d.h. der gesamtwirtschaftlich wünschenswerte Übergang von einem »alten« Standard zu einem »neuen«, superioren Standard gelingt nicht, so kann eine Regulierungsinstanz - sofern sie dies erkennt - auch eine spezielle Subventionsstrategie verfolgen, indem sie eine Art »Versicherung gegen Inkompatibilität« anbietet und den Individuen hierdurch zu relativ geringen Transaktionskosten einen Anreiz gibt, die neue Technologie anzunehmen.[176] Von staatlicher Seite kann jedoch auch der Einfluß als Großnachfrager genutzt werden, um die Annahme des neuen Standards zu beschleunigen.[177] Da sich reine Koordinationsprobleme jedoch auch durch privatwirtschaftliche Kooperation lösen lassen, sollte dieser auch der

---

176 Vgl. *Dybvig, P.H./Spatt, C.S.*: Adoption Externalities as Public Goods, in: Journal of Public Economics, Vol. 20 (1983), S. 231-247. Da alle Individuen die neue Lösung annehmen werden, entstehen durch die Versicherung selbst auch keine Kosten.

177 Vgl. *Sirbu/Estrin* (1989), a.a.O., S. 176; *Brock* (1975), a.a.O., S. 80.

Vorzug gegeben werden, da sie den Marktverhältnissen näher kommt als eine Regulierungslösung.
Der wohl schwieriger zu beurteilende Fall ist hingegen dann gegeben, wenn die Marktbeteiligten zwar Kompatibilität der Produkte wünschen, wenn aber aufgrund unterschiedlicher Präferenzen keine Einigung auf einen bestimmten Standard möglich ist. Einer Regulierungsinstanz kommt in diesem *Konfliktfall* die Funktion eines Schiedsrichters zu, der durch die Auswahl eines Standards sowie die Festlegung von Kompensationsmustern Kompatibilität sicherstellt. Es bestehen jedoch wiederum starke Zweifel, ob eine Regulierungsbehörde als »Blind Giant« über die hierfür notwendige Information verfügt. Somit wird möglicherweise ein suboptimaler Standard ausgewählt bzw. werden bestimmte Unternehmen durch »falsche« Kompensationsmuster benachteiligt. Insbesondere hinsichtlich des Zeitpunkts des Eingriffes entstehen Probleme:[178] Wird die Auswahl des Standards »zu früh« vorgenommen, so kann die Entwicklung des Gesamtmarktes in eine langfristig suboptimale Richtung gelenkt werden. Die vorschnelle regulatorische Entscheidung für Leichtwasserreaktoren gilt hier als Beispiel.[179] Erfolgt die Standardauswahl »zu spät«, so werden Innovationen gehemmt. Wie problematisch regulatorische Eingriffe speziell beim *Standardwechsel* sein können, zeigt sich derzeit beim D2-MAC-Standard, den die EG-Kommission als Übergangstechnologie zum HDTV gegen einen erheblichen Widerstand bei Nachfragern und Anbietern durchsetzen will.[180] Der Vorwurf einer industriepolitisch motivierten, »europäischen Planwirtschaft« macht folgerichtig die Runde. Angesichts dieser Probleme muß für den Konfliktfall insgesamt bezweifelt werden, daß unvollkommene staatliche Institutionen die Ergebnisse unvollkommener Märkte verbessern können.
Eine mögliche, wenn auch vorwiegend theoretisch interessante Alternative zur Standardsetzung durch Regulierungsinstanzen ist prinzipiell durch die *Monopolisierung* des betreffenden Marktes gegeben. Das theoretische Argument für eine solche Maßnahme ist darin zu sehen, daß Kompatibilität durch unilaterale Entscheidungen des Monopolisten zu relativ geringen (überwiegend internen) Transaktionskosten erreicht werden kann. Effizienzprobleme, die mit marktlichen Standardisierungsprozessen verbunden sind, werden somit von vornherein verhindert. Bei monopolistischem Angebot wird in idealtypischer Sicht insbesondere die Antizipation und die Internalisierung von Externalitäten

178 Vgl. hierzu auch *Knieps/Müller/von Weizsäcker* (1981), a.a.O, S. 99; *Knieps* (1987), a.a.O., S. 163.

179 Vgl. *Cowan, R.A.*: Nuclear Power Reactors: A Study in Technological Lock-in, in: Journal of Economic History, Vol. 50 (1990), No. 3, S. 541-567.

180 Vgl. »Mac-Direktive: Zwischenergebnis europäischer Planwirtschaft«, in: Funkschau, Nr. 18/1991, S. 46-51.

vereinfacht, da definitionsgemäß keine externen Effekte *zwischen* verschiedenen Unternehmen bzw. zwischen deren Nachfragern auftreten können.[181] Ohne Zweifel stehen diesem Vorteil auch erhebliche Nachteile gegenüber. Generell sind die als Folge des fehlenden Wettbewerbsdrucks zu erwartenden monopoltypischen allokativen, technischen und qualitativen Ineffizienzen[182] geeignet, gesamtwirtschaftliche Kosten entstehen zu lassen, die in keinem Verhältnis zu den erzielbaren Effizienzgewinnen stehen. Es besteht damit insbesondere die Gefahr, daß vom Monopolisten technisch und qualitativ ineffiziente Systeme angeboten werden. Angesichts dieser Effizienzmängel ist ein monopolistisches Angebot zur marktweiten Erlangung von Kompatibilität als äußerst problematisch anzusehen.

3.3.3 *Natürliches Monopol*

Die letzte, hier zu untersuchende Ursache von Marktversagen ist das Vorliegen eines *natürlichen Monopols*. Nach den bisherigen Ausführungen erscheint es dringend erforderlich, den Begriff des natürlichen Monopols angebots- und nachfrageseitig getrennt zu erfassen:[183]
Bekanntlich liegt ein natürliches Monopol auf *Angebotsseite* vor, wenn die Produktion eines vorgegebenen Outputs bei gegebenen Preisen und Qualitäten in einem Unternehmen kostengünstiger erfolgen kann als in mehreren Unternehmen.[184] Verantwortlich sind hierfür angebotsseitige Größenvorteile, die nur ein *technisch* effizient produzierendes Unternehmen beim betrachteten Outputniveau zulassen.
Im Gegensatz zur Angebotsseite bedingen Netzwerkexternalitäten *nachfrageseitige* Größenvorteile. Sind diese Größenvorteile hinreichend groß, ergibt sich »natürlich« eine Tendenz dahin, daß nur *ein* standardisiertes Gut gesamtwirtschaftlich effizient ist. Spiegelbildlich zur obigen Definition läge ein natürliches Monopol auf Nachfrageseite dann vor, wenn die Nachfrager eines Marktes bei *vorgegebenen* Kostenstrukturen, *vorgegebenen* Mengen und *vorgegebenen* Preisen beim Konsum eines marktweit standardisierten Gutes

181 Vgl. *Carlton/Klamer* (1983), a.a.O., S. 454; vgl. *Berg* (1988), a.a.O., S. 42 f. und *Berg* (1989), a.a.O., S. 373 f. zur Frage der Internalisierung technologischer Externalitäten im Mehrprodukt-Monopol-Fall.

182 Hierzu gehören insbesondere allokative Ineffizienzen in Form von überhöhten Preisen und verringerten Angebotsmengen, technische Ineffizienzen durch suboptimale Produktionstechnologien und dem Streben nach Insiderrenten sowie qualitative Ineffizienzen durch eine suboptimale Angebotsstruktur.

183 Vgl. auch *Wiese* (1990), a.a.O., S. 94 ff., der der »klassischen« Theorie des natürlichen Monopols eine gewisse Einseitigkeit vorwirft.

184 Vgl. ausführlich *Kruse* (1985), a.a.O., S. 19 ff.

eine höhere Nutzensumme erzielen, als beim Konsum verschiedener inkompatibler Varianten dieses Gutes.[185] Diese - zugegebenermaßen restriktive[186] - Definition bezieht sich damit auf die *qualitative* Effizienz.
Die Implikationen beider Ansätze sind offensichtlich: Im Fall des angebotsseitigen Monopols verbleibt ein Unternehmen auf dem Markt, das bei Vorhandensein von Markteintrittsbarrieren aufgrund der Spielräume für Ineffizienzen entsprechend reguliert werden muß.[187] Im Fall des nachfrageseitigen Monopols setzt sich hingegen ein Gut durch, dessen Anbieter wiederum zur Offenlegung der Schnittstelleninformationen verpflichtet werden muß, um den Markt für andere Anbieter offen zu halten.

3.4 *Zusammenfassung: Markt, Kooperation oder Regulierung?*

Ausgehend von den von *Besen/Saloner* angeführten Fallgruppen von Standardisierungsprozessen lassen sich aus der vorstehenden Analyse folgende, vorläufige Schlußfolgerungen ziehen:[188]
Im »pure private good case« stellt sich das Problem der optimalen Produktdifferenzierung. Aufgrund der geringen Anreize zu marktweiter Standardisierung bei gleichzeitiger Interessendivergenz ist in diesem Fall mit einem effizienten Marktergebnis zu rechnen, das durch das Nebeneinander unterschiedlicher, inkompatibler Technologien (Standards) gekennzeichnet ist.
Im »pure public good case« stellt Regulierung sicherlich eine effiziente Alternative zur Standardisierung durch unregulierte Marktprozesse dar, da die Nutzen der Kompatibilität überwiegend extern sind. Staatlich gesetzte Kompatibilitätsstandards vermögen hier Transaktionskosten zu senken und Transaktionen zu vermehren.
Was den »pure coordination case« betrifft, so besteht die Hoffnung, daß die beteiligten Wirtschaftssubjekte im Marktprozeß Erwartungen bilden und Erfahrungen sammeln, so daß Koordinationsprobleme letztendlich überwun-

185 Für alternative Definitionsansätze vgl. *Wiese* (1990), a.a.O., S. 94 f.
186 So kann beispielsweise durch die statische Formulierung der inhärenten Dynamik des Problems nicht Rechnung getragen werden. Auch die Unterstellung gegebener Kostenstrukturen bei einerseits gleichem und andererseits unterschiedlichem Design der kompatibilitätsrelevanten Eigenschaften ist problematisch.
187 Dies gilt insbesondere bei Vorhandensein von erheblichen Irreversibilitäten; vgl. *Kruse* (1985), a.a.O., S. 290 ff. Bei Abwesenheit von Markteintrittsbarrieren sorgt hingegen der Effizienzdruck durch potentielle Konkurrenten prinzipiell für kostenminimale Produktion und ramsey-optimale Preise, so daß keine regulatorischen Eingriffe erforderlich werden.
188 Vgl. hierzu auch die Bewertung bei *Pfeiffer* (1989), a.a.O., S. 135 ff., der in Teilbereichen zu abweichenden Ergebnissen kommt.

den werden und sich ein effizienter Standardisierungsgrad einstellt. Die Kooperation der Beteiligten kann jedoch zur Beschleunigung des Prozesses beitragen.

Eine allgemeine Beurteilung im »conflict case« ist hingegen nicht möglich. Da nicht-kooperative Marktprozesse prinzipiell gewisse Funktionsmängel aufweisen, die durch divergierende Standardpräferenzen verschärft werden, könnte die Kooperation als Mittel genutzt werden, um die Marktergebnisse zu verbessern. Der administrativen Auswahl von Standards sollte aufgrund der Ineffizienzen staatlicher Bürokratie und der Informationsunvollkommenheiten jedoch eine gewisse Skepsis entgegengebracht werden.

Schließlich kann das Erreichen des Kompatibilitätsziels sowohl im Koordinations- als auch im Konfliktfall erleichtert werden, wenn es Unternehmen gibt, die aufgrund einer marktstarken Stellung die *Führungsrolle* im Standardisierungsprozeß übernehmen können. Gleichzeitig eröffnen sich jedoch Spielräume für wettbewerbsbeschränkende Verhaltensweisen. Einer möglichen Diskriminierung von Konkurrenzunternehmen kann dann jedoch nur regulatorisch entgegengewirkt werden.

Teil III: Das Standardisierungsproblem im Telekommunikationsbereich

Aufbauend auf die theoretische Analyse des II. Teils werden in diesem Teil der Untersuchung die branchenspezifischen Probleme der Standardisierung im Telekommunikationsbereich analysiert. Hierfür werden zunächst die marktstrukturellen Determinanten des Telekommunikationsbereichs aufgezeigt, die eine Einschätzung der Effizienz von Kompatibilitätsstandards erlauben (dazu 1.). Anschließend wird überblicksartig aufgezeigt, wie im Telekommunikationsbereich in der Vergangenheit Kompatibilität erreicht werden konnte (dazu 2.). Da die ordnungspolitischen Umgestaltungen in den entwickelten Volkswirtschaften die Notwendigkeit für eine effiziente, wettbewerbsorientierte Standardisierungspolitik entstehen lassen, werden die Anforderungen an eine solche Politik abgeleitet (dazu 3.). Schließlich werden die bisherigen Reformen des etablierten »Standardisierungsregimes« dargestellt und gewürdigt (dazu 4.).

1. *Marktstrukturelle Determinanten des Telekommunikationsbereichs*

In diesem Abschnitt soll die Effizienz von Kompatibilitätsstandards im Telekommunikationsbereich aufgezeigt werden, indem die wesentlichen Marktstrukturdeterminanten dieser Industrie erörtert werden. Es wird dabei zwischen technologischen (dazu 1.1) und ökonomischen Faktoren (dazu 1.2) unterschieden, wobei die Interdependenzen zwischen beiden berücksichtigt werden.

1.1 *Technologische Faktoren*

Zu den technologischen Faktoren gehören die Struktur und Entwicklungslinien von Telekommunikationsnetzwerken einerseits, sowie die in diesen Netzwerken bestehenden Kompatibilitätserfordernisse andererseits.

1.1.1 *Zur Struktur und Entwicklung von Telekommunikationsnetzwerken*

Ein Telekommunikations- bzw. Fernmeldenetzwerk stellt die Gesamtheit aller Telekommunikationseinrichtungen dar, die die Bereitstellung eines Telekommunikationsdienstes ermöglichen. Diese Einrichtungen lassen sich dabei in Teilnehmerendeinrichtungen (»Endgeräte«), Übertragungs- und Vermittlungseinrichtungen unterscheiden:[1]

Unter *Teilnehmerendeinrichtungen* sind alle Geräte zu verstehen, die der Codierung der Signale beim Sender und der Decodierung der Signale beim Empfänger dienen. Beispiele hierfür sind Telefongeräte, Fernschreiber oder Fernkopierer. Zu den Endeinrichtungen sind jedoch auch komplexere Systeme wie z.B. Nebenstellenanlagen (Private Branch Exchange, PBX) zu zählen.

Die *Übertragungseinrichtungen* gewährleisten den Transport der Signale zwischen Endgeräten und Vermittlungsstellen. Dabei können lokale Übertragungswege (zwischen Endgeräten und Vermittlungsstellen) und Fernleitungen (zwischen Vermittlungsstellen) unterschieden werden. Die Übertragungswege sind entweder als Kabelstrecken (z.B. aus Kupfer oder Glasfaser) oder als Funkverbindungen (z.B. zwischen terrestrischen Sendern und/oder Satelliten) realisiert. Zu den Übertragungseinrichtungen sind ferner Verstärker- oder Kanalteilungseinrichtungen zu zählen.

Die *Vermittlungseinrichtungen* dienen der Steuerung der Signale innerhalb des Netzwerkes (»Routing«). Zu unterscheiden sind hierbei insbesondere lokale Vermittlungsstellen und Fernvermittlungsstellen. Lokale Vermittlungsstellen verbinden lokale Übertragungswege mit Fernvermittlungsstellen; Fernvermittlungsstellen verbinden Fernleitungen untereinander.

Der Veranschaulichung dieser Zusammenhänge dient die folgende Abb. 6.

---

1 Zu diesen Grundzügen vgl. *Knieps, G.*: Entstaatlichung im Telekommunikationsbereich, Tübingen 1985, S. 4 ff., im folgenden zitiert als: *Knieps* (1985); *Scherer, J.*: Telekommunikationsrecht und Telekommunikationspolitik, Baden-Baden 1985, S. 31 ff., im folgenden zitiert als: *Scherer* (1985); *Neumann* (1984), a.a.O., S. 60 ff.

Abb. 6: Einrichtungen eines Telekommunikationsnetzwerks

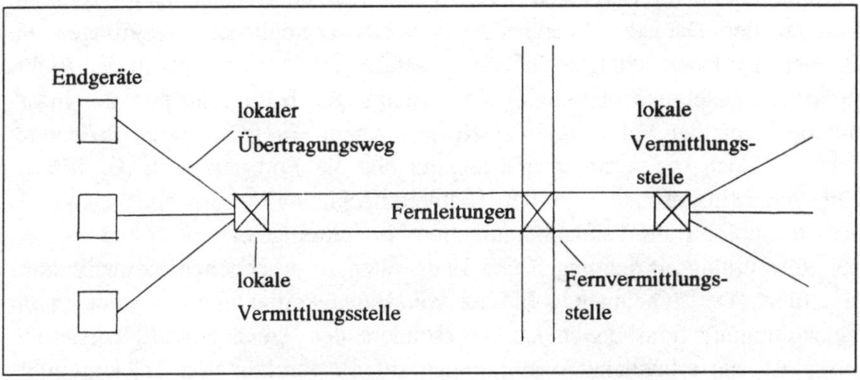

Quelle: *Knieps (1985)*, a.a.O., S. 5

Übertragungs- und Vermittlungseinrichtungen stellen das *physische Netz* dar und werden häufig von den Endeinrichtungen abgegrenzt.[2] Damit sind bei stilisierter Betrachtung mit der *Netzebene* einerseits und der *Endgeräteebene* andererseits zwei wesentliche Komponenten eines Telekommunikationsnetzwerkes zu unterscheiden.

Unter Zuhilfenahme dieser beiden Ebenen werden *Telekommunikationsdienste* bereitgestellt. Diese Dienste können hinsichtlich der Anwendungsbereiche unterschieden werden in:

— *Fernsprechkommunikation* (Telefondienst, Telefonkonferenz),
— *Textkommunikation* (Fernschreiben, Bürofernschreiben, Bildschirmtext, Videotext),
— *Festbildkommunikation* (Fernkopieren, Einzelbildkommunikation),
— *Bewegtbildkommunikation* (Bildfernsprechen, Bewegtbild-Abruf aus Bilddatenbanken) sowie
— *Datenkommunikation* (Austausch binär verschlüsselter Daten zwischen Rechnersystemen, z.B. über Datex-P, Datex-L).

Es kann damit festgehalten werden, daß sich ein Telekommunikationsnetzwerk *analytisch* in die drei Ebenen Netz/Endgeräte/ Dienste unterteilen läßt. Dabei wird keinesfalls verkannt, daß diese Unterscheidung in der Realität in Einzelfällen zu Abgrenzungsproblemen führt. Dennoch wird dieser Trennung entsprechend bezüglich des Angebots auf den drei Ebenen im folgenden zwischen Netzbetreibern, Endgeräte- und Diensteanbietern unterschieden.

---

2 Vgl. *Knieps* (1985), a.a.O., S. 5 f. Nebenstellenanlagen werden dabei den Endeinrichtungen zugeordnet, obwohl sie gleichzeitig Vermittlungsfunktionen erfüllen.

Der *technische Fortschritt* hat in den letzten Jahrzehnten zu bedeutsamen Veränderungen im Bereich der Netze und Endgeräte - und damit auch im Bereich der Dienste - geführt.[3] Einerseits ermöglichen Neuerungen im Bereich der Übertragungstechniken (Glasfaser, Verbesserungen in der Richtfunk- und Satellitentechnologie) Kostensenkungen beim Transport der Informationen mit der Folge, daß das Kostenelement »Entfernung« an Bedeutung verliert. Noch bedeutsamer sind andererseits die Fortschritte in der Mikroelektronik (insbesondere in der Halbleitertechnologie), die zunehmend als Basistechnologie im Telekommunikationsbereich eingesetzt wird und speziell bei Vermittlungseinrichtungen und Endgeräten zu erheblichen Kostensenkungen führt. Der zunehmende Einsatz von Datenverarbeitungstechnologien im Telekommunikationsbereich hat insbesondere den Trend zur Digitalisierung ausgelöst, die erhebliche Auswirkungen auf die Struktur von Telekommunikationsnetzwerken hat:
Im Bereich der *Netze* wird durch die Digitalisierung im Vergleich zur herkömmlichen Analogtechnik eine schnellere, genauere und zugleich billigere Übermittlung der Informationen möglich. Wurden in der Vergangenheit überwiegend dienstspezifische Netze (Telefonnetz, Telexnetz, paket-vermitteltes Datennetz etc.) konstruiert, so ist es durch die Digitalisierung nunmehr auch möglich, verschiedene Dienste über ein Netz zu übermitteln. Die einem bestimmten Dienst zugeordnete Kommunikationsform (Fernsprechen, -schreiben, -kopieren etc.) wird dabei beim Sendenden in eine einheitliche, digitale Signalform umgewandelt und beim Empfangenden in die ursprüngliche Kommunikationsform zurückverwandelt. Das wohl bekannteste Beispiel für diese Entwicklung ist das gegenwärtig in der Aufbauphase befindliche diensteintegrierende, digitale Fernmeldenetz ISDN[4], das in der Zukunft zur umfassenden Basisinfrastruktur für digitale Einweg- und Zweiwegkommunikation weiterentwickelt werden soll. Schließlich hat sich auf Netzebene durch den zunehmenden Einsatz von Datenverarbeitungstechnologien auch die Struktur der Vermittlungseinrichtungen wesentlich verändert: Wurde die Vermittlung in der Vergangenheit in erster Linie durch Hardware realisiert, so wird sie nun überwiegend durch Software realisiert. Ein Indiz hierfür ist, daß gegen-

---

3 Zur technischen Entwicklung im Telekommunikationsbereich vgl. ausführlich *Ungerer, H.*: Telekommunikation in Europa, Brüssel 1989, S. 39 ff, im folgenden zitiert als: *Ungerer* (1989); *Knieps* (1987), a.a.O., S. 149 ff.; *Scherer, J.*: Nachrichtenübertragung und Datenverarbeitung im Telekommunikationsrecht, Baden-Baden 1987, S. 44 ff., im folgenden zitiert als: *Scherer* (1987).

4 Für Einzelheiten vgl. *Kahl, P.*: ISDN: Das neue Fernmeldenetz der Deutschen Bundespost TELEKOM, 3. Aufl., Heidelberg 1990, insb. S. 227 ff.; *Rutkowski, A.M.*: Integrated Services Digital Networks, Dedham 1985, im folgenden zitiert als: *Rutkowski* (1985).

wärtig 80% der F&E-Kosten einer Vermittlungsstelle auf die Software und nur 20% auf die Hardware entfallen.[5]

Bei den *Endgeräten* vollzieht sich als Folge der Digitalisierung der Wandel von einfachen, dienstespezifischen Sende- und Empfangsgeräten hin zu multifunktionalen Kommunikationsterminals. Von besonderer Bedeutung ist es, daß sich durch den Einsatz von Computertechnologien in Endgeräten Vermittlungsfunktionen integrieren lassen, die zuvor im Netzbereich angesiedelt waren. Damit besteht die Möglichkeit, die durch Software realisierte »Intelligenz« eines Telekommunikationsnetzwerks zunehmend vom Netz in die Endgeräte zu verlagern.

Durch den zunehmenden Einsatz der Datenverarbeitungstechnologie bei Netzen und Endgeräten und der damit verbundenen Möglichkeit der Ergänzung von reinen Übermittlungsfunktionen mit zusätzlichen Funktionen sind in den letzten beiden Jahrzehnten im erheblichen Ausmaß auch neue *Dienste* ermöglicht worden, die häufig unter dem Begriff »Mehrwertdienste« (»Value-Added-Network-Services, VANS«) zusammengefaßt werden.[6] Diese Dienste sind von den traditionellen »Basisdiensten« (wie Fernsprechen und Fernschreiben) dadurch zu unterscheiden, daß der reinen Übermittlungsdienstleistung die Funktion des Speicherns, des Umsetzens und/oder des Verarbeitens von Informationen hinzugefügt wird.[7] Bereiche von Mehrwertdiensten sind Electronic Messaging (z.B. E-Mail, Voice-Mail), Electronic Data Interchange (Übermittlung von strukturierten Datensätzen), Electronic Funds Transfer (z.B. Home Banking), Managed Network Services (z.B. Protokollumwandlungen), Conferencing (z.B. Sprach- und Videokonferenzen), Telemetry (z.B. Fernmessen und Fernwirken) oder Online-Datenbankdienste.

---

5 Dieses Verhältnis war 1970 genau umgekehrt, vgl. *Ungerer* (1989), a.a.O., S. 127.

6 Vgl. ausführlich *Stoetzer, M.-W.*: Der Markt für Mehrwertdienste: Ein kritischer Überblick, Diskussionsbeiträge zur Telekommunikationsforschung, Nr. 69, Bad Honnef 1991; *von Weizsäcker, C.C.*: The Economics of Value Added Network Services, Cologne 1987, insbesondere S. 29 ff.; *Bohm, J./Schön, H./Tenzer, G.*: Mehrwertdienste - ein offener Wettbewerbsmarkt in der Bundesrepublik Deutschland, in: Jahrbuch der Deutschen Bundespost, Jg. 38 (1987), S. 207-242.

7 Da die Trennung zwischen Basis- und Mehrwertdiensten auf den ersten Blick als elegant erscheint, muß darauf hingewiesen werden, daß häufig nicht zweifelsfrei zu unterscheiden ist, worin ein reiner Übermittlungsdienst besteht bzw. wann bereits zusätzliche Mehrwert-Funktionen in diesem Dienst enthalten sind. Diese Abgrenzungsprobleme haben folgerichtig auch in der Deregulierungsdiskussion erhebliche Schwierigkeiten bereitet. Zu den definitorischen Problemen vgl. *Stoetzer* (1991), a.a.O., S. 6 ff.

1.1.2 *Das ISO-Schichtenmodell für Offene Kommunikation*

Für die Bereitstellung jedes Telekommunikationsdienstes ist es aus technischer Sicht erforderlich, zwischen den unterschiedlichen Ebenen eines Netzwerks Kompatibilität zu erstellen. Dabei bezieht sich die Vereinbarkeit nicht nur auf das sog. *reale System*, d.h. auf die Gesamtheit der physischen Einrichtungen des Netzwerks, sondern insbesondere auf das *Kommunikationsverhalten* innerhalb des Netzwerks bzw. zwischen den Netzwerkbestandteilen.[8]
Die Kompatibilitätserfordernisse in Telekommunikationsnetzwerken können im Rahmen des *ISO-Schichtenmodells für Offene Kommunikation* (»Open System Innterconnection«, OSI)[9] präzisiert und veranschaulicht werden. Dieses Modell ist als ein allgemeiner Rahmen zu interpretieren, innerhalb dessen die komplexen Kommunikationsprozesse in überschaubare Teilaufgaben zerlegt werden, so daß sich Wechselbeziehungen zwischen den Netzwerkkomponenten darstellen lassen. Um Mißverständnissen vorzubeugen: Das ISO-Schichtenmodell selbst stellt *keine* Implementierungsanleitung für spezielle technische Spezifikationen dar. Das Modell ist vielmehr mit der Intention entwickelt worden, bereits existierende Kompatibilitätsstandards den unterschiedlichen Teilaufgaben entsprechend einzuordnen und zukünftige Standards entsprechend festzulegen. Nur in dieser Hinsicht kann das ISO-Schichtenmodell als »Standard für Standards« bezeichnet werden.

---

8 Vgl. *Stöttinger, K.H.*: Das OSI-Referenzmodell, Pulheim 1989, S. 15 f.

9 Das Modell wurde 1984 von der ISO als internationaler Standard »ISO 7498« veröffentlicht. Es wurde ursprünglich für eine offene Datenkommunikation in (lokalen) Rechnernetzwerken entwickelt. Mittlerweile wird das Modell in den Bereichen der Informationstechnologie weithin angewendet.

Abb. 7: Das ISO-Schichtenmodell für Offene Kommunikation

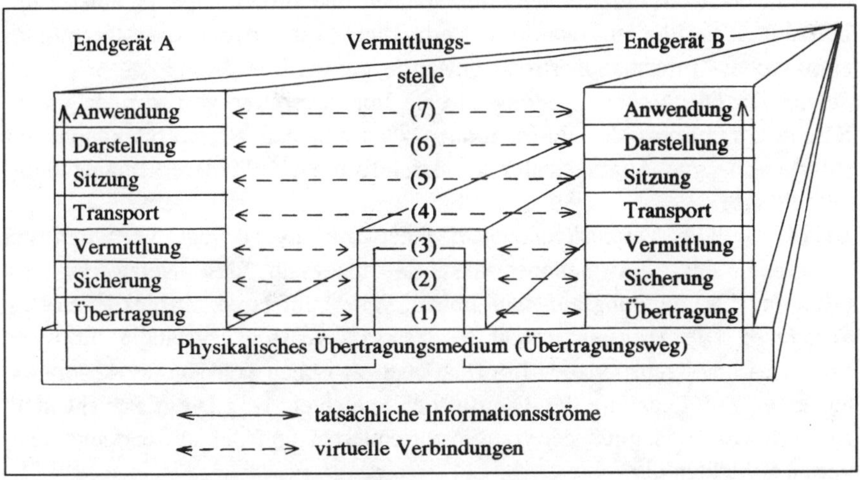

Quelle: Eigene Darstellung in Anlehnung an *Stöttinger* (1989), a.a.O., S. 28 u. S. 35

Im ISO-Schichtenmodell werden sieben verschiedene Schichten definiert, die die unterschiedlichen Teilbereiche von Kommunikationsabläufen repräsentieren. Jede dieser Schichten kann man sich als einen - durch Hardware oder Software realisierten - Prozeß vorstellen, der mit einem entsprechenden Prozeß auf einer korrespondierenden Netzwerkkomponente kommuniziert. Die Verbindungen zwischen den korrespondierenden Schichten sind virtuell; die tatsächlichen Informationsströme verlaufen hingegen vertikal, wobei jede der Schichten die untergeordnete Schicht nutzt, um ihre Aufgabe bei der Kommunikation zu erfüllen.[10] Die Schichten 1-4 des Modells (Übertragung, Sicherung, Vermittlung und Transport) werden als *transportorientierte* Schichten bezeichnet. Sie ermöglichen den physikalischen Transport der Informationen bis zu den physischen Endpunkten, wobei die Schichten 1-3 typischerweise auch in den Vermittlungsstellen implementiert sind. Die Schichten 5-7 (Sitzung, Darstellung, Anwendung) sind die *anwendungsorientierten* Schichten des Modells und dienen der Interpretation der übermittelten Informationen in den Endgeräten. Die einzelnen Schichten haben - vereinfacht ausgedrückt - folgende Aufgaben:[11]

10 Es wird deutlich, daß auch die über- und die untergeordnete Schicht kompatibel sein müssen.

11 Vgl. hierzu ausführlich *Stöttinger* (1989), a.a.O., S. 51-155; *Kauffels, F.-J.*: Lokale Netze, 4. Aufl., Pulheim 1989, S. 247-252.

Schicht 1: Die *Übertragungsschicht* (»physical layer«) legt neben den rein mechanischen die elektrischen, funktionalen und prozedualen Parameter und Hilfsmittel für die physikalische Verbindung fest, so daß die Übertragung eines »rohen« Informationsstroms gewährleistet wird.
Schicht 2: Die *Sicherungsschicht* (»data link layer«) sorgt für einen unverfälschten Transport der Informationen zwischen den Netzwerkkomponenten (Markierung von Anfang und Ende der Information, Fehlererkennung und -beseitigung).
Schicht 3: Die *Vermittlungsschicht* (»network layer«) legt Verfahren der Steuerung des Informationentransports innerhalb des Netzwerks fest (»Routing«; Verbindungsauf- und -abbau, Wiederaufsetzen, Zurücksetzen).
Schicht 4: Die *Transportschicht* (»transport layer«) ist zuständig für einen Ende-zu-Ende-Transport der Informationen zwischen den Netzwerkendpunkten unter Zuhilfenahme der Dienste der Schichten 1-3. Diese Schicht stellt zugleich das Bindeglied der transportorientierten und der anwendungsorientierten Schichten dar.
Schicht 5: Die *Sitzungsschicht* (»session layer«) ermöglicht eine geordnete Abarbeitung des Dialogs zwischen den Netzwerkendpunkten.
Schicht 6: Die *Darstellungsschicht* (»presentation layer«) stellt Ausdrucksmittel zur Verfügung und legt Regeln fest, so daß die Information in einer gemeinsamen Sprache dargestellt und ausgetauscht werden kann (z.B. Festlegung von Zeichenvorrat und Syntax).
Schicht 7: Die *Anwendungsschicht* (»application layer«) ermöglicht den Übergang zwischen dem (durch die untergeordneten Schichten realisierten) Kommunikationsprozeß und der eigentlichen, übergeordneten Anwendung, deren Teil der Kommunikationsprozeß ist.
Zum besseren Verständnis dieser Ebenenstruktur sei hier kurz die Analogie zu einem Telefongespräch angeführt:[12] Schicht 1 (Übertragung) sorgt für die physikalische Verbindung zwischen Telefon und Vermittlungsstelle, deren korrekter Aufbau durch ein Freizeichen bestätigt wird. Die Schicht 2 (Sicherung) wird im Telefonbeispiel durch den Menschen ersetzt, der z.B. nachfragt, wenn Störungen in der Leitung auftauchen. Schicht 3 (Vermittlung) ist vergleichbar mit dem Wählen der Nummer des gewünschten Gesprächspartners, das der Vermittlungsstelle (in der ihr verständlichen Sprache) den Zielteilnehmer mitteilt. Schicht 4 (Transport) ist das direkte

---

12 Vgl. *Stöttinger* (1989), a.a.O., S. 37 ff. Es muß jedoch beachtet werden, daß der Mensch in diesem Beispiel wichtige Funktionen selbst übernimmt, die bei anderen Telekommunikationsdiensten - wie z.B. der Datenkommunikation - durch die Endgeräte (bzw. Vermittlungsstellen) ausgeführt werden.

Durchstellen zum Gesprächspartner. Auf Schicht 5 (Sitzung) einigen sich die Gesprächspartner beispielsweise, abwechselnd - und nicht gleichzeitig - zu sprechen. Auf Schicht 6 (Darstellung) wird eine gemeinsame Sprache, ein gemeinsamer Wortschatz und/oder ein gemeinsames Sprachverhalten vereinbart. Auf Schicht 7 (Anwendung) findet die eigentliche Kommunikation zwischen den Gesprächspartnern statt, d.h. es wird der Inhalt des Gesprächs ausgetauscht.
Wie anhand des ISO-Schichtenmodells sehr schnell deutlich wird, lassen sich verschiedene Ebenen identifizieren, auf denen aus technischer Sicht *gleichzeitig* Kompatibilität erstellt werden muß, um eine vollständige und fehlerfreie Kommunikation zwischen zwei Endeinrichtungen zu gewährleisten. Durch das ISO-Schichtenmodell kann auch der einführend erarbeitete Begriff der Kompatibilität präzisiert werden: Kompatibilität im Telekommunikationsbereich bedeutet nichts anderes, als daß Fernmeldeeinrichtungen hinsichtlich der Funktionen, die auf den einzelnen Schichten des ISO-Modells definiert werden, vollständig substituierbar sein müssen. Kompatibilität in Telekommunikationsnetzwerken stellt sich daher aus technischer Sicht insgesamt als ein originär komplexes Problem dar, das bei Beteiligung mehrerer Entscheidungsträger nur durch Schaffung entsprechender Standards oder durch Entwicklung von Gateway-Technologien zu lösen ist.

1.2 *Ökonomische Faktoren*

Die technologische Komplexität von Telekommunikationsnetzwerken ist untrennbar mit ökonomischen Faktoren verbunden, die wiederum die ökonomische Effizienz von Kompatibilitätsstandards im Telekommunikationsbereich determinieren. Diese Faktoren lassen sich unterscheiden in Größenvorteile auf Nachfrage- und auf Angebotsseite, Irreversibilitäten sowie Transaktionskosten.

1.2.1 *Größenvorteile auf der Nachfrageseite*

Soll die technische Komplexität von Telekommunikationsnetzwerken ökonomisch interpretiert werden, so wird unmittelbar deutlich, daß ein Fernmeldedienst ein Gut darstellt, das für dessen Nachfrager keinen Nutzen an sich hat, sondern sich dieser nur im Netzwerkzusammenhang, d.h. bei Beteiligung

mindestens eines weiteren Individuums, ergibt.[13] Das relevante Gut hat damit keinen Basisnutzen, es stiftet seinen Nachfragern *ausschließlich* Netzwerknutzen. *Dies ist die wesentliche ökonomische Einflußgröße, die für die technische Komplexität von Telekommunikationsnetzwerken verantwortlich ist und die zugleich Telekommunikationsmärkte von anderen Märkten unterscheidet.*
Mit der Netzwerknutzen-Eigenschaft von Telekommunikationsnetzwerken sind untrennbar auch Netzwerkexternalitäten verbunden. Die Netzwerkexternalitäten steigern die Attraktivität eines Netzwerks für alle potentiellen Teilnehmer und damit auch für alle aktuellen Teilnehmer. Durch den Netzwerkcharakter von Telekommunikationsnetzwerken ist insgesamt davon auszugehen, daß *potentiell immer* Netzwerkexternalitäten bestehen und folglich auch *stets* Größenvorteile auf Nachfrageseite zu realisieren sind.
Bezüglich der empirischen Relevanz von Netzwerkexternalitäten im Telekommunikationsbereich liegen keine entsprechenden Untersuchungen vor. Dies ist auch nicht verwunderlich, da die Quantifizierung von externen Nutzengewinnen aufgrund der entstehenden Meßprobleme direkt nicht möglich ist. Um die Netzwerkexternalitäten zumindest prinzipiell schätzbar zu machen, wurde in der Literatur ein Ansatz entwickelt, der sich auf die Veränderung der Konsumentenrente bei Zutritt neuer Teilnehmer bezieht:[14]

Abb. 8: Konsumentenrente und Netzwerkexternalität

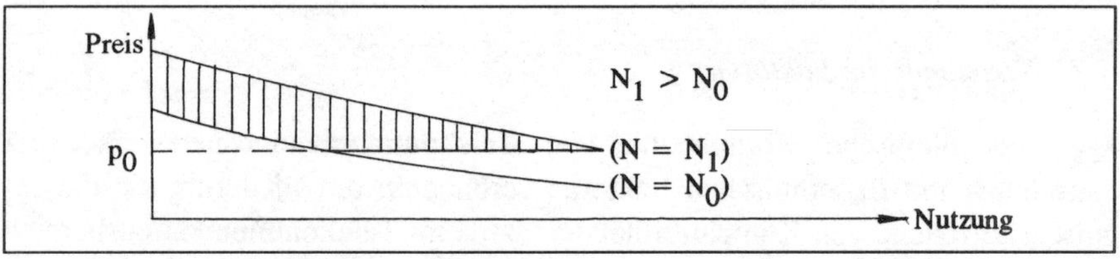

Quelle: *Neumann* (1984), a.a.O., S. 51

Unter der Annahme konstanter Preise läßt sich die aggregierte zusätzliche Konsumentenrente (in Abb. 8 durch die schraffierte Fläche dargestellt), die sich bei einer Nachfrageausweitung ($N_1 > N_0$) zwischen zwei Zeitpunkten ergibt, als Indikator für effektiv bestehende Netzwerkexternalitäten interpre-

13 Hierin unterscheiden sich Fernmeldenetzwerke auch von klassischen Netzwerken der Verteilkommunikation (Hörfunk, Fernsehen), da bei letzteren im Extremfall ein einziges Individuum einen Nutzen aus dem Empfang eines bestimmten Programms zieht. Vgl. auch *Cowan, R.A.*: The Economic Dimension of Standards in Information Technology: Standards Policy and Information Technology, OECD, Paris 1990, S. 6, im folgenden zitiert als: Cowan (1990b).

14 Für Einzelheiten vgl. *Neumann* (1984), S. 51 f.

tieren. Allerdings ist auch diese Schätzung praktisch nur sehr schwer durchführbar. Der Ansatz ist zudem mit dem Mangel der Ungenauigkeit behaftet, da die zusätzlich erzielte Konsumentenrente nicht nach Nutzenzuwächsen der etablierten und der neuen Teilnehmer differenziert werden kann.

Trotz der mangelnden empirischen Evidenz kann bereits aus dem theoretischen Sachverhalt abgeleitet werden, daß mit Telekommunikationsnetzwerken potentiell immer Netzwerkexternalitäten verbunden sind. Damit stellt sich auch das Startproblem für Telekommunikationsdienste: Da sich der individuelle Nutzen eines Teilnehmers *ausschließlich* im Netzwerkzusammenhang ergibt, müssen entsprechend viele Teilnehmer schon früh in der Entwicklung den neuen Dienst annehmen, wenn sich dieser durch die Erlangung der kritischen Masse am Markt etablieren soll. Dieses Problem kann für ausgewählte Dienste beispielhaft veranschaulicht werden, die allesamt von der DBP als »Massendienste« angekündigt wurden:

Abb. 9: Entwicklung der Teilnehmerzahlen beim Teletex-, Bildschirmtext- und Telefax-Dienst der DBP in den Jahren 1980-1990[15]

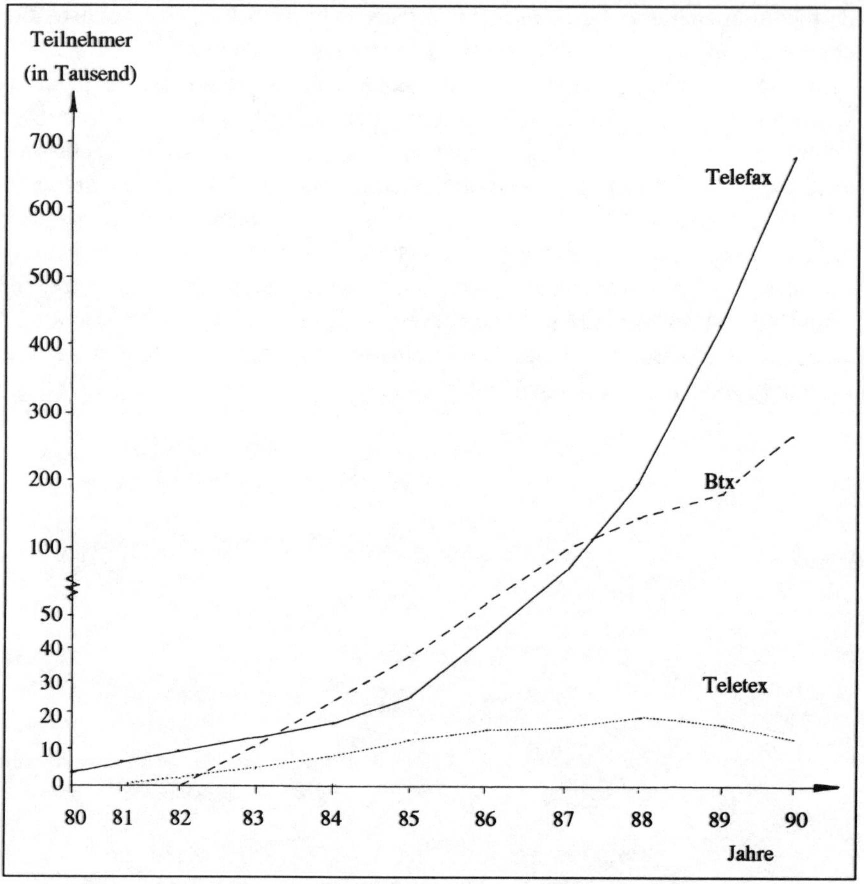

Quelle: Eigene Darstellung nach Angaben der Pressestelle DBP TELEKOM, Hamburg 1991

Die dargestellten Verläufe verdeutlichen das Problem der kritischen Masse im Telekommunikationsbereich. Der Bürofernschreibedienst Teletex der DBP ist beispielsweise seit seiner Einführung im Jahr 1982 vollständig hinter seinen Erwartungen zurückgeblieben. Nach nur 19.071 Teilnehmern am Ende des Jahres 1988 sind die Teilnehmerzahlen nun sogar rückläufig (1989: 18.192; 1990: 16.600).[16] Dies ist ein Anzeichen dafür, daß der Dienst durch Nicht-Erreichen einer kritischen Masse vollständig vom Markt verschwinden

15 Die Angaben beziehen sich jeweils auf das Jahresende.

16 Vgl. auch »Mauerblümchen Teletex«, in: Funkschau, Nr. 19/1989, S. 45.

könnte.[17] Auch der Bildschirmtext-Dienst läßt die Probleme der kritischen Masse deutlich werden. Obwohl von der DBP euphorisch als *der* neue Kommunikationsdienst angekündigt, hat der Btx-Dienst in der Vergangenheit nur vergleichsweise schleppende Verbreitung finden können.[18]
Das Beispiel des - nunmehr sehr erfolgreichen - Telefax-Dienstes zeigt schließlich, daß erhebliche Verzögerungen in der Verbreitung eines Dienstes entstehen können, wenn nicht schnell eine kritische Masse erreicht wird: 1979 von der DBP eingeführt, brauchte der Telefax-Dienst immerhin ein halbes Jahrzehnt bis das für Massendienste typische, überproportionale Wachstum nach Erreichen der kritischen Masse einsetzte.[19] Hierbei sind auch Substitutionsbeziehungen zu anderen Diensten zu beachten. Bis 1987 wies der etablierte Dienst Telex kontinuierliche, wenn auch moderate Wachstumsraten auf. Seit 1987, d.h. seit dem Beginn des »Fax-Booms«, sind die Teilnehmerzahlen bei Telex jedoch rückläufig.[20] Faßt man Telefax als neue, überlegene Technologie gegenüber der alten Technologie Telex auf, so kann die Verzögerung des Standardwechsels durch den Vorteil der installierten Basis der alten Technologie Telex erklärt werden. Umgekehrt kann der Erfolg von Telefax seinerseits wiederum die Durchsetzung des neuen Elektronischen-Post-Dienstes beeinträchtigen, der zumindest teilweise als substitutive Technologie zum Telefax-Dienst aufgefaßt werden kann. Es ist offensichtlich, daß derartige Probleme insbesondere auch die Einführung des ISDN beeinflussen, das trotz der technologischen Verbesserungen im hohen Maße eine substitutive, aber inkompatible Technologie für bereits existierende Dienste und Übermittlungstechnologien ist.[21]

---

17 Alternativ kann argumentiert werden, daß der Dienst völlig an den Nachfragerpräferenzen vorbei geplant wurde.

18 Zur Entwicklung des Btx-Dienstes vgl. ausführlich *Schneider, V.* u.a.: The Dynamics of Videotex Development in Britain, France and Germany, Paper prepared for the 8th International Conference of the International Telecommunications Society, Venice, Italy, March 1990; *Werle, R.*: Telekommunikation in der Bundesrepublik, Frankfurt, New York 1990, S. 293 f.

19 Vgl. hierzu auch »Telefax wächst am schnellsten«, in: Funkschau, Nr. 3/1991, S. 4 und »Fax-Boom nach 10 Jahren«, in: Funkschau Nr. 21/1989, S. 34-36.

20 Nach Angaben der Pressestelle DBP TELEKOM sind die Teilnehmerzahlen bis Ende des Jahres 1987 auf 167.697 angestiegen. Ende 1990 waren nur noch 135.000 an das Telex-Netz angeschlossen. Dies sind *weniger* Teilnehmer als Ende 1980.

21 Für Substitutionsbeziehungen zwischen ISDN und Technologien der Datenkommunikation (Lokale Netzwerke, paket-vermittelte Datennetze nach CCITT X.25) vgl. ausführlich *David, P.A./Steinmueller, W.E.*: The ISDN Bandwagon is Coming - Who will be there to climb aboard?, Center for Economic Policy Research, Stanford University 1989, S. 4 f.; *Werle* (1990), a.a.O., S. 294 ff.; *Pfeiffer, G./Wieland, B.*: Telecommunications in Germany: An Economic Perspective, Berlin u.a. 1990, S. 82.

Insgesamt ist festzuhalten, daß die Erlangung der kritischen Masse als bedeutender Faktor für die Durchsetzung eines neuen Telekommunikationsdienstes gewertet werden kann - und zwar insbesondere dann, wenn es sich um »Massendienste« handelt. Nun erscheint nicht jeder Dienst den Wirtschaftssubjekten ex ante als »potentieller Massendienst«. Unter Berücksichtigung unterschiedlicher Nachfragerpräferenzen ist daher folgende Differenzierung möglich und nötig:

Ausgehend von einer *gegebenen* Anzahl potentieller Teilnehmer eines Fernmeldedienstes kann die Kompatibilitätspräferenz der Marktbeteiligten untersucht werden. Prinzipiell lassen sich die Präferenzen der Nachfrager in einem Kontinuum abbilden, das durch die Extreme einer vollständigen Kompatibilitätspräferenz und einer vollständigen Inkompatibilitätspräferenz begrenzt wird. Bei einer vollständigen Kompatibilitätspräferenz wirken die Netzwerkeffekte, bis alle potentiellen Nachfrager eines Marktes an ein Netzwerk angeschlossen sind. Das relevante Netzwerk stellt sich tatsächlich als Massendienst heraus und erhält mit zunehmender Teilnehmerzahl eine infrastrukturelle Bedeutung. Beispiele hierfür sind das einfache Fernsprechen und Fernschreiben.

Zwar kann das andere Extrem einer vollständigen Inkompatibilitätspräferenz der Individuen im Telekommunikationsbereich ausgeschlossen werden,[22] realistischerweise ist jedoch davon auszugehen, daß es aufgrund von heterogenen Kommunikationsbedürfnissen zumindest unterschiedliche Nachfrage*gruppen* geben kann, deren Mitglieder nur innerhalb der Gruppe, nicht jedoch marktweit, Kompatibilität wünschen. Beispiele hierfür wären bedürfnisspezifische Mehrwertdienste oder »Local Area Networks« (LANs), »Metropolitan Area Networks« (MANs) bzw. »Wide Area Networks« (WANs) für unterschiedliche Formen der Datenkommunikation innerhalb oder zwischen Unternehmen.[23]

Bezüglich der Bedeutung von Netzwerkexternalitäten bei diesen Kommunikationsgruppen ist festzustellen, daß die effektiven Netzwerkeffekte zwar nur innerhalb des Teilnehmerkreises wirken, hier jedoch eine vergleichsweise hohe Bedeutung besitzen: Bis zu dem Zeitpunkt, in dem alle Gruppenmitglieder angeschlossen sind, stiftet jedes neu hinzukommende Mitglied den bereits angeschlossenen Teilnehmern der Gruppe einen Nutzen, der aufgrund der Spezifität der Kommunikationsbedürfnisse und der Kommunikationspartner

---

22 Da der Nutzen eines Telekommunikationsdienstes ausschließlich als Netzwerknutzen realisiert wird, ist es eine notwendige Bedingung, daß es mindestens zwei Individuen mit gleichartigen Präferenzen gibt.

23 Zu diesen Begriffen und der Vielfalt im Bereich der Datenkommunikation vgl. *Gora, W.*: Bedeutende WANs & VANs, in: Datacom, Nr. 8/1990, S. 30-35.

vergleichsweise groß ist.[24] Sind alle Gruppenmitglieder angeschlossen, so ist das Hinzukommen weiterer Teilnehmer unerwünscht, sofern hiermit eine Einschränkung der Kommunikationsfähigkeit innerhalb der Gruppe verbunden ist. Diese Einschränkung kann beispielsweise darin bestehen, daß neue Teilnehmer mit divergierenden Präferenzen eine Umstellung der technischen Spezifikationen erforderlich machen würden (z.B. Änderungen von Übertragungsgeschwindigkeiten).

Knieps/Müller/v. Weizsäcker[25] dichotomisieren unterschiedliche Präferenzlagen, indem sie allgemein von »offenen« und »geschlossenen« Netz(werk)en ausgehen.[26] Die in offenen Netzwerken[27] typischerweise angestrebte Maximierung der Teilnehmerzahl ist bei geschlossenen Netzwerken den spezifischen Kommunikationsbedürfnissen dieser Gruppen eindeutig untergeordnet. Für die Nachfrager geschlossener Netzwerke ist es lediglich wichtig, *innerhalb* der jeweiligen Gruppe Kompatibilität zu erlangen. Wenngleich keine klare Trennlinie zwischen offenen Netzwerken (bzw. potentiellen Massendiensten) einerseits und geschlossenen Netzwerken (bzw. spezialisierten Diensten) andererseits gezogen werden kann, so wird diese Unterscheidung im folgenden dennoch genutzt, um die verschiedenen Extremfälle charakterisieren zu können.

1.2.2 *Größenvorteile auf der Angebotsseite*

Ohne Zweifel besitzen die mit Telekommunikationsnetzwerken typischerweise verbundenen Größenvorteile auf Nachfrageseite auch direkt Kostenimplika-

---

24 »This result, which is at first glance paradoxcial, seems likely to arise since the desire to communicate will be strongest within the individual subgroup - for instance, stronger than the desire to communicate with, say, anyone in the society.« *Allen* (1988), a.a.O., S. 266.

25 Vgl. *Knieps/Müller/v. Weizsäcker* (1981), a.a.O., S. 82 ff.

26 Dieses Begriffspaar ist keinesfalls mit den Begriffen »öffentliches Netz« und »privates Netz« zu verwechseln. Ein öffentliches Netz steht in der Trägerschaft eines öffentlichen (oder zumindest staatlich autorisierten) Unternehmens. Ein privates Netz steht hingegen in rein privatwirtschaftlicher Trägerschaft.

27 Diese, durch Nachfragerpräferenzen determinierte Offenheit von Netzwerken ist von den in der Literatur verwendeten Begriffen »juristisch offen«, »technisch offen« und »benutzeroffen« abzugrenzen. Ein *juristisch offenes* Netzwerk ist dann gegeben, wenn jeder einen Rechtsanspruch auf die Teilnahme am Netzwerk besitzt. Von einem *technisch offenen* Netzwerk wird gesprochen, wenn der Anschluß eines Endgeräts an ein Netzwerk keine Anpassungsleistungen (d.h. keine Substitutionskosten) hervorruft. *Benutzeroffenheit* ist schließlich dann gegeben, wenn ein freier Zugang für Mensch oder Maschine gewährleistet wird. Zu diesen Begriffen vgl. *Stöttinger* (1989), a.a.O., S. 15 ff.

tionen. Je mehr Teilnehmer ein Netzwerk besitzt, desto stärker lassen sich Fixkosten des Netzwerks auf größere Einheiten verteilen.

Aufgrund der Netzeigenschaft des Fernmeldebereichs ist von der Existenz von Economies of Scale insbesondere auf der Netzebene auszugehen, da einzelne Komponenten (wie Vermittlungs- und Verstärkereinrichtungen) hohe Fixkosten hervorrufen. Möglich sind ferner Economies of Scale bei der Produktion von Endgeräten sowie Economies of Scope zwischen Netzbetrieb einerseits und Dienste- bzw. Endgeräteangebot andererseits.

Die zentrale und stets intensiv diskutierte Frage, die sich in diesem Zusammenhang ergibt, ist die, ob der Telekommunikationsbereich vor dem Hintergrund der Existenz von Größenvorteilen in der Bereitstellung von Diensten nicht ein angebotsseitiges natürliches Monopol darstellt. Aus theoretischer Sicht ist hierzu festzustellen, daß aus der Existenz von Economies of Scale/Scope allein keine Aussage über das Bestehen eines natürlichen Monopols gemacht werden kann. Erforderlich ist neben der Kenntnis des Ausmaßes der Größenvorteile auch die Kenntnis der Gesamtnachfrage des relevanten Marktes, um zu einer Aussage zu gelangen. So kann einerseits bei hinreichend kleiner Marktnachfrage selbst im Bereich wieder ansteigender Durchschnittskosten ein angebotsseitiges natürliches Monopol gegeben sein, wenn zuvor erhebliche Economies of Scale realisiert wurden.[28] Andererseits kann eine Situation bestehen, in der trotz erheblicher Größenvorteile mehrere Unternehmen mit mindest-optimaler Betriebsgröße produzieren, da die Marktnachfrage hinreichend groß ist. In diesem Zusammenhang sollte nochmals betont werden, daß *nachfrageseitige* Größenvorteile durch das mit diesen verbundene endogene Nachfragewachstum nicht in Richtung auf die Entstehung, sondern in Richtung auf die Erosion angebotsseitiger natürlicher Monopole wirken.

Bezüglich der Kosten/Nachfrage-Situation im Telekommunikationsbereich ist nun festzustellen, daß der technische Fortschritt im Bereich der Vermittlungseinrichtungen (z.B. Mikroprozessortechnik, Digitalisierung) und im Bereich der Übertragungstechniken (z.B. Glasfaser, Richtfunk) in den letzten Jahrzehnten zu bedeutsamen Kostensenkungen in der Errichtung und dem Betrieb von Telekommunikationsnetzwerken geführt hat. Parallel hierzu ist die Nachfrage nach Telekommunikationsdiensten in den entwickelten Volkswirtschaften ständig angestiegen. Kostensenkungen und Nachfragesteigerungen bilden daher die Rahmenbedingungen, die die Erosion natürlicher Angebotsmonopole erwarten lassen.

---

28 Es handelt sich dann um ein »schwaches« natürliches Monopol; vgl. hierzu ausführlich *Kruse* (1985), a.a.O., S. 19 ff.

Ob nun in der internationalen Telekommunikation überhaupt natürliche Angebotsmonopole bestanden haben oder tatsächlich immer noch bestehen, ist Gegenstand einer Reihe von theoretischen und empirischen Untersuchungen[29] mit z.T. widersprüchlichen Ergebnissen. Dennoch besteht mittlerweile weitgehend Übereinstimmung in folgender Hinsicht:[30]

— für entwickelte Volkswirtschaften konnten keine eindeutigen Anhaltspunkte dafür gefunden werden, daß das *Gesamtsystem* der Telekommunikation (Netz-Endgeräte-Dienste) ein natürliches Angebotsmonopol darstellt;

— als einziger, möglicher Monopolbereich kommen *lokale Kabelnetze* bei *flächendeckender Versorgung* relativ kleiner Nachfrager in Betracht; allerdings können mittlerweile auch hier durch den Einsatz von Mobilfunktechnologien bedeutsame Kostensenkungen realisiert werden;

— bei nationalen und internationalen *Fernverbindungen* ist prinzipiell davon auszugehen, daß kein natürliches Angebotsmonopol besteht;

— Verbundvorteile zwischen Orts- und Fernbereich sind eher als gering einzuschätzen;

— gleiches gilt für mögliche Verbundvorteile zwischen Netzbereich und Dienste- bzw. Endgeräteangebot.

Bezüglich der institutionellen Ausgestaltung der Bereiche ist daher auch zu fordern, daß dem Wettbewerb generell der Vorzug gegeben werden sollte, sofern nicht zweifelsfrei die Existenz eines natürlichen Angebotsmonopols nachgewiesen wird. Dies gilt umso mehr, wenn man bedenkt, daß die durch den Ausschluß von Wettbewerb hervorgerufenen gesamtwirtschaftlichen Ineffizienzen gegenüber möglichen Effizienzgewinnen bei vollständiger Ausnutzung von Größenvorteilen lange Zeit eher im Hintergrund standen.

Um auf die Kompatibilitätsproblematik zurückzukommen: Auch die Erlangung von Kompatibilität selbst stellt *kein* Argument *gegen* die Zulassung von Wettbewerb dar, da durch die Definition von Standards - unabhängig davon,

---

29 Die empirischen Untersuchungen beziehen sich überwiegend auf die nordamerikanischen Telekommunikationsmärkte. Studien für die Bundesrepublik liegen nicht vor.

30 Für einen Überblick über die Diskussion vgl. *Monopolkommission*: Zur Neuordnung der Telekommunikation, Sondergutachten, Köln 1991, S. 49 ff. *Wieck, R.*: Die Telekommunikation in der Wirtschaftsordnung der Bundesrepublik Deutschland, unveröffentlichtes Manuskript, Hamburg 1989, S. 11 ff.; *Waverman, L.*: U.S. Interexchange Competition, in: *Crandall, R.W./Flamm, K.*: Changing the Rules: Technological Change, International Competition, and Regulation in Communications, Washington 1989, S. 62-113 (72 ff.); *von Weizsäcker* (1987), a.a.O., S. 16 ff.; *Wieland, B.*: Größenvorteile und natürliches Monopol aus empirischer Sicht, Diskussionsbeiträge zur Telekommunikationsforschung, Nr. 13, Bad Honnef 1985; *Knieps* (1985), a.a.O., S. 25 ff.; *Kruse* (1985), a.a.O., S. 38 ff., *Knieps/Müller/v. Weizsäcker* (1981), a.a.O., S. 75 ff.

ob marktlich oder regulatorisch - Kompatibilität zwischen den Netzwerken unterschiedlicher Anbieter erreicht werden kann.

1.2.3 *Irreversibilitäten*

Neben Größenvorteilen auf Nachfrage- und Angebotsseite stellen Irreversibilitäten das dritte wesentliche Merkmal von Telekommunikationsmärkten dar: »...telecommunications networks are built of highly specific and idyosincratic capital goods with very high levels of capital intensity and extraordinary levels of technical and economic durability...«.[31] Aufgrund der spezifischen Struktur von Telekommunikationsnetzwerken ist prinzipiell davon auszugehen, daß ein erheblicher Teil der Sach- und Humankapitalinvestitionen »industrie-irreversibel« ist, d.h. daß die festgelegten Produktionsfaktoren bei Verwendung in anderen Branchen einen erheblich geringeren Wert aufweisen. Zur näheren Untersuchung ist es daher sinnvoll, mögliche *Markt*irreversibilitäten in sachlicher, räumlicher und zeitlicher Sicht zu betrachten.[32] Dabei wird zwischen Netz- und Endgeräteebene unterschieden.

Bezüglich der Irreversibilitäten im Netzbereich können die folgenden Aussagen getroffen werden: Bei den Übertragungswegen ist von erheblichen Irreversibilitäten auszugehen.[33] Dies ist ohne Zweifel bei Kabelnetzen im Ortsbereich, aber auch bei kabelgebundenen Fernleitungen gegeben. Der Transfer des in Form von Glasfaser- oder Kupferkabeln investierten Kapitals in alternative Verwendungen in anderen *räumlichen* Märkten ist aufgrund der hierbei entstehenden Kosten nahezu ausgeschlossen. Im Gegensatz zur Kabeltechnologie weist die Funktechnik prinzipiell einen höheren Grad an Flexibilität auf, da die für Funkstrecken notwendigen Sende- und Empfangsanlagen vergleichsweise leichter in andere räumliche Märkte transferierbar sind. Dies gilt jedoch wiederum auch nur für terrestrische Anlagen; der Transfer von Fernmeldesatelliten in andere räumliche Märkte ist hingegen ausgeschlossen. Hinsichtlich der *sachlichen* Märkte ist die Irreversibilität von Übertragungstechnologien danach zu differenzieren, ob sie lediglich dienstespezifisch - und damit hochgradig irreversibel - sind, oder ob sie eine relativ breite Nutzung für verschiedene Dienste zulassen. Der gegenwärtige Trend zur Digitalisie-

---

31 *Antonelli, C.:* The Economic Theory of Information Networks, University of Torino 1990, S. 9, im folgenden zitiert als: *Antonelli* (1990).

32 Zu den Begriffen »Industrie-Irreversibilität« und »Markt-Irreversibilität« vgl. *Kruse* (1985), a.a.O., S. 59 ff.

33 Vgl. *Kruse* (1985), a.a.O., S. 66.

rung der Nachrichtenübermittlung führt ohne Zweifel zur Vermeidung dienstespezifischer Irreversibilitäten bei Übertragungswegen.

Ein vergleichsweise hoher Anteil von Irreversibilitäten ist auch im Bereich der Hard- und Software von Vermittlungsstellen festzustellen. Stärker als bei Übertragungswegen ist das Ausmaß der Irreversibilitäten bei Vermittlungsstellen im Zusammenhang mit dem Ausmaß der Inkompatibilität bei alternativer Verwendung zu sehen: Eine märkte-übergreifende Standardisierung ermöglicht beispielsweise den Transfer des Kapitals in andere räumliche Märkte; eine dienste-übergreifende Standardisierung erhöht die Möglichkeit der Nutzung der Anlagen in unterschiedlichen sachlichen Märkten. Auch hier führt die digitale, diensteneutrale Vermittlung bei entsprechender Standardisierung tendenziell zur Verringerung der Irreversibilitäten und zur Vermeidung von Substitutionskosten. Es sollte beachtet werden, daß beispielsweise für die Anpassung eines europäischen Vermittlungssystems an ein US-amerikanisches System 20-30% der anfänglichen Entwicklungskosten als Substitutionskosten anfallen.[34] Für den Bereich der Vermittlungsstellen in Fernmeldenetzen der DBP ist dennoch festzustellen, daß diese in der Vergangenheit überwiegend dienstespezifisch[35] konzipiert und zudem nur in den nationalen Märkten einsetzbar waren, so daß aufgrund der fehlenden dienste- und märkte-übergreifenden Standardisierung von einem erheblichen Anteil an Irreversibilitäten in sachlicher und räumlicher Hinsicht auszugehen ist.[36]

Die direkte Beziehung zwischen Irreversibilität, Kompatibilität und Standardisierung wird im Endgerätebereich besonders deutlich: Im Extremfall stellt ein zum Netz inkompatibles Endgerät *per se* eine vollständig irreversible Sachinvestition dar. Dies folgt wiederum unmittelbar aus der Tatsache, daß sich der Nutzen eines Endgerätes für dessen Anwender im Normalfall *ausschließlich* im Netzwerkzusammenhang ergibt. Da mit einem inkompatiblen Gerät kein Netzwerknutzen realisiert werden kann, ist deshalb auch die Möglichkeit der Veräußerung ausgeschlossen. Doch selbst wenn Kompatibilität zwischen Endgerät und Netz besteht, so ist eine alternative Verwendung des Geräts in anderen räumlichen (z.B. nationalen) Märkten von der Gleichartigkeit der Standardisierung in diesen Märkten abhängig: Mit zunehmender Kompatibilität nimmt die Irreversibilität ab, ohne daß Substitutionskosten für Anpassungsleistungen aufgewendet werden müssen. Analog gilt dies auch für die Verwendung von Endgeräten in anderen sachlichen Märkten. Für die Bundes-

34 Vgl. *Marshall, A.*: »Industry as restless as ever, reorganisation and alliances«, in: Financial Times vom 11.05.88, S. 8.

35 Eine wichtige Ausnahme bildet die Nutzung des Telefonnetzes für den Telefon-, Telefax- und Btx-Dienst.

36 Siehe hierzu auch die Analyse unter III.2.4.

republik kann wiederum festgestellt werden, daß - wie im Beispiel der Vermittlungsstellen - auch Endgeräte in der Vergangenheit typischerweise dienstespezifisch konzipiert und auf den nationalen Markt zugeschnitten waren, so daß sie eine alternative sachliche bzw. räumliche Verwendung nicht zuließen.

Die insgesamt festzustellende, hohe Spezifität des investierten Kapitals im Telekommunikationsbereich stellt insbesondere deshalb ein Problem dar, da Fernmeldenetzwerke durch eine vergleichsweise lange technische Lebensdauer[37] charakterisiert sind. Zwar ist durch den hohen technischen Fortschritt im Telekommunikationsbereich ein erhebliches Innovationspotential für neue Dienste, Endgeräte und Netzkomponenten entstanden. Die Ausschöpfung dieses Potentials unterliegt jedoch Restriktionen. Wird einerseits zwischen Vorgänger- und Nachfolgetechnologien durch einen Standardwechsel Inkompatibilität hervorgerufen, so tritt in der installierten Basis der alten Technologie im Extremfall ein vollständiger Wertverlust des investierten Kapitals ein.[38] Soll dies andererseits durch Abwärtskompatibilität verhindert werden, so wird zwar der Wertverlust in der installierten Basis vermieden, möglicherweise kann dann jedoch nicht das ganze Innovationspotential genutzt werden. Es zeigt sich wiederum der Trade-off zwischen der Innovation und Werterhaltung des Kapitals in der installierten Basis, der für den Telekommunikationsbereich stets besonders betont wird.[39] Hieraus können auch bereits vorsichtige Schlußfolgerungen für die Effizienz von Standardisierungsprozessen abgeleitet werden:

Wie aus der theoretischen Analyse hervorgegangen ist, besteht sowohl die Möglichkeit, daß ein Verharren auf einem suboptimalen Standard eintritt, als auch daß ein suboptimaler Standardwechsel erfolgt. Vor dem Hintergrund der vergleichsweise hohen Irreversibilitäten im Netzbereich, aber auch bei Endgeräten erscheint der zweite Fall der ineffizienten, vorschnellen Aufgabe einer Technologie eher als wenig wahrscheinlich. Je größer die Irreversibilitäten in der installierten Basis jedoch sind, desto wahrscheinlicher wird der erste Fall

---

37 So wurde beispielsweise bei der DBP teilweise eine Lebensdauer von mindestens 20 Jahren bei kabelgebundenen Übertragungswegen, von 15 Jahren bei Orts- und von 10 Jahren bei Fernvermittlungsstellen veranschlagt. Vgl. *Werle* (1990), a.a.O., S. 111 f.

38 Es sei denn, die ökonomische Lebensdauer des Kapitals ist bereits abgelaufen, oder es sind Gateway-Technologien verfügbar, die dann jedoch wiederum Substitutionskosten hervorrufen.

39 Vgl. *Werle* (1990), a.a.O., S. 114; *Antonelli* (1990), a.a.O., S. 13; *Rohde, J.*: Anforderungen an die Kommunikationsdienste der DBP, in: *Diederich, H./Hamm, W./ Zohlnhöfer, W.* (Hrsg.): Die Deutsche Bundespost im Spannungsfeld der Wirtschaftspolitik, S. 105-125 (118); *Knieps/Müller/v. Weizsäcker* (1981), a.a.O., S. 99 f.

des Verharrens bei der »alten« Technologie.[40] Dies gilt umso mehr, je größer die Unsicherheit hinsichtlich der qualitativen Verbesserung der neuen Technologie ist.

Ein Ausweg aus diesem Dilemma besteht nur dann, wenn es möglich ist, die installierte Basis für Neuerungen möglichst flexibel zu halten. »Flexibilität« bedeutet hierbei nichts anderes, *als Irreversibilitäten in der installierten Basis zu begrenzen.* Hierbei zeichnet sich eine Digitalisierung unterschiedlicher Dienste und eine standardisierte, diensteneutrale Übermittlung von Informationen wie im ISDN prinzipiell durch ein höheres Maß an Flexibilität aus, als das in der Vergangenheit bei den dienstespezifischen Netzen und unterschiedlichen Übertragungsverfahren der Fall war.[41] Es sollte jedoch beachtet werden, daß auch das ISDN in der gegenwärtigen Ausbauphase, die stark an der Werterhaltung des herkömmlichen Telefonnetzes orientiert ist, eher als »spezialisiertes Netz« für den Fernsprechdienst aufzufassen ist.

1.2.4 *Transaktionskosten*

Kompatibilität in Telekommunikationsnetzwerken kann als Transaktionskostenproblem aufgefaßt werden. Dadurch, daß sich der Nutzen eines Telekommunikationsnetzwerks für deren Nachfrager *grundsätzlich* im Netzwerkzusammenhang ergibt, besteht eine starke Interdependenz zwischen den Teilnehmern eines Netzwerks. *Sirbu/Stewart* folgend kann die Entscheidungssituation im Telekommunikationsbereich auf der Nachfrageseite als »dezentralisiert« charakterisiert werden.[42] Die bei fallweisen Vereinbarungen entstehenden Transaktionskosten für die Nachfrager sind prinzipiell um so höher, je größer die Zahl der potentiellen Teilnehmer eines bestimmten Netzwerks ist. Aufgrund der leichter zu erstellenden Transparenz werden diese Kosten im Fall geschlossener Netzwerke also geringer sein als im Fall eines offenen Netzwerks.

Bei Berücksichtigung der Marktstruktur auf Angebotsseite ergeben sich jedoch Modifikationen: Im Extremfall des monopolistischen Angebots eines Netzwerks entstehen keine (oder realiter nur geringe) Transaktionskosten bei der

---

40 Indirekt bestätigt dies auch *Berndt*: »Die bisherige Entwicklung lehrt uns, daß Endgeräteinnovationen und neue Benutzersysteme grundsätzlich auf vorhandenen Telekommunikationsdiensten aufbauen.«; *Berndt, W.*: Die Bedeutung der Standardisierung im Telekommunikationsbereich für Innovation, Wettbewerb und Welthandel, in: Jahrbuch der Deutschen Bundespost, Jg. 37 (1986), S. 87-117 (109).

41 Vgl. *Berger/Blankart/Picot* (1990), a.a.O., S. 165; für das ISDN vgl. *Werle* (1990), a.a.O., S. 300.

42 Vgl. Abschnitt II.2.1.2.2.

Erlangung von Kompatibilität, da für die Teilnehmer keine Auswahlmöglichkeiten verbleiben. Wie noch ausführlich gezeigt wird, ist diese Situation typisch für die Telekommunikationsmärkte der Vergangenheit.
Das Transaktionskostenproblem stellt sich jedoch, sobald auf Angebotsseite unterschiedliche Optionen existieren. Dies kann beispielsweise bedeuten, daß verschiedene Unternehmen (zentralisiert) »komplette« Netzwerke anbieten, so daß sich interdependente Nachfrager auf einen bestimmten Anbieter einigen müssen. Dies kann aber auch bedeuten, daß verschiedene Unternehmen (dezentralisiert) unterschiedliche Komponenten für unterschiedliche Netzwerke anbieten, so daß neben den Transaktionskosten auf Nachfrageseite zusätzlich erhebliche Kosten auf Angebotsseite entstehen.
Aus den Überlegungen von *Sirbu/Stewart* ist hervorgegangen, daß einerseits die Transaktionskosten einer fallweisen Abstimmung der Kompatibilität und andererseits die Transaktionskostensenkungen durch die Anwendung von Kompatibilitätsstandards insbesondere dann groß sind, wenn sowohl auf Nachfrage- als auch auf Angebotsseite eine »dezentralisierte« Entscheidungssituation vorliegt, d.h. wenn interdependente Nachfrager interdependenten Anbietern gegenüberstehen. Wie weiter unten gezeigt wird, ist diese Situation typisch für wettbewerblich organisierte Telekommunikationsmärkte.

1.3 *Zusammenfassung*

Die vorstehenden Überlegungen verdeutlichen, daß Kompatibilitätsstandards im Telekommunikationsbereich eine bedeutende Rolle spielen. Standards werden nicht nur von technischer Seite als *das* Mittel zur Erlangung von Kompatibilität in Fernmeldenetzwerken gesehen. Bei ökonomischer Betrachtung wird deutlich, daß durch ihre Anwendung Transaktionskosten gesenkt, die Ausschöpfung von Größenvorteilen auf Nachfrage- und auf Angebotsseite ermöglicht sowie Irreversibilitäten und Substitutionskosten verringert werden. Vor dem Hintergrund der hohen Komplexität von Fernmeldenetzwerken und den weitreichenden Interdependenzen der beteiligten Wirtschaftssubjekte sind diese Effizienzwirkungen von Standards im Telekommunikationsbereich auch nicht überraschend. Dennoch besteht auch die Gefahr von Irreversibilitäten und Innovationshemmungen bei einer restriktiven Standardisierung, die auf relativ enge sachliche, räumliche und/oder zeitliche Märkte ausgerichtet ist.

2. *Etablierte Verfahren der Standardisierung im Telekommunikationsbereich*

Die Analyse der Standardisierungsprozesse ergab, daß für die Erlangung von Kompatibilität im wesentlichen drei Verfahren (Marktprozesse, Kooperation und Regulierung) möglich sind. In den folgenden Abschnitten soll nun untersucht werden, welche Strukturen sich zur Lösung des Kompatibilitätsproblems im Telekommunikationsbereich herausgebildet haben. Es ist zu beachten, daß es sich hierbei keinesfalls um eine reine historische Analyse handelt, da die entstandenen Strukturen auch für die Gegenwart erhebliche Bedeutung besitzen.

Zunächst werden die marktstrukturellen Bedingungen, die lange Zeit die Gestalt der nationalen Telekommunikationsmärkte bestimmt haben, und das etablierte »Standardisierungsregime« überblicksartig dargestellt (dazu 2.1). Danach werden die etablierten Standardisierungsverfahren auf internationaler (dazu 2.2) und auf europäischer Ebene (dazu 2.3) näher untersucht. Am Beispiel der Bundesrepublik wird schließlich das Vorgehen auf nationaler Ebene aufgezeigt (dazu 2.4).

2.1 *Institutionelle Rahmenbedingungen*

Die etablierten Strukturen zur Lösung des Kompatibilitätsproblems sind maßgeblich durch die institutionell abgesicherten Monopolstellungen der sog. »Fernmeldeverwaltungen« (Post, Telephone & Telegraph Administrations, PTTs) in den nationalen Telekommunikationsmärkten bestimmt worden. In der überwiegenden Anzahl der entwickelten Volkswirtschaften wurden schon früh *öffentliche oder staatsnahe Unternehmen* (wie z.B. die Deutsche Reichspost und später die Deutsche Bundespost DBP oder das British Post Office) mit exklusiven Rechten für den Aufbau und den Betrieb der nationalen Fernmeldenetze betraut. Im Gegensatz zu diesem sog. »Postmodell« wurde insbesondere in den USA das sog. »Kommissionsmodell« etabliert.[43] Schon früh in der Entwicklung hatte sich dort ein Monopol des privaten Unternehmens American Telephone & Telegraph (AT&T) herausgebildet, das später zwar von staatlicher Seite anerkannt, aber zugleich auch der Regulierung durch die Federal Communications Commission (FCC) unterworfen wurde.

Die besonderen und exklusiven Rechte dieser Fernmeldeverwaltungen sind insbesondere mit staats- und sicherheitspolitischen Argumenten begründet

43 Zu diesen Begriffen vgl. *Scherer* (1987), a.a.O., S. 29.

worden. Zum Teil sollten auf diese Weise auch gemeinwohlorientierte Zielsetzungen[44] realisiert werden, deren Erreichen bei Zulassung von Wettbewerb gemeinhin bezweifelt wurde.[45] Die Frage, ob der Telekommunikationsbereich ein angebotsseitiges natürliches Monopol darstelle und somit die Exklusivrechte der Fernmeldeverwaltungen auch ökonomisch zu rechtfertigen seien, ist hingegen erst später in die Diskussion gekommen.[46]

Angesichts dieser lange Zeit unangetasteten nationalen Monopole scheint das Kompatibilitätsproblem im Telekommunikationsbereich auf den ersten Blick einer einfachen Lösung zugänglich gewesen zu sein: Wie oben gezeigt, wird Kompatibilität bei monopolistischem Angebot durch die unternehmensinterne Standardisierung der Technologie des Monopolisten erreicht. Diese einfache Lösung ist jedoch nur unter zwei Bedingungen möglich. Erstens muß es sich um vollständig vertikal integrierte Unternehmen handeln, die deshalb in keinerlei Beziehung zu Unternehmen auf vor- oder nachgelagerten Märkten stehen. Zweitens dürfen die Monopolisten auch in horizontaler Marktbeziehung keinerlei Interdependenzen aufweisen.

Beide Bedingungen waren in der Vergangenheit nicht erfüllt: die Fernmeldeverwaltungen waren überwiegend nicht vollständig vertikal integriert,[47] so daß Kompatibilitätsstandards für vor- und nachgelagerte Märkte erforderlich waren. Und sie mußten sich auch in horizontaler Marktbeziehung auf Kompatibilitätsstandards einigen, da viele - wenn auch nicht alle - Fernmeldedienste (wie insbesondere Fernsprechen, Fernschreiben, Fernkopieren und Datendienste) eine internationale Kommunikation ermöglichen mußten.

---

44 Zu nennen sind hier insbesondere Gemeinwohlziele wie »flächendeckende Versorgung« oder »Tarifeinheit im Raum«. Für eine Kritik dieser Ziele vgl. *Wieland* (1983), a.a.O., S. 23 ff.

45 Vgl. *Ellger, R./Witt, D.*: International Free Trade in Telecommunications, in: *Friedmann, D./Mestmäcker, E.-J.* (Hrsg.): Rules for Free International Trade in Services, Baden-Baden 1990, S. 275-339 (278 f.).

46 Dabei ist zu beachten, daß sich theoretisch eine Notwendigkeit zur *institutionellen* Absicherung eines natürlichen Angebotsmonopols nur unter restriktiven Annahmen nachweisen läßt. Economies of Scale (Einprodukt-Fall) bzw. Economies of Scope (Mehrprodukt-Fall) führen prinzipiell vielmehr dazu, daß ein natürliches Monopol bei kostenminimaler Produktion und ramsey-optimalen Preisen auch marktzutrittsresistent ist. Profitable Marktzutritte sind bei Abwesenheit hoher Markteintrittsbarrieren nur dann möglich, wenn beim Monopolisten Ineffizienzen in der Kosten- und/oder Preisstruktur bestehen. Vgl. hierzu auch *Kruse* (1985), a.a.O., S. 290 ff.

47 Sehr konsequent wurde allerdings die vertikale Integration bei den US-amerikanischen Fernmeldunternehmen - und hier insbesondere bei AT&T bis zum Zeitpunkt ihrer Entflechtung - betrieben. Vgl. *Phillips, A.*: Changing Markets and Institutional Inertia, in: Telecommunications Policy, Vol. 15 (1991), No. 1, S. 49-61 (59 f.); *Monopolkommission*: Die Rolle der Deutschen Bundespost im Fernmeldewesen, Sondergutachten Nr. 9, Baden-Baden 1981, S. 78.

Da die Abstimmung von Kompatibilitätsstandards im Fernmeldebereich überwiegend in *Standardisierungsinstitutionen* angestrebt wurde, erscheint es sinnvoll, der folgenden Analyse zunächst einen Überblick über diese Institutionen voranzustellen. Zu berücksichtigen sind hierbei auch die Standardisierungsinstitutionen, die durch ihre Tätigkeit in den angrenzenden Bereichen der Datenverarbeitung und der Elektrotechnik für den Telekommunikationsbereich zunehmend Bedeutung gewonnen haben:

Abb. 10: Das etablierte »Standardisierungsregime« im Telekommunikationsbereich

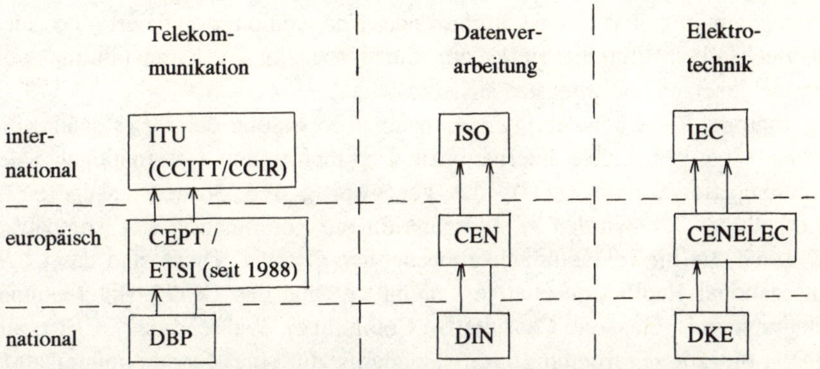

ITU:	International Telecommunication Union
ISO:	International Organization for Standardization
IEC:	International Electrotechnical Commission
CEPT:	Conférence Européen des Administrations des Postes et des Télécommunications
ETSI:	European Telecommunications Standards Institute
CEN:	Comité Européen de Normalisation
CENELEC:	Comité Européen de Normalisation Electrotechnique
DIN:	Deutsches Institut für Normung
DKE:	Deutsche Elektrotechnische Kommission

Grundsatz der nachrichtentechnischen Standardisierung war in der Vergangenheit, daß die von den unterschiedlichen Institutionen geschaffenen Standards untereinander in dem Sinne vereinbar sein mußten, daß die Standards der jeweils untergeordneten Ebene mit denen der übergeordneten Ebene abgestimmt und verträglich waren.[48] Dies bedeutet allerdings nicht, daß die Standardisierung auf internationaler Ebene zwangsläufig der Standardisierung auf europäischer und nationaler Ebene vorausging. Die Standardisierungsaktivitäten auf den unterschiedlichen Ebenen erfolgten typischerweise gleichzeitig, wobei die unterschiedlichen Ebenen prozessual miteinander verflochten waren und es auch noch sind.

2.2 *Standardisierung auf internationaler Ebene*

Wie bereits angedeutet, wurde in der Vergangenheit von den nationalen Fernmeldemonopolisten eine umfassende Kooperation praktiziert und auch entsprechend institutionalisiert, um die internationale Kompatibilität von Fernmeldenetzen und -diensten sicherzustellen.
Die zentrale Rolle bei der internationalen Kooperation der PTTs spielte die bereits 1865 gegründete Internationale Fernmeldeunion (International Telecommunication Union, ITU), der gegenwärtig 163 Staaten angehören.[49] Innerhalb der ITU wurden zwei Organe für die Koordination von Kompatibilitätsstandards im Telekommunikationsbereich gebildet. Diese sind das *CCIR* (International Radio Consultative Committee) und das *CCITT* (International Telegraph and Telephone Consultative Committee). Während das CCIR traditionell für die Erarbeitung von Standards für die Funkkommunikation (insbesondere Rundfunk, aber auch Funkfernmeldedienste) zuständig war, wurden die Standards für kabelgebundene Fernmeldenetze und -dienste im CCITT erarbeitet.[50]

---

48 Vgl. *Scherer* (1985), a.a.O., S. 337.

49 Neben der Standardisierung werden von der ITU weitere Aufgaben wahrgenommen. Hierzu zählen Erarbeitung von Tarifierungsgrundsätzen und Abrechnungsverfahren für internationale Verbindungen, internationales Frequenzmanagement und technische Entwicklungshilfe. Zu den Organstrukturen, der Arbeitsweise und den Aufgabenbereichen der ITU vgl. ausführlich *Tegge, A.*: Die ITU im Zentrum der Weltfernmeldeordnung, unveröffentlichtes Manuskript (erscheint als Diss.); *Wallenstein, G.*: Setting Global Telecommunication Standards, Norwood 1990, S. 61 ff.; *Savage, J.G.*: The Politics of International Telecommunications Regulation, *Boulder* u.a. 1989, S. 9 ff.; *Schmidt, S.K./Werle, R.*: The Development of Compatibility Standards in Telecommunications, Max-Planck-Institut für Gesellschaftsforschung, Köln 1991, S. 16 ff., im folgenden zitiert als: *Schmidt/Werle* (1991a); *Hummel, E.*: The CCITT, in: IEEE Communications Magazine, Vol. 23 (1985), No. 1, S. 8-11.

50 Es wird davon ausgegangen, daß diese beiden Organe zukünftig zusammengelegt werden, da die Trennung der Aufgabenbereiche aufgrund des technischen Fortschritts bei den Übermittlungstechnologien (Digitalisierung, Netzintegration hin zu einem breitbandigen ISDN) zunehmend hinfällig wird. Vgl. *Tegge*, a.a.O.

Erklärtes Ziel der Aktivität dieser beiden Organe war und ist auch heute noch, notwendige Konvertierungen und sonstige Anpassungen an internationalen Netzwerk*übergängen* durch Definition von Kompatibilitätsstandards auf ein Mindestmaß zu reduzieren. Wichtig ist festzuhalten, daß dies *nicht* bedeutet, daß *innerhalb* der nationalen Netzwerke gleiche technische Anforderungen gelten sollen oder müssen. Tatsächlich war dies in der Vergangenheit auch nicht der Fall: Die Realisation der Schnittstellenbedingungen wurde stets als nationales Problem aufgefaßt, so daß die Märkte für Netzwerkkomponenten - zumeist industriepolitisch motiviert - fragmentiert wurden.[51]

Mitglieder der beiden Ausschüsse konnten in der Vergangenheit nur die Fernmeldeverwaltungen sein; Hersteller, Nutzergruppen und andere internationale Organisationen konnten jedoch einen Beobachterstatus (ohne Stimmrechte in den Vollversammlungen) erwerben, wenn sie vom Mitgliedstaat zugelassen wurden. Dies zeigt bereits die lange Zeit enge Eingrenzung des Teilnehmerkreises der Standardisierungsprozesse in der ITU.

Die eigentliche Standardisierungsarbeit vollzog sich in den sog. »Study Groups«, die für einzelne Projekte eingesetzt wurden. Die Abstimmung von Standards wurde im Konsensverfahren durch Techniker der PTTs und Hersteller durchgeführt, wobei der Einigung typischerweise umfangreiche und zeitaufwendige Test- und Prüfprozeduren vorausgingen. Obwohl die Standards der ITU generell nicht-bindende Empfehlungen (»Recommendations«) darstellen, haben sie in der Vergangenheit stets einen starken Einfluß auf die regionalen Standardisierungsprozesse und die nationalen Standardisierungsentscheidungen der PTTs besessen. Da die Empfehlungen in der Regel den Konsens der wichtigsten Fernmeldeverwaltungen reflektierten, war ein Abweichen von den Standards für internationale Netzwerkübergänge für einzelne Unternehmen praktisch nicht möglich.[52] Hierbei ist zu beachten, daß die Arbeit in den Studiengruppen eindeutig durch nordamerikanische, europäische und japanische PTTs und Hersteller dominiert wurde.[53]

Konnte in den Standardisierungsprozessen keine Einigung erzielt werden, so wurden unterschiedliche Optionen in die Entwürfe der Studiengruppen aufge-

51 Vgl. *Brenton, M.E.*: The Role of Standardization in Telecommunications, in: OECD (Hrsg.): Trends of Change in Telecommunications Policy, Paris 1987, S. 159-167 (161); *Besen, S.M.*: The European Telecommunications Standards Institute: A Preliminary Analysis, in: Telecommunications Policy, Vol. 14 (1990), No. 6, S. 521-530 (527), im folgenden zitiert als: *Besen* (1990b); *Collins, H.:* Conflict and Co-Operation in the Establishment of Telecommunications and Data Communications Standards in Europe, in: *Gabel, H.L.* (Hrsg.): Product Standardization and Competitive Strategy, Amsterdam 1987, S. 125-148 (135 f.).

52 Vgl. auch *Scherer* (1985), a.a.O., S. 340 f.

53 Vgl. *Tegge*, a.a.O.

nommen. Dies hatte in der Regel unterschiedliche, inkompatible Lösungen in einzelnen Ländern oder Regionen zur Folge, die dann durch Gateway-Technologien überwunden wurden. Die Einigungsschwierigkeiten waren (und sind) dabei typischerweise auf unterschiedliche, industriepolitisch motivierte Interessen zurückzuführen. Ein Beispiel hierfür sind die Schwierigkeiten bei der Abstimmung von Bildschirmtextstandards; andere Ergebnisse dieser Konflikte sind unterschiedliche, inkompatible Lösungen bei ISDN-Endgeräten, bei paket-vermittelten Datendiensten oder bei Mobilfunktechnologien.[54]

In der Vergangenheit wurden in den Vollversammlungen alle vier Jahre Standards auf der Basis der Studiengruppen-Entwürfe verabschiedet. Diese vergleichsweise lange Dauer der Standardisierungsprozesse war vor dem Hintergrund des früheren, moderaten technischen Fortschritts im Telekommunikationsbereich nicht zwangsläufig ineffizient. Aufgrund der rapiden technischen Entwicklung in den letzten zwei Jahrzehnten sind diese Zeiträume jedoch - zu Recht - heftig kritisiert worden.[55] Gegenstand von Kritik war insbesondere auch die nur mangelnde Berücksichtigung von Nachfragerinteressen in den Standardisierungsprozessen.[56]

Neben der ITU als »klassische« Standardisierungsinstitution für die Telekommunikation haben auf internationaler Ebene zwei weitere Institutionen zunehmende Bedeutung für diesen Bereich erlangt. Es handelt sich um die »International Organization for Standardization« (ISO) und die »International Electrotechnical Commission« (IEC), die auf den Gebieten der Datenverarbeitung und der Elekrotechnik tätig sind.[57]

Übergeordnetes Ziel der privatwirtschaftlich organisierten ISO war und ist die Förderung der Entwicklung von internationalen Standards zur Erleichterung des Waren- und Dienstleistungshandels.[58] Mitglieder der ISO sind überwie-

---

54 Vgl. ausführlich *Schmidt/Werle* (1991a), a.a.O., S. 22; *Ungerer* (1989), a.a.O., S. 126 ff; *Scherer* (1985), a.a.O., S. 360 ff.; *Gabel, H.L./Millington, R.*: The Role of Technical Standards in the European Cellular Radio Industry, INSEAD, Fontainebleau 1986, S. 8 ff.

55 »... CCITT standards process operates too slowly to keep pace with the rapid technological and market changes that are occurring.« *Besen, S.M.*: The Economic Dimension of Standards in Information Technology: Telecommunications and Information Technology Standard-Setting in Japan, OECD, Paris 1990, S. 13, im folgenden zitiert als: *Besen* (1990a).

56 Vgl. *Tamarin, C.*: Telecommunications Technology Applications and Standards, in: Telecommunications Policy, Vol. 12 (1988), No. 4, S. 323-331 (325).

57 Zur ISO und IEC vgl. *Wallenstein* (1990), a.a.O., S. 83 ff.; *Lohse, E.*: The Role of the ISO in Telecommunications and Information Systems Standardization, in: IEEE Communications Magazine, Vol. 23 (1985), No. 1, S. 18-24; *Crane, R.J.*: The Politics of International Standards, Norwood 1979, S. 27 ff.

58 Die ISO ist auf nahezu allen Gebieten der Standardisierung tätig, ursprünglich wurden jedoch die Bereiche Elektrotechnik und Telekommunikation ausgenommen.

gend national tätige Standardisierungsinstitutionen wie z.B. das »Deutsche Institut für Normung« (DIN), die »British Standards Institution« (BSI) oder das »American National Standards Institute« (ANSI), über die privatwirtschaftliche Unternehmen und Nachfragerverbände Einfluß auf die internationalen Standardisierungsprozesse nehmen.
Die Standardisierungsarbeit der ISO erfolgte in der Vergangenheit in technischen Komitees (TC), von denen sich insbesondere das TC 97 (»Information Systems«) mit dem Bereich der Datensysteme und Datenkommunikation befaßte. In der ISO wurden beispielsweise Kompatibilitätsstandards für Lokale Netzwerke der Computerkommunikation, Codes und Zeichensätze oder Programmiersprachen entwickelt bzw. koordiniert. Die Erarbeitung von Standards in der ISO dauerte in der Vergangenheit durchschnittlich drei Jahre; die endgültigen, internationalen Standards (IS) stellen für die Mitglieder nicht-bindende Empfehlungen dar.
Die Standardisierung im Bereich Elektrotechnik wird traditionell durch die privatwirtschaftlich-organisierte IEC vorgenommen, die der ISO hinsichtlich Mitglieder- und Arbeitsstrukturen vergleichbar ist. Da die Elektrotechnik grundlegend für die Funktion von Informations- und Kommunikationstechnologien ist, beeinflußte die Arbeit der IEC in der Vergangenheit direkt auch die Tätigkeit von ISO und ITU. Die Spannbreite der Standardisierungsobjekte, die in der IEC abgedeckt wird, reicht von Halbleitern und Integrierten Schaltkreisen über Kupfer- und Glasfaserkabel bis hin zu Funktechnologien.[59]
Im Gegensatz zur ITU, in der Empfehlungen in der Regel einstimmig verabschiedet wurden, reichten bei ISO- und IEC-Standards in der Vergangenheit einfache Mehrheiten aus. Dies erscheint ein Spiegelbild dessen zu sein, daß ISO- und IEC-Standards prinzipiell auf wettbewerblichen Märkten Akzeptanz erlangen mußten,[60] während ITU-Empfehlungen lange Zeit vielmehr Ausdruck der Kooperation von Fernmeldemonopolisten vor dem Hintergrund umfassender nationaler Souveränitätsansprüche waren.

2.3 *Standardisierung auf europäischer Ebene*

Die Kooperation der Fernmeldeverwaltungen bei der Erlangung von Kompatibilität setzte sich auch auf europäischer Ebene in institutionalisierter Form fort. 1959 wurde zum Zwecke der Harmonisierung und Verbesserung öffent-

59 Vgl. *Wallenstein* (1990), a.a.O., S. 86.
60 »Majority vote seems the only realistic methodology when standardizing manufactured products offered in the open, competitive market«, *Wallenstein* (1990), a.a.O., S. 83.

licher Dienste und Technologien die »Conférence Européen des Administrations des Postes et des Télécommunications« (CEPT) von EG- und EFTA-Staaten gegründet.[61] Wenngleich die CEPT nicht primär als Standardisierungsinstitution verstanden werden sollte, so war dennoch ein Teil ihrer Aktivität darauf gerichtet, CCIR- bzw. CCITT-Empfehlungen, die oftmals mehrere Optionen zuließen, für den europäischen Raum abzustimmen. Es wurden also einzelne Varianten ausgewählt oder auch vervollständigt, um gleiche technische Eigenschaften in allen europäischen Netzwerken zu erhalten. Als Konsequenz dieser Harmonisierungsbestrebungen wurde bei Diensten und Endgeräten z.T. eine relativ große Standardisierungstiefe realisiert.[62] Darüber hinaus wurden in der CEPT europäische Standpunkte für die Standardisierungsprozesse in der ITU erarbeitet, was in Teilbereichen dazu führte, daß von der CEPT vorgeschlagene Standards als ITU-Empfehlungen weltweite Verbreitung fanden.[63]

Insgesamt wurden im Rahmen der CEPT grundsätzlich keine Standards angenommen, die im Widerspruch zu denen der ITU (oder der ISO) standen. Insofern gab es auch keine Kompetenzkonflikte zwischen ITU und CEPT, was vor dem Hintergrund der Mitgliederstrukturen auch nicht verwundert. Gegenstand von Kritik waren jedoch insbesondere die fast vollständige Intransparenz der Standardisierungsprozesse in der CEPT und die fehlende Repräsentation von Nachfragerinteressen.[64] Wie die Empfehlungen der ITU, so waren auch die Standards der CEPT für die Mitgliedstaaten prinzipiell unverbindlich, wurden aber in der Praxis durchweg befolgt.

Durch ein »Memorandum of Understanding« wurde die Zusammenarbeit zwischen der EG und der CEPT manifestiert. Im Rahmen dieser Kooperation wurden von der CEPT auch Standards (sog. »Normes européen de télécommunication«, NET) erarbeitet, die nach entsprechender Verabschiedung im »Technical Recommendations Applications Committee« (TRAC) in allen EG-Ländern verbindlich anzuwenden waren bzw. noch sind. Mit der Neugründung des »European Telecommunications Standards Institute« (ETSI) im Jahr 1988 ist die Standardisierungsarbeit im Telekommunikationsbereich auf europäischer Ebene bei der CEPT ausgelagert und auf diese Institution übertragen worden.[65]

---

61 Zur CEPT vgl. *Toutan, M.*: CEPT Recommendations, in: IEEE Communications Magazine, Vol. 23 (1985), No. 1, S. 28-30; *Wallenstein* (1990), a.a.O., S. 202 ff.
62 Vgl. *Scherer* (1985), a.a.O., S. 343.
63 Vgl. *Brenton* (1987), a.a.O., S. 163; für Beispiele vgl. *Toutan* (1985), a.a.O., S. 29.
64 Vgl. *Scherer* (1985), a.a.O., S. 343.
65 Vgl. ausführlich Abschnitt III.4.2.

Die Standardisierung in den Bereichen Datenverarbeitung und Elektrotechnik ist in der Vergangenheit im wesentlichen durch die europäischen Standardisierungsinstitutionen »Comité européen de normalisation« (CEN) und »Comité européen de normalisation électrotechnique« (CENELEC) durchgeführt worden.[66] Diese Institutionen können als Spiegelbild der internationalen Verbände ISO und IEC gesehen werden. Wie ISO und IEC sind CEN/CENELEC privatwirtschaftlich organisiert und von den Regierungen unabhängig; stimmberechtigte Mitglieder sind die nationalen Standardisierungsinstitutionen der EG- und EFTA-Staaten. Um divergierende Standards zu vermeiden, werden internationale Standards - sofern verfügbar - für die europäische Ebene übernommen und ggf. präzisiert. Gleichfalls werden europäische Positionen für die Standardisierungsprozesse in der ISO und IEC erarbeitet. In aller Regel verpflichten sich die Teilnehmer, europäische Normen in ihre nationalen Regelwerke zu übernehmen.
In der Vergangenheit haben sich darüber hinaus insbesondere im Bereich der Datenverarbeitung eine Reihe von Vereinigungen (z.B. ECMA, SPAG, EMUG, EWOS, CECUA, ECTEL, X/OPEN)[67] gebildet, die durch Entwicklung gemeinsamer Positionen direkten Einfluß auf die europäischen und internationalen Standardisierungsprozesse nahmen und auch zukünftig nehmen werden. Diese auch außerhalb der Standardisierungsinstitutionen stattfindende Kooperation von Herstellern und/oder Nutzern kann als Konsequenz der wettbewerblichen Struktur der Datenverarbeitungsindustrie gewertet werden.

2.4 *Standardisierung auf nationaler Ebene am Beispiel der Bundesrepublik Deutschland*

Die Monopolstrukturen der Vergangenheit haben die schnelle Übernahme der internationalen und europäischen Standards auf nationaler Ebene ermöglicht. Entweder waren die Fernmeldeverwaltungen hoheitlich ermächtigt, Standards für den nationalen Raum *rechtlich verbindlich* vorzugeben, oder sie konnten

---

66 Zur CEN/CENELEC vgl. *Anselmann, N.*: Die Rolle der europäischen Normung bei der Schaffung des europäischen Binnenmarktes, in: Recht der internationalen Wirtschaft, Jg. 32 (1986), Nr. 12, S. 936-941; *Crane* (1979), a.a.O., S. 31 ff.

67 Im einzelnen handelt es sich hierbei um ECMA: »European Computers Manufactures' Association«; SPAG: »Standards Promotion and Application Group«; EMUG: »European MAP User's Group«; EWOS: »European Workshop for Open Systems«; CECUA: »Confederation of European Computer User Associations«; ECTEL: »European Telecommunications and Professional Electronics Industry« sowie die oben bereits behandelte X/OPEN-Gruppe.

durch ihre Standardisierungsentscheidungen auf den nationalen Märkten *faktisch* Standards setzen.[68]
Im folgenden soll am Beispiel der Bundesrepublik gezeigt werden, wie auf nationaler Ebene bei der Standardisierung verfahren wurde. Zum institutionellen Rahmen ist hierbei einführend festzustellen, daß die Deutsche Bundespost (DBP) als öffentliches Unternehmen das umfassende Monopol des Bundes wahrnahm und insbesondere auch die hoheitlichen Funktionen der Standardsetzung und der Zulassung von Endgeräten für den nationalen Raum erfüllte.[69]
Die Grundlage für die Standards der DBP lieferten in der Vergangenheit die Empfehlungen der europäischen und internationalen Standardisierungsinstitutionen, aber auch die der nationalen Institutionen. Zu diesen Institutionen gehörten insbesondere das DIN und die »Deutsche Elektrotechnische Kommission im DIN und VDE« (DKE).[70] In beiden Gremien war die DBP vertreten und konnte auf diese Weise ihre eigenen Vorstellungen in die für sie relevanten Standardisierungsprozesse einbringen.
In der Vergangenheit erarbeitete die DBP eigene Standards immer dann, wenn DIN-Normen bzw. Standards anderer europäischer oder internationaler Institutionen nicht verfügbar waren oder bestehende Standards der DBP als konkretisierungsbedürftig erschienen.[71] Da die DBP grundsätzlich keine Systemkomponenten selbst produzierte, wurde im Rahmen des Beschaffungswesens für die Hersteller dieser Komponenten das Produktdesign vorgegeben. Die Standardisierungspolitik der DBP war dabei in der Vergangenheit vom *Prinzip der Einheitstechnik* geleitet.[72] Bei der Einheitstechnik können drei

---

68 Zu den institutionellen Rahmenbedingungen vgl. *Heuermann, A./Neumann, K.H./ Schnöring, T./Wieland, B.*: Telekommunikation im Vergleich - Eine problemorientierte Übersicht über die Länder USA, Großbritannien, Frankreich, Niederlande, Schweden und Japan, in: Jahrbuch der Deutschen Bundespost, Jg. 37 (1986), S. 165-236; *Besen* (1990a), a.a.O.; *Sirbu* (1989), a.a.O., S. 1.

69 Die folgenden Ausführungen beziehen sich auf den Zeitraum *vor* der Poststrukturreform in der Bundesrepublik.

70 Vgl. hierzu ausführlich *Scherer* (1985), a.a.O., S. 345 ff.

71 Vgl. *Scherer* (1985), a.a.O., S. 351.

72 Vgl. hierzu ausführlich *Werle* (1990), a.a.O., S. 113 ff.; *Schnöring, T.*: Forschung und Entwicklung bei der Deutschen Bundespost, Bad Honnef 1989, S. 22 ff.; *Gröner, H.*: Beschaffungspolitik der DBP und Ordnungspolitik, in: *Diederich, H./Hamm, W./ Zohlnhöfer, W.* (Hrsg.): Die Deutsche Bundespost im Spannungsfeld der Wirtschaftspolitik, Heidelberg 1987, S. 317-357 (352 ff.); *Monopolkommission* (1981), a.a.O., S. 43 ff.; *Knieps/Müller/v. Weizsäcker* (1981), a.a.O., S. 66 ff.; *Mestmäcker, E.-J.*: Fernmeldemonopol und Nachfragemacht, in: ders. (Hrsg.): Kommunikation ohne Monopole, Baden-Baden 1980, S. 161-200 (170 ff.).

Untergruppen mit abnehmendem Standardisierungsgrad unterschieden werden:[73]

— bei der *baugleichen Technik* (»Geräteeinheitstechnik«) werden funktional und konstruktiv gleiche Produkte realisiert - Geräteeinheitstechnik führt zu homogenen Produkten;

— bei der *modular-einheitlichen Technik* müssen die Schnittstellen der kleinsten technischen Einheiten (»Module«), nicht jedoch ihre innere Struktur identisch sein;

— bei der *funktional-einheitlichen Technik* sind nur die äußeren Schnittstellen der Einrichtungen und Geräte definiert, für die Geräte selbst können unterschiedliche technische Lösungen realisiert werden.[74]

Im Bereich der Vermittlungstechnik hat sich die DBP vor 1979 auf Geräteeinheitstechnik festgelegt. Bei Endgeräten wurde ebenfalls überwiegend Geräteeinheitstechnik (so auch bei einfachen Telefongeräten[75]) vorgegeben; in Teilbereichen genügte modular-einheitliche Technik den Anforderungen der DBP (z.B. bei Nebenstellenanlagen). Das Prinzip der modular-einheitlichen Technik wurde im übrigen auch bei der Übertragungstechnik (insb. Ortsnetzkabel) verfolgt.

Kennzeichnend für das Beschaffungswesen vor 1979 ist damit eine *an totaler Uniformisierung orientierte,*[76] *sehr restriktive* Standardisierungspolitik der DBP. Da die weitgehende Standardisierung nicht allein mit den Kompatibilitätserfordernissen in Telekommunikationsnetzwerken begründet werden konnte, wurden von der DBP für die strikte Orientierung am Prinzip der Einheitstechnik deshalb auch stets betriebswirtschaftliche Gründe angeführt,[77] die z.T. auch gesamtwirtschaftliche Kostenersparnisse implizierten: Durch die vielfaltsreduzierende Wirkung der Einheitstechnik konnten bei der DBP insbe-

---

73 Vgl. *Berger/Blankart/Picot* (1990), a.a.O., S. 272 f.

74 Die funktional-einheitliche Technik entspricht damit der Schnittstellenkompatibilität, wie sie im Rahmen dieser Arbeit verstanden wird.

75 Zu welchen unsinnigen Ergebnissen einzelne Spezifikationen hierbei führten, zeigt auch das folgende Beispiel: Das einfache Telefongerät konnte einem Schocktest standhalten, bei dem es dem 800fachen(!) Druck des eigenen Gewichts ausgesetzt wurde - vgl. »Die Welt« vom 06.04.1989, S. 14. Es kann angenommen werden, daß die technische Lebensdauer der Geräte in dieser Hinsicht die biologische Lebensdauer seiner Nutzer weit überstieg.

76 Das Prinzip der Geräteeinheitstechnik »bedeutete *nicht Standardisierung, sondern totale Uniformisierung* der Netzkomponenten.« *Schmidt, S.K./Werle, R.*: Koordination und Evolution: Technische Standards im Prozeß der Entwicklung technischer Systeme, Max-Planck-Institut für Gesellschaftsforschung, Köln 1991, S. 11 (Hervorhebung im Original), im folgenden zitiert als: *Schmidt/Werle* (1991b).

77 Vgl. *Werle* (1990), a.a.O., S. 113 f.; *Monopolkommission* (1981), a.a.O., S. 43. Die ursprüngliche Festlegung auf das Prinzip der Einheitstechnik ist vor dem Hintergrund des hohen Kapitalbedarfs der DBP in der Nachkriegszeit zu sehen.

sondere Rationalisierungswirkungen bei Beschaffung, Lagerhaltung und Wartung erzielt werden. Bei den Herstellerfirmen waren hingegen Massenproduktionsvorteile zu erwarten.[78]
Diesen Effizienzgewinnen standen die gesamtwirtschaftlichen Kosten gegenüber, die sich durch die *Verkrustung der Marktstruktur* auf Herstellerseite ergaben. Bedingt durch die weitgehenden Erfordernisse der Einheitstechnik entstand einerseits für die Herstellerindustrie Anreiz und Zwang zugleich, bei der Ausarbeitung der relevanten Standards mitzuwirken. Andererseits war die DBP auf die Herstellerfirmen angewiesen, da sie nur in relativ geringem Umfang eigene F&E-Kapazitäten besaß.[79] Aufgrund dieser wechselseitigen Abhängigkeit kam es folgerichtig zu einer engen Kooperation, d.h. zu einer transaktionskostensenkenden, vertikalen Quasi-Integration von DBP und Herstellerfirmen. Unter diesen sog. »Amtsbaufirmen« wurde zumeist das Unternehmen Siemens von der DBP als Systemführer auserkoren. Im Rahmen dieser Kooperation, die vorwiegend in Gremien beim Fernmeldetechnischen Zentralamt (FTZ) stattfand, wurden »Konsens-Normen« angestrebt, die dann durch die DBP als Verwaltungsvorschriften für die nationale Ebene verbindlich vorgegeben wurden. Potentielle Konkurrenten sahen sich durch die enge Zusammenarbeit zwischen DBP und den Amtsbaufirmen bei der Standardisierung erheblichen Markteintrittsbarrieren gegenüber: »Unternehmen, die nicht in die informellen Austauschprozesse eingebunden waren, hatten praktisch keine Chance, technische Komponenten zu entwickeln, die relativ problemlos in das System paßten.«[80]
Abgesehen von diesen marktschließenden Effekten waren der Einheitstechnik auch *innovationshemmende* Wirkungen zuzuschreiben. Einerseits verhinderte die strikte Einheitstechnik einen umfassenden Innovationswettbewerb bei den Herstellerfirmen. Andererseits lag es im Bestreben der DBP, grundsätzlich nur *abwärtskompatible* Neuerungen zuzulassen.[81] Der bereits aufgezeigte Trade-off zwischen Werterhaltung des Kapitals in der installierten Basis und Innovation wurde damit von der DBP eindeutig *zugunsten der installierten Basis* entschieden. Diese Basis erwies sich aufgrund der weitreichenden, einheitstechnischen Anforderungen *selbst für abwärtskompatible Neuerungen*

78 Es liegen keine Angaben darüber vor, in welchem Ausmaß dies tatsächlich der Fall war.
79 Die DBP finanzierte die F&E-Kosten der Unternehmen dabei in der Regel über den Beschaffungspreis. Vgl. *Schnöring* (1989), a.a.O., S. 21 f.
80 *Werle* (1990), a.a.O., S. 182; vgl. auch *Schnöring* (1989), a.a.O., S. 24.
81 Vgl. *Werle* (1990), a.a.O., S. 114; *Schnöring* (1989), a.a.O., S. 27.

als besonders restriktiv. Ein eindrucksvolles Beispiel hierfür ist im Bereich der Vermittlungstechnik zu finden:[82]
Das beherrschende System der Vergangenheit ist das Edelmetall-Motordrehwähler-System (EMD) von Siemens. Mitte der 60er Jahre wurde die Entwicklungsarbeit an einem dem EMD überlegenen, elektronisch gesteuerten Wählsystem (EWS) aufgenommen, das jedoch in das bestehende Netz eingepaßt werden mußte. Insbesondere die hiermit verbundenen technischen Probleme führten zu einer erheblich verzögerten und nur in geringem Ausmaß stattfindenen Einführung des Systems.[83] Auf Drängen des Systemführers Siemens wurde 1979 die weitere Einführung und Fortentwicklung des EWS gestoppt, da sich mittlerweile die nächste Generation der Vermittlungstechnik, die *digitale* Technik, nicht nur als technologisch, sondern auch als wirtschaftlich überlegen erwies.

Nicht zuletzt die Erfahrungen mit dem EWS-System haben zu Anfang der achtziger Jahre zu einem gewissen Umdenken in der Beschaffungspolitik geführt.[84] So wurde nach 1979 bei der Vermittlungstechnik und nach 1983 bei der Übertragungstechnik eine allmähliche Abkehr vom Prinzip der Geräteeinheitstechnik bzw. der modular-einheitlichen Technik und eine Hinwendung zur funktional-einheitlichen Technik praktiziert. Gleichzeitig wurde versucht, verstärkt technologischen Wettbewerb einzuführen, indem beispielsweise bei der digitalen Vermittlungstechnik zwei Systeme (EDWS von Siemens und System 12 von Standard Elektrik Lorenz, SEL) beschafft wurden. Die Entscheidung für Innovationswettbewerb ist jedoch in diesem Fall durch die mangelnde Bereitschaft von Siemens und SEL zur Kooperation - beide Unternehmen hatten bereits in die eigene Forschung investiert - erheblich erleichtert worden.[85] Schließlich wurde auch eine allmähliche Öffnung der Beschaffungsmärkte für ausländische Anbieter angestrebt. Allerdings sahen sich Newcomer in der Vergangenheit Markteintrittsbarrieren durch die Erfordernisse der Abwärtskompatibilität gegenüber, die spezielle Kenntnisse der installierten Basis erforderlich machten.

---

82 Die Entwicklung auf diesem Markt wird ausführlich dokumentiert von *Werle* (1990), a.a.O., S. 117-123, 188-201, 249 ff. und *Schnöring* (1989), a.a.O., S. 25 ff.

83 1979 waren erst *fünf* EWS-Ortvermittlungsstellen und noch *keine* Fernvermittlungsstelle am Netz.

84 Vgl. *Schnöring* (1989), a.a.O., S. 28 ff.

85 Vgl. *Werle* (1990), a.a.O., S. 261.

2.5 *Zusammenfassende Würdigung*

Bereits diese kurze Analyse der etablierten Verfahren zur Lösung des Kompatibilitätsproblems im Telekommunikationsbereich läßt die folgenden, grundlegenden Strukturen deutlich werden:

Auf internationaler und regionaler Ebene wurde die Erlangung von Kompatibilität von Diensten und Netzen an internationalen Netzwerkübergängen durch die *Kooperation* der Fernmeldemonopolisten angestrebt. Die institutionellen Lösungen zur Definition von Kompatibilitätsstandards in ITU und CEPT haben dabei durchaus exklusiven Charakter besessen: Neben den Fernmeldeverwaltungen als Träger der nationalen Telekommunikationsnetzwerke blieb für sonstige Wirtschaftssubjekte nur wenig Raum für die Einflußnahme auf die Standardisierungsprozesse in diesen Institutionen. Dies kann als Konsequenz der nationalen Monopolstrukturen aufgefaßt werden; vor diesem Hintergrund verwundert auch die mangelnde Berücksichtigung der Nachfrageseite nicht.

Für Einigungsschwierigkeiten bei der Abstimmung von Kompatibilitätsstandards, d.h. dort, wo nicht reine Koordinations-, sondern *Konfliktfälle* vorlagen, waren unterschiedliche, industriepolitisch motivierte Interessen der nationalen Monopolisten verantwortlich. Wichtig ist festzuhalten, daß diese Konfliktfälle dadurch begrenzt werden konnten, daß für die internationale Kommunikation Kompatibilität nur an den internationalen Netzwerkübergängen, nicht jedoch in den nationalen Netzwerken selbst erforderlich war. Nationale oder regionale Alleingänge bei der Konkretisierung der Standards waren damit möglich und als Markteintrittsbarriere für ausländische Anbieter im Beschaffungswesen auch erwünscht.

Wie am Beispiel der Bundesrepublik gezeigt werden konnte, ist auf nationaler Ebene die Kompatibilität durch *regulatorische Vorgaben* von Standards für vor- und nachgelagerte Märkte erreicht worden. Es sei an dieser Stelle nochmals darauf hingewiesen, daß diese institutionelle Struktur durchaus repräsentativ für die Telekommunikationsmärkte in den meisten entwickelten Volkswirtschaften war. Für das Beispiel der Bundesrepublik ist hierbei wesentlich, daß die relevanten Vorgaben in aller Regel weit über »reine« Kompatibilitätserfordernisse hinaus auch auf sonstige Qualitätsparameter erstreckt wurden, so daß z.T. vollständig homogene Produkte die Folge waren. Die von der DBP geforderte Einheitstechnik in Zusammenhang mit der von ihr praktizierten Auftragsvergabe im ohnehin intransparenten Beschaffungswesen haben insgesamt zu einer Verkrustung der Marktstruktur auf Herstellerseite geführt. Die strikte Forderung nach Abwärtskompatibilität hat Innovationen gehemmt, da eine sehr restriktive installierte Basis die Ausschöpfung des technischen Fortschritts erheblich behinderte. Es zeigt sich damit auch für den Monopolfall eine Form der *ineffizienten Trägheit* (excess inertia), die hier jedoch nicht wie in der Theorie mit Koordinationsproblemen begründet, sondern auf die monopolistischen Ineffizienzen zurückgeführt werden sollte.

Insgesamt haben die monopolistischen Marktstrukturen sowohl auf nationaler als auch auf internationaler Ebene rein marktliche Standardisierungsprozesse von vornherein ausgeschlossen.

3. *Die Notwendigkeit einer wettbewerbsorientierten Standardisierungspolitik*

»Die Zeiten sind vorüber, in denen praktisch nur einige wenige dominierende Fernmeldefirmen auf abgegrenzten, und häufig zusätzlich durch nationale Praktiken abgeschotteten, Märkten gemächlich ihren sicheren Geschäften nachgingen...«.[86] Vor diesem Hintergrund sollen nun grundlegende Überlegungen für eine effiziente, wettbewerbsorientierte Standardisierungspolitik im Telekommunikationsbereich angestellt werden. Hierfür werden zunächst die veränderten Rahmenbedingungen des Telekommunikationsbereichs überblicksartig dargestellt (dazu 3.1). Anschließend werden die Anforderungen abgeleitet, die an eine wettbewerbsorientierte Standardisierungspolitik zu stellen sind (dazu 3.2).

3.1 *Veränderte institutionelle Rahmenbedingungen*

Daß der *technische Fortschritt* in den letzten beiden Jahrzenten im Telekommunikationsbereich bedeutende Veränderungen bewirkt hat, wurde bereits ausführlich dargestellt. Durch den Einsatz neuer Technologien sind Kostensenkungen bei Endgeräten, Übertragungs- und Vermittlungstechnologien ermöglicht worden. Die technologische Konvergenz des Telekommunikationsbereichs und der Datenverarbeitungsindustrie haben neue Mehrwertdienste entstehen lassen. Beide Faktoren haben tendenziell zu einer gestiege-

86 *Irmer, Th.*: ISDN-Standardisierung im CCITT, in: *Arnold, F.* (Hrsg.): ISDN: Viele Kommunikationsdienste in einem System, Köln 1987, S. 61-72 (62), im folgenden zitiert als: *Irmer* (1987). *Th. Irmer* ist Direktor des CCITT.

nen Nachfrage nach Telekommunikationsdienstleistungen geführt, von der anzunehmen ist, daß sie auch durch die wachsende Bedeutung der Telekommunikation für nationale und internationale Handelstransaktionen weiter zunehmen wird.

Kostensenkungen, Nachfragezuwächse und die Schwierigkeiten bei der Abgrenzung des *regulierten* Telekommunikationsbereichs zur *unregulierten* Datenverarbeitungsindustrie haben in den entwickelten Volkswirtschaften folgerichtig dahin geführt, die rechtlich abgesicherten Monopolstellungen zu überdenken. Als Konsequenz dieser Überlegungen haben sich - zunächst in den USA, dann auch in Japan und in der EG - Spielräume für den Wettbewerb geöffnet:

Der *Endgerätebereich* ist in den entwickelten Volkswirtschaften fast vollständig liberalisiert. In den USA begann die Deregulierung bereits 1968; in Japan 1985. Die Öffnung der Endgerätemärkte kann auch als erster wichtiger Schritt der Liberalisierung innerhalb der EG bezeichnet werden: In der Richtlinie der EG-Kommission vom 16. Mai 1988[87] wurde bestimmt, daß alle Mitgliedstaaten für die Aufhebung besonderer oder ausschließlicher Rechte sorgen, die bestimmten Unternehmen bei der Einfuhr, Vermarktung, Einrichtung, Inbetriebnahme und Wartung von Telekommunikationsendgeräten gewährt werden. Daß diese Politik als erfolgreich zu bezeichnen ist, zeigt die Tatsache, daß bereits am 1. Juli 1990 95% des gesamten Endgerätemarktes in der EG dem Wettbewerb geöffnet waren.[88]

Auch der *Dienstebereich* ist weitgehend liberalisiert. In den USA und in Japan bestehen grundsätzlich keine Restriktionen beim Angebot von Diensten. Im Bereich der EG wurde durch die Dienste-Richtlinie vom 28. Juni 1990[89] ein weiterer, wichtiger Schritt auf dem Weg zur Liberalisierung der Telekommunikationsmärkte getan. Angesichts der institutionellen Restriktionen bei der Ausschöpfung des Innovationspotentials im Dienstebereich wurde bestimmt, daß die Mitgliedstaaten die besonderen oder ausschließlichen Rechte der Fernmeldeorganisationen bei der Erbringung von Telekommunikationsdienst-

---

87 Vgl. *Kommission der Europäischen Gemeinschaften:* Richtlinie der Kommission vom 16. Mai 1988 über den Wettbewerb auf dem Markt für Telekommunikations-Endgeräte (88/301/EWG), Amtsblatt der Europäischen Gemeinschaften, Nr. L 131 vom 27.5.88, S. 73-77, Art. 2, im folgenden zitiert als: *EG-Kommission* (1988a).

88 Vgl. *Ungerer, H.*: Liberalization of European Telecommunications, in: Transnational Data and Communications Report, Vol. 14 (1991), No. 1, S. 17-21 (17).

89 Vgl. *Kommission der Europäischen Gemeinschaften*: Richtlinie der Kommission vom 28. Juni 1990 über den Wettbewerb auf dem Markt für Telekommunikationsdienste (90/388/EWG), Amtsblatt der Europäischen Gemeinschaften, Nr. L 192 vom 24.7.90, S. 10-16, im folgenden zitiert als: *EG-Kommission* (1990a). Die Richtlinie gilt nicht für Rundfunk, Telexdienst, Mobil- und Satellitenkommunikation.

leistungen beseitigen und erforderliche Maßnahmen treffen, um interessierten Betreibern die Erbringung der Dienste (insbesondere Mehrwertdienste) zu ermöglichen.[90] Hiervon ausgenommen sind jedoch der Sprach-Telefondienst und - bis zum 31.12.92 - der einfache Weiterverkauf von Mietleitungskapazität.

Im Gegensatz zur Diensteebene ist die Liberalisierung auf der *Netzebene* weniger weit fortgeschritten. Netzwettbewerb gibt es in den USA und in Japan; mit Ausnahme von Großbritannien ist jedoch im Bereich der EG den nationalen Betreibern das Netzmonopol bestätigt worden. Hieran wird sich auch in naher Zukunft nichts ändern.

Dennoch zeigt bereits dieser kurze Überblick, daß durch die Liberalisierung Spielräume für den Wettbewerb geschaffen wurden. Damit stellt sich das Standardisierungsproblem in neuer Form, da die Erlangung von Kompatibilität nun nicht mehr ausschließlich den etablierten Fernmeldeunternehmen überlassen werden *kann* und aufgrund der aufgezeigten Ineffizienzen auch nicht überlassen werden *sollte*. Dem Markt sind folglich breitere Spielräume bei der Standardisierung einzuräumen. Das Standardisierungsproblem selbst gewinnt gleichzeitig in einem liberalisierten Umfeld durch die Zunahme an »Spielern« und den mit ihnen verbundenen, spezifischen Interessen an Komplexität. Die technologische Entwicklung, die eine größere Anzahl unterschiedlicher Lösungen in immer kürzeren Zeiträumen ermöglicht, erhöht diese Komplexität weiter. Dies sind die neuen Rahmenbedingungen der Standardisierung im Telekommunikationsbereich, die die Notwendigkeit für eine effiziente Standardisierungspolitik entstehen lassen. In dieser Politik muß die Trennlinie zwischen Markt und Regulierung bei der Standardisierung neu gezogen werden.

3.2 *Anforderungen an eine wettbewerbsorientierte Standardisierungspolitik*

Im folgenden werden grundsätzliche Anforderungen an eine effiziente Standardisierungspolitik abgeleitet. Wichtige Vorarbeiten hinsichtlich der Effi-

---

90 In der Begründung 6 der Richtlinie werden beispielhaft Einschränkungen des Diensteangebots genannt, die aufgrund der institutionellen Restriktionen bestehen: Verbot des Anschlusses von Mietleitungen über Konzentratoren, Multiplexer oder anderer Vorrichtungen an das öffentliche Telefonnetz; Erhebung von Zugangsgebühren für diese Leistungen, die zu der Dienstleistung in keinem angemessenen Verhältnis stehen; Verbot der Leitweglenkung von Signalen von und zu Dritten über Mietleitungen; Erhebung von ökonomisch nicht gerechtfertigten, nutzungsabhängigen Gebühren; Weigerung, den Diensteanbietern Zugang zum Netz zu gewähren.

zienz marktlicher (nicht-kooperativer und kooperativer) Standardisierungsprozesse und regulatorischer Eingriffsalternativen sind im Teil II der Arbeit bereits durchgeführt worden. Da im Telekommunikationsbereich aufgrund der monopolistischen Marktstrukturen im wesentlichen keine Erfahrungen mit rein marktlichen Standardisierungsprozessen vorliegen, werden nun die theoretischen Überlegungen genutzt, um im Rahmen von Denkmodellen zu Aussagen bezüglich der Effizienz von Standardisierungsprozessen im Telekommunikationsbereich zu kommen und hieraus entsprechende Schlußfolgerungen für eine Standardisierungspolitik zu ziehen.
Es werden unterschiedliche Ausgangssituationen betrachtet: Zunächst wird untersucht, welche Probleme sich bei einer vollständig freien Konkurrenz unterschiedlicher Unternehmen bei Abwesenheit von Marktmacht ergeben. Im Gegensatz zu diesen »symmetrischen« Wettbewerbsbedingungen werden anschließend die Standardisierungsprobleme analysiert, die aufgrund »asymmetrischer« Wettbewerbsbedingungen zwischen den konkurrierenden Unternehmen entstehen.

3.2.1 *Standardisierung bei symmetrischen Wettbewerbsbedingungen*

Die liberale ordnungspolitische Lösung für Telekommunikationsmärkte besteht in der Zulassung eines unbeschränkten Wettbewerbs auf Netzebene bei gleichzeitigem Wettbewerb auch auf Endgeräte- und Diensteebene. Im Extremfall bedeutet dies, daß ein Wettbewerb zwischen »kompletten« Netzwerken stattfindet: die konkurrierenden Unternehmen (bzw. Unternehmenskoalitionen) errichten Netze, bieten über diese Netze bestimmte Dienste an und stellen die entsprechenden Endgeräte bereit.
Nun ist in der Realität die Möglichkeit für einen integrierten Marktzutritt bereits aufgrund der typischerweise umfangreichen, hochgradig irreversiblen Investitionen auf Netzebene beschränkt. Häufig ist es daher erforderlich, auf existierende Netze zurückzugreifen. Die Probleme, die entstehen, wenn Unternehmen Dienste über (bzw. Endgeräte für) die Netze anderer Unternehmen anbieten, werden weiter unten behandelt und sollen hier zunächst ausgeblendet werden. Aus Vereinfachungsgründen wird deshalb angenommen, daß eine Netzinfrastruktur exogen gegeben ist, die von den konkurrierenden Unternehmen für ihr Angebot an Diensten und Endgeräten genutzt werden kann.[91] Vor dem Hintergrund einer zukünftigen, diensteneutralen

91 Es ist darauf hinzuweisen, daß sich *hinsichtlich des Standardisierungsproblems* analoge Ergebnisse ergeben, wenn die Unternehmen eigene Netze aufbauen. Die beiden

Übermittlungsinfrastruktur im ISDN erscheint diese Annahme nicht so restriktiv, wie sie sich auf den ersten Blick darstellen mag.
In diesem Szenario können nun die Standardisierungsprozesse in den Extremfällen offener und geschlossener Netzwerke analysiert werden.

3.2.1.1 *Offene Netzwerke*

Zunächst sollen die zu erwartenden Standardisierungsprozesse bei offenen Netzwerken, d.h. bei »potentiellen Massendiensten«, untersucht werden. In dieser Situation dominiert die Kompatibilitätspräferenz der Marktbeteiligten über unterschiedliche Standardpräferenzen, so daß gesamtwirtschaftlich ein Standard wünschenswert wäre. Fraglich ist, ob dieser eher in Marktprozessen, bei Kooperation oder durch Regulierung erreicht wird.

3.2.1.1.1 *Marktprozesse*

Der bei einer nicht-kooperativen Konkurrenzsituation zugrundeliegende Marktprozeß läßt sich stilisiert in die folgenden Phasen einteilen: Innovation, Wachstum und Standardisierung.
In der *Innovationsphase* führen die Unternehmen ihre Variante des potentiellen Massendienstes am Markt ein. Die Wettbewerbssituation ist - bei Abwesenheit von Kooperation - typischerweise durch Inkompatibilität der Netzwerke gekennzeichnet.[92]
In der Innovationsphase stellt sich grundsätzlich das Problem, möglichst schnell eine kritische Masse zu erreichen, um das Marktwachstum auszulösen. Daß dieses Startproblem potentieller Massendienste insbesondere im Telekommunikationsbereich besteht und sich selbst im Monopolfall stellt, ist für ausgewählte Dienste der DBP bereits gezeigt worden. Das Startproblem bei neuen potentiellen Massendiensten wird bei einer Konkurrenz unterschiedlicher Standards in der Innovationsphase *verschärft*. Dies gilt für vollständig neue Dienste, wo keine installierte Basis irgendeiner alten Lösung existiert. Dies gilt insbesondere aber auch dort, wo Substitutionsbeziehungen zu etablierten Diensten bestehen, da hier die Irreversibilitäten der installierten Basis und die möglicherweise lange Zeitdauer, bis eine vergleichbare neue Basis erreicht ist, die Einführung des neuen Dienstes negativ beeinflussen

---

Ausgangssituationen unterscheiden sich »nur« hinsichtlich der entstehenden Investitionsrisiken, nicht jedoch hinsichtlich der zugrundeliegenden Logik.

92 Aufgrund der technologischen Komplexität kann ausgeschlossen werden, daß die unterschiedlichen Netzwerke »zufällig« kompatibel sind.

können. Insgesamt besteht nicht nur Unsicherheit darüber, ob sich der neue Dienst *überhaupt* durchsetzen kann, sondern auch *welcher* Standard dies sein könnte.

Die konkurrierenden Unternehmen müssen also Anreize zur Adoption ihres Standards geben. Wie aus der theoretischen Analyse abgeleitet werden kann, kommen hierfür als Mittel insbesondere *Preiseinführungsstrategien* (z.B. niedrige Einführungspreise für die Teilnahme am neuen Dienst oder zeitlich begrenzte, kostenlose Überlassung von Endgeräten) und *Erwartungsbeeinflussungsstrategien* in Betracht. Daß insbesondere Preisstrategien selbst im Monopolfall zur schnellen Durchsetzung eines neuen Dienstes erforderlich sind,[93] zeigt der Erfolg des französischen »Télétel«-Dienstes, dem Pendant zum Btx-Dienst der DBP. Die Vermeidung von Anschluß- und Grundgebühren hat erheblich dazu beigetragen, daß mittlerweile mehr als vier Millionen Teilnehmer Télétel nutzen.[94] Bei vergleichbaren Rahmenbedingungen ist die DBP mit ihrer Strategie, lediglich die Erwartungen zu beeinflussen, mit einer Gesamtzahl von nur 260.000 Teilnehmern Ende 1990 hingegen gescheitert.[95]

Erreicht ein Unternehmen tatsächlich die kritische Masse, so folgt die *Wachstumsphase* des Netzwerks des »neuen« Marktführers: da dieses Unternehmen einerseits über den größten Kundenstamm verfügt und da andererseits nach erfolgreicher Einführung sichergestellt ist, daß dieses Unternehmen auch weiterhin anbietet, bestehen aufgrund der Netzwerkexternalitäten Anreize für weitere potentielle Teilnehmer, sich diesem Netzwerk anzuschließen. Gleichzeitig sinkt die Attraktivität der Netzwerke anderer Unternehmen, so daß nicht angenommen werden kann, daß sich weitere, potentielle Nachfrager für ihre Lösung entscheiden. Für die etablierten Teilnehmer der Netzwerke dieser Unternehmen bedeutet dies, daß sie mit ihrer Technologie »verwaisen« und

---

93 Für eine analytische Ableitung dieses Ergebnisses und eine Kritik der Gebührenpolitik der DBP beim Fernsprech- und Bildschirmtextdienst vgl. *Rabe, U.*: Dynamisch-optimale Gebührenpolitik für einen neuen Telekommunikationsdienst, Diss., Bonn 1988. Vgl. auch *Arnold, F.*: Monopol bei Netzen sichert neue Infrastruktur, in: Net Special, Nr. 2/1987, S. 25-34 (33), im folgenden zitiert als: *Arnold* (1987).

94 Vgl. *Schneider* u.a. (1990), a.a.O., S. 13 ff.; vgl. auch *Allen* (1988), a.a.O., S. 259 ff.

95 Diese Probleme können sich auch für den »potentiellen Massendienst« digitaler Mobilfunk ergeben: Es ist fraglich, ob die derzeitigen, wenig intensiven Einführungsstrategien von DBP TELEKOM und der Mannesmann Mobilfunk GmbH für die Mobilfunknetze D1 und D2 ausreichen, um in Konkurrenz zum etablierten C-Netz schnell eine hohe Marktakzeptanz und Kostendeckung zu erreichen. Bestünde auch noch Inkompatibilität zwischen D1 und D2 (was durch die europaweite GSM-Norm verhindert wurde), so wäre ein totaler Fehlschlag zumindest für einen der Betreiber keineswegs überraschend. Zu den Strategien vgl. »D-Netze: zwischen Wunsch und Wirklichkeit«, in: Funkschau, Nr. 21/1991, S. 38-44; *Schwandt, F.*: Wie öffnet man den D-Netz-Markt?, in: Mobilcom, Nr. 10/91, S. 14. Für Beispiele von Einführungsstrategien im Bereich von Mehrwertdiensten vgl. *Stoetzer* (1991), a.a.O., S. 53.

deshalb zum Netzwerk des Marktführers wechseln müssen. Zwar können alternativ Gateway-Technologien den Zusammenschluß der Netzwerke ermöglichen. Angesichts seiner dominanten Stellung wird der Marktführer jedoch gegen einen Zusammenschluß der Netzwerke sein, da er den Markt vollständig für sich gewinnen kann.[96]

Die anfänglich intensive Wettbewerbssituation in der Innovationsphase wandelt sich damit in eine temporäre Monopolstellung des Marktführers. Wettbewerbspolitisch ist daher dafür zu sorgen, daß zu einem bestimmten Zeitpunkt (z.B. bei Ablauf des Patentschutzes) die Offenlegung der Schnittstelleninformationen der Technologie des Marktführers erfolgt. Wie gezeigt, wird ohne diese Informationen potentiellen Konkurrenten der Marktzutritt erheblich erschwert oder unmöglich gemacht. Folglich besteht die Gefahr, daß sich die *temporäre* Monopolstellung, die der Marktführer in der Wachstumsphase erlangt, aufgrund der Netzwerkexternalitäten in eine *dauerhafte* Monopolstellung verwandelt. Durch die Offenlegung der Schnittstelleninformationen in der *Standardisierungsphase*[97] wird diese Verkrustung der Marktstruktur verhindert. Kompatibilitätsstandards erleichtern die Errichtung von kompatiblen Subnetzen und ermöglichen insbesondere auch spezialisierte Marktzutritte auf Dienste- und Endgeräteebene. Da nicht angenommen werden kann, daß der Marktführer die relevanten Schnittstelleninformationen freiwillig preisgibt, sind regulatorische Eingriffe nicht zu vermeiden.

In Abb. 11 ist beispielhaft ein möglicher Verlauf eines Marktprozesses bei einer Konkurrenzsituation zwischen (potentiell) offenen Netzwerken dargestellt:

---

96 Vgl. auch *Economides, N.*: Compatibility and the Creation of Shared Networks, Center for Economic Policy Research, Stanford University 1990, S. 27.

97 Um Mißverständnissen vorzubeugen: Der Begriff »Standardisierungsphase« bezieht sich wiederum auf *marktweite* Standardisierung. Unternehmensintern ist die Standardisierung bereits bei der Markteinführung erfolgt.

Abb. 11: Marktphasen bei Wettbewerb offener Netzwerke

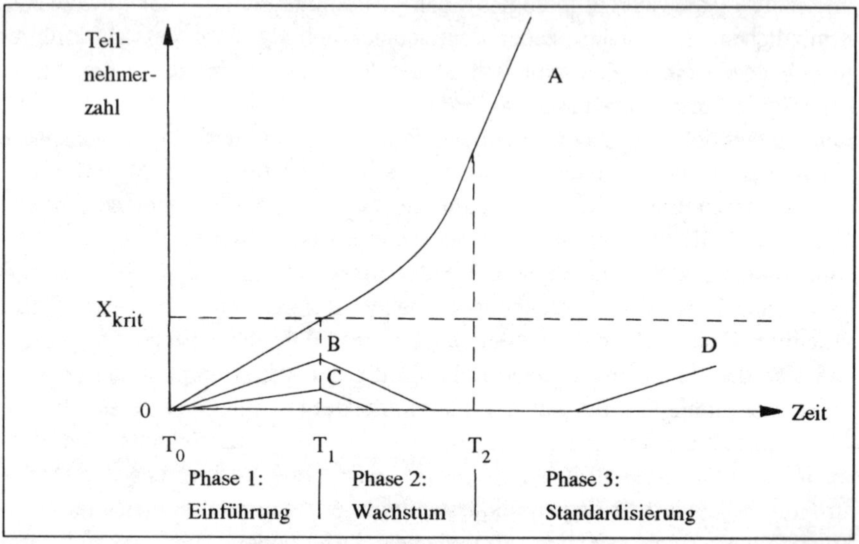

Angenommen, im Zeitpunkt T_0 beginnen die Unternehmen A, B und C, eine bestimmte, inkompatible Variante eines neuen Fernmeldedienstes anzubieten. In T_1 erreicht Unternehmen A - z.B. aufgrund einer erfolgreichen Preisstrategie - als Marktführer die kritische Masse (X_{krit}).[98] Nach T_1 entscheiden sich neue Teilnehmer für die Lösung von A; gleichzeitig beginnen die Nachfrager von B und C zum Netzwerk von A zu wechseln.[99] Unternehmen A wird in der Wachstumsphase zum marktbeherrschenden Unternehmen. Nach Ablauf des Patentschutzes in T_2 muß die Offenlegung von Schnittstelleninformationen in Form von Kompatibilitätsstandards erfolgen, um Marktzutritte mit kompatiblen Subnetzwerken (wie z.B. durch Unternehmen D in Abb. 11, für das X_{krit} nicht mehr gilt) zu ermöglichen.

Wie aus der theoretischen Diskussion hervorgegangen ist, besteht prinzipiell die Gefahr, daß sich im Marktprozeß ein Standard durchsetzt, der langfristig nicht notwendigerweise »der Beste« ist. Um dies zu verhindern, kann von staatlicher Seite Subventionierung, Erwartungsbeeinflussung oder Versicherung zugunsten der effizienten Alternative betrieben werden. In Abb. 11 wäre das »Narrow Window« für eine effektive Intervention der Zeitraum bis T_1,

---

98 Bei Annahme gleicher Kostenstrukturen wird diese für alle Unternehmen gleich groß sein.

99 Wie schnell sich diese Anpassungsprozesse vollziehen, ist in Abhängigkeit vom Grad der Informationsvollkommenheit zu sehen. Je vollkommener die Information, desto schneller wird die Anpassung erfolgen.

danach entscheidet sich der Markt für Alternative A. Fraglich ist, ob bis zu diesem Zeitpunkt festgestellt werden kann, ob sich mit Netzwerk A tatsächlich der optimale Standard durchsetzt, oder ob eine andere Alternative gefördert werden sollte. Je instabiler die Marktentwicklung, um so weniger werden verläßliche Informationen über die langfristige Effizienz verschiedener Alternativen vorliegen. »It is clear, that the blindness of the Giants increases as the degree of technological uncertainty increases«.[100]

Unter Berücksichtigung des hohen technischen Fortschritts im Telekommunikationsbereich und der hohen Unsicherheit über die Nachfrageentwicklung muß davon ausgegangen werden, daß staatliche Entscheidungsträger als »blinde Giganten« in der Innovationsphase potentieller Massendienste tatsächlich über keine geeigneten Informationen verfügen, die eine langfristig effiziente Intervention erwarten lassen. Um diesem Problem zu begegnen, wird vorgeschlagen, durch Grundlagenforschung die Informationssituation bei neuen Technologien zu verbessern.[101] Doch auch die Effizienz dieser Maßnahme bleibt - insbesondere vor dem Hintergrund der hierfür notwendigen Ressourcen - letztendlich zweifelhaft.

3.2.1.1.2 *Kooperation*

Wie deutlich geworden sein sollte, zeichnet sich der Wettbewerb zwischen offenen Netzwerken durch ein extrem hohes Investitionsrisiko für die Unternehmen und deren Nachfragern aus. Dadurch, daß sich aufgrund der Netzwerkexternalitäten im Extremfall nur ein Netzwerk durchsetzen kann, besteht die Gefahr der Entwertung hochgradig irreversibler Investitionen auf Angebots- und Nachfrageseite. Das Ausmaß der Entwertung ist entsprechend höher, wenn - entgegen der obigen Annahme einer exogen gegebenen Netzinfrastruktur - zusätzlich Investitionen in Übertragungs- und Vermittlungstechnologien vorgenommen werden müssen.[102]

Aufgrund der technologischen Interdependenz zwischen den Marktbeteiligten *und* aufgrund des hohen Investitionsrisikos besteht daher einzelwirtschaftlich ein Anreiz, durch kooperative Standardisierung Kompatibilität bereits *vor* Einführung unterschiedlicher Varianten einer bestimmten Technologie sicherzustellen. Vor dem Hintergrund der Verringerung von Irreversibilitäten und

---

100 *Cowan* (1990b), a.a.O., S. 17.

101 Vgl. *Cowan* (1990b), a.a.O., S. 18.

102 So erfordert beispielsweise eine digitale Vermittlungsstelle F&E-Kosten von ca. 1 Mrd. ECU - vgl. *Ungerer* (1989), a.a.O., S. 127. Bei Inkompatibilität fallen zusätzlich Substitutionskosten an.

der Vermeidung von Substitutionskosten auf Angebots- und Nachfrageseite erscheint dies auch gesamtwirtschaftlich wünschenswert zu sein. Dennoch sollte nicht verkannt werden, daß eine kooperative Standardisierung das Finden des »optimalen Standards« *im Marktprozeß* von vornherein verhindert.[103]

Die theoretisch hohe Wahrscheinlichkeit einer Kooperation ex-ante wird durch den empirischen Tatbestand bestätigt, daß Standardisierung im Telekommunikationsbereich zunehmend als Mittel der Strukturierung technisch komplexer, innovativer Technologiefelder genutzt wird, um das Risiko der Entwertung irreversibler Investitionen auf Angebots- und Nachfrageseite zu senken.[104] Der Ansatz, *vor* Einführung einer Technologie einen gewissen »Rahmen« zu koordinieren, erweist sich zudem als überlegen gegenüber dem Ansatz, *nach* Einführung einer Technologie in einer späteren Marktphase Kompatibilitätsstandards durch Kooperation zu erlangen:[105] Mit zunehmenden Investitionen auf Angebots- und Nachfrageseite sind die Wirtschaftssubjekte aufgrund von Irreversibilitäten und/oder marktstrategischen Nachteilen zunehmend abgeneigt, sich Kompromißlösungen anzupassen oder den firmeninternen »Standard« irgendeines Marktführers zu übernehmen. Die vergleichsweise hohen Investitionsrisiken im Fall offener Netzwerke führen *ex ante* auch dazu, daß das Risiko, durch Gateway-Technologien Kompatibilität eventuell *ex post* zu erreichen, im wesentlichen nicht eingegangen wird.

Bei einer Kooperation der Unternehmen ändert sich die Marktsituation von vornherein. Verständigen sich die Unternehmen bereits *vor* der Einführung der Netzwerke auf gemeinsame Standards und den Zusammenschluß der Netzwerke, so addieren sich die firmenspezifischen Netzwerke zu *einem* relevanten Netzwerk.[106] Hierdurch erhöht sich die Wahrscheinlichkeit einer schnellen Akzeptanz des neuen Dienstes am Markt, so daß auch Situationen der ineffizienten Trägheit tendenziell verhindert werden.

---

103 So kann bei Kooperation insbesondere dann ein suboptimaler Standard gewählt werden, wenn die Interessen der Nachfrager bei der Standardisierung nicht entsprechend berücksichtigt werden.

104 Vgl. *Schmidt/Werle* (1991b), a.a.O., S. 22; *Berg* (1990), a.a.O., S. 122; *Sirbu* (1989), a.a.O., S. 6 u. 19; *Sirbu/Estrin* (1989), a.a.O., S. 174; *Sirbu, M.A./Zwimpfer, L.*: Standards Setting for Computer Communications: The Case of X.25, in: IEEE Communications Magazine, Vol. 23 (1985), No. 3, S. 35-45 (43). Für den Zusammenhang zwischen Komplexität einer Technologie und Kooperation allgemein vgl. auch *Kleinaltenkamp* (1990), a.a.O., S. 33.

105 Vgl. *Irmer* (1987), a.a.O., S. 62 ff; *Irmer, Th.*: The CCITT - Looking Forward, o.O. 1989, S. 2; Brenton (1987), a.a.O., S. 165 f.

106 In Abb. 11 müßten folglich die unternehmensspezifischen Netzwerk-Teilnehmer-Pfade addiert werden, um die Gesamtzahl der Teilnehmer des gemeinsamen Netzwerks im Zeitablauf darzustellen.

Nun wurde bereits das Problem angesprochen, daß die Unternehmen mögliche Absprachen über Kompatibilitätsstandards hinaus auf andere wettbewerbliche Parameter ausdehnen. Da jeder Anbieter in der Innovationsphase nach wie vor eine kostendeckende Netzwerkgröße erreichen muß, ist trotz der anfänglichen Kooperation prinzipiell ein intensiver Preiswettbewerb zu erwarten. Im Gegensatz hierzu kann eine Kollusion in den späteren Phasen nicht ausgeschlossen werden. Zudem kann sich wiederum das Problem der Marktöffnung ergeben: Während *vor* der Erlangung der kritischen Masse starke Anreize zur Offenlegung von Schnittstelleninformationen bestehen, so daß hier auch das Offenlegungsproblem »internalisiert« wird, hat eine Gruppe kooperierender Unternehmen *nach* der Erlangung der kritischen Masse wiederum Anreize, potentielle Konkurrenten zu diskriminieren. Das Problem der Marktöffnung in der »marktweiten« Standardisierungsphase stellt sich damit nicht nur bei Marktprozessen, sondern auch bei Kooperation. Nach erfolgter Marktöffnung reduzieren Newcomerzutritte dann wiederum die Kollusionsgefahr.

3.2.1.2 *Geschlossene Netzwerke*

Durch die Annahme einer starken Kompatibilitätspräferenz bei den Marktbeteiligten, die unterschiedliche Standardpräferenzen dominiert, wird lediglich ein möglicher Extremfall des Netzwerkwettbewerbs abgebildet. Wird nun angenommen, daß bestimmte Nachfragegruppen einen spezifischen Kommunikationsbedarf besitzen, so verändert sich die Marktsituation grundlegend. Es findet dann ein Wettbewerb zwischen geschlossenen Netzwerken statt, wobei die Befriedigung der Bedürfnisse typischerweise spezielle technische Anforderungen an das jeweilige Netzwerk stellt. Dies impliziert unterschiedliche Standards und Inkompatibilität bei den Netzwerken.

Die mit geschlossenen Netzwerken verbundene Begrenzung der Wirkung von Netzwerkexternalitäten auf die Individuen der jeweiligen Benutzergruppe hat wesentliche Auswirkungen auf die Struktur des Wettbewerbs: die Konkurrenz zwischen geschlossenen Netzwerken unterscheidet sich nicht prinzipiell von der Konkurrenz zwischen Gütern auf Märkten, die durch die Abwesenheit von Netzwerkexternalitäten (oder nur geringer Netzwerkeffekte) gekennzeichnet sind, da die Externalitäten nur *innerhalb* der spezifischen Nachfragegruppen dominieren.

Folglich konkurrieren unterschiedliche Netzwerklösungen, die auf Teilnehmer in verschiedenen Marktsegmenten abzielen:

Abb. 12: Wettbewerb geschlossener Netzwerke

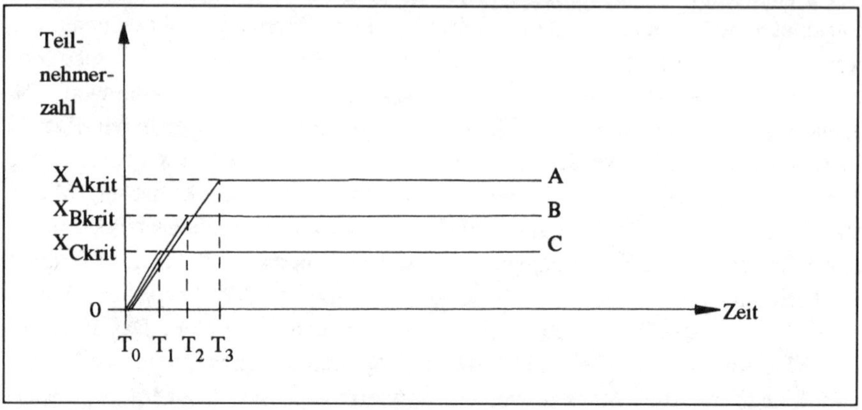

Abb. 12 stellt die veränderte Situation dar. Die unterschiedlichen Netzwerkgrößen werden durch die Größe der jeweiligen Kommunikationsgruppe bestimmt, die vereinfachend als kritische Masse der relevanten Gruppe interpretiert werden kann. Die jeweilige spezifische kritische Masse wird relativ schnell und problemlos erreicht.

Insgesamt ist bei unbeschränktem Wettbewerb zwischen geschlossen Netzwerken idealtypisch von einem Marktergebnis auszugehen, das durch das präferenz-adäquate Nebeneinander inkompatibler Netzwerke - und damit unterschiedlicher »firmeninterner Standards« - gekennzeichnet ist. Sofern keine Preisdiskriminierung stattfindet, ist eine marktweite Standardisierung suboptimal, da die durch Kompatibilitätsstandards bedingte Vielfaltsreduktion vor dem Hintergrund der heterogenen Bedürfnisse vielmehr zu qualitativen Ineffizienzen führen würde. Auch die Kooperation von Unternehmen ist in dieser Situation abweichend zu bewerten. Bei einer Konkurrenz zwischen geschlossenen Netzwerken verspricht die Kooperation von Unternehmen nur hinsichtlich des Angebots innerhalb einzelner Marktsegmente eine gesamtwirtschaftlich sinnvolle Funktion zu erfüllen. Was regulatorische Eingriffe angeht, so ergibt sich hierfür keinerlei Notwendigkeit.

Allerdings können sich im Zeitablauf Änderungen der Marktsituation ergeben: Häufig sind Innovationen geschlossener Netzwerke zunächst immer darauf gerichtet, den spezifischen Kommunikationsbedarf einzelner Kommunikationsgruppen (z.B. innerhalb von oder zwischen Großunternehmen) zu befriedigen. Im Zeitablauf können sich jedoch Präferenzen in dem Sinn ändern, daß die Kompatibilitätspräferenz zwischen unterschiedlichen Kommunikationsgruppen zunimmt und die divergierenden Standardpräferenzen zu dominieren beginnt. Ebenso können im Zeitablauf vollständig neue Nachfragergruppen auf den Markt treten. Stößt dann eine bestimmte Lösung auf zunehmende Akzeptanz am Markt, so vollzieht sich tendenziell der Übergang von einem geschlossenen Netzwerk zu einem offenen Netzwerk: »the new network begins as an innovation and a curiosity, but if in time it does succeed, it is transformed and becomes a necessity, entrenched in the habits of the subscribing group«.[107]

In der Realität hat eine vergleichbare Entwicklung auf dem (wettbewerblich organisierten) Markt für LANs der Datenkommunikation stattgefunden:[108] In einer ersten Phase wurden LANs für die spezifischen Bedürfnisse der Inhouse-Kommunikation angeboten - ohne jegliche Standardisierung zwischen den Anbietern. Da unter den Marktbeteiligten zunehmend der Wunsch nach Standardisierung wuchs, wurden in einer zweiten Phase Standardisierungsaktivitäten entfaltet mit dem Ziel, für die Zukunft *einen* Standard für LANs zu schaffen.[109] Konflikte im Standardisierungsprozeß haben jedoch zur institutionellen Annahme *mehrerer* Standards geführt, die in der gegenwärtig anhaltenden, dritten Phase um Durchsetzung als Marktstandard konkurrieren.[110] Gleichzeitig zeigt sich eine Tendenz, die LANs mit bereits bestehenden öffentlichen Netzen zu verbinden.

Eine ähnliche Entwicklung ist auch beim elektronischen Austausch geschäftlicher Daten (Electronic Data Interchange, EDI) zu beobachten. Nach ursprünglich branchenspezifischen Lösungen werden nunmehr verstärkt Standardisierungsbestrebungen unternommen, um eine branchenübergreifende, weltweite Kommunikation mit EDI zu erreichen.[111] Insgesamt wird an beiden Beispielen der Übergang von reinen Insellösungen zu offenen Systemen deutlich, der auf einer Änderung der Präferenzen der Marktbeteiligten beruht.

---

107 *Allen* (1988), a.a.O., S. 261.

108 Zur Standardisierung von LANs vgl. ausführlich die Marktstudie von *Sirbu/Hughes* (1986), a.a.O.; vgl. auch *David/Steinmueller* (1989), a.a.O., S. 14 ff.; *Ungerer* (1989), a.a.O., S. 52 f.; *Berg* (1990), a.a.O., S. 115 f.

109 Als Forum wurde vorwiegend das »Institute of Electrical and Electronics Engineers« (IEEE) genutzt.

110 Bei den Netzzugriffsverfahren ist die »Ethernet CSMA/CD«- Spezifikation (IEEE 802.3) am weitesten verbreitet; »Token Bus« (IEEE 802.4) und »Token Ring« (IEEE 802.5) sind weitere bekannte Beispiele.

111 Vgl. *Ungerer* (1989), a.a.O., S. 64 ff. / 160 ff.

Abb. 13: Übergang eines geschlossenen Netzwerks zu einem offenen Netzwerk

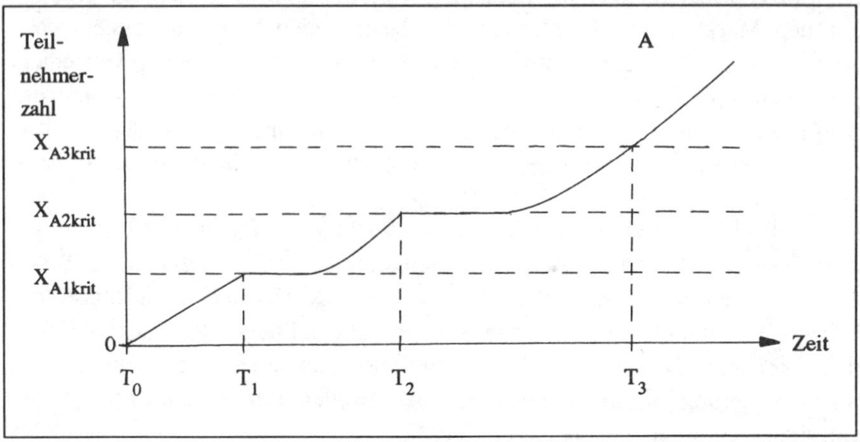

Abb. 13 zeigt den Übergang von irgendeinem geschlossenen Netzwerk zu einem offenen Netzwerk. Es können unterschiedliche kritische Massen für unterschiedliche Teilnehmergruppengrößen angenommen werden:[112] X_{A1krit} stellt die kritische (»subgroup-«)Masse einer anfänglichen, geschlossenen Kommunikationsgruppe dar, die entsprechend schnell erreicht wird. X_{A2krit} steht für die kritische (»intermediate-«)Masse irgendeiner nächstgroßen Gruppe, die durch das Hinzukommen von Teilnehmern anderer geschlossener Kommunikationsgruppen relevant wird. Gleiches gilt für X_{A3krit}, die schließlich die kritische (»universal-«)Masse repräsentiert, die für ein offenes Netzwerk erreicht werden muß. Mit dem Übergang von geschlossenen zu offenen Netzwerken treten jedoch tendenziell wieder die bei Dominanz von Netzwerkexternalitäten typischen, wettbewerbspolitischen Probleme auf.

3.2.1.3 *Zwischenergebnis*

In Anlehnung an das von *Besen/Saloner* entwickelte Klassifizierungsschema können die Standardisierungsprobleme im Telekommunikationsbereich folgendermaßen charakterisiert werden:

112 *Allen* (1988), a.a.O., S. 265 f.

Abb. 14: Klassifizierungsschema der Standardisierungsprobleme im Telekommunikationsbereich

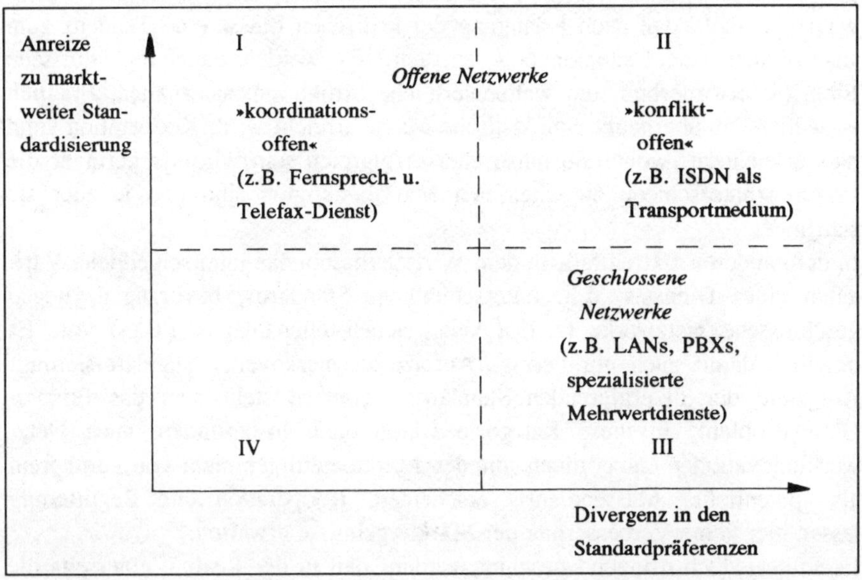

In Abb. 14 werden auf der Ordinate die Anreize zur »marktweiten« Standardisierung und auf der Abszisse die Divergenz in den Präferenzen einer gegebenen Anzahl von Wirtschaftssubjekten abgetragen. Wie oben ausgeführt, lassen sich den unterschiedlichen Kombinationen aus »Höhe der Anreize« und »Unterschiede der Präferenzen« unterschiedliche Fälle zuordnen: Feld I entspricht dann dem Koordinationsfall, Feld II dem Konfliktfall, Feld III dem Privaten-Güter-Problem und Feld IV schließlich dem Öffentlichen-Güter-Problem.

In dieses Schema können nun die unterschiedlichen, im Fernmeldebereich relevanten Situationen eingeordnet werden, wobei vorangestellt sei, daß ein »reines« Öffentliche-Güter-Problem - schon aufgrund der typischerweise hohen Gewinnaussichten bei der Durchsetzung eines Marktstandards für den betreffenden Anbieter - ausgeschlossen werden kann.

Für den Extremfall, daß die Wirtschaftssubjekte eine starke Präferenz für marktweite Kompatibilität - und damit hohe Anreize zur Standardisierung eines bestimmten Dienstes - aufweisen, stellt sich das Problem eines offenen Netzwerks. Sind die Präferenzunterschiede bezüglich der Standards gering, so handelt es sich folglich um ein *koordinations-offenes* Netzwerk (z.B.

einfacher Fernsprechdienst, Telefax-Dienst[113]). Sind sie hoch, so liegt ein *konflikt-offenes* Netzwerk (z.B. ISDN als Transportmedium) vor. Aufgrund der Kompatibilitätspräferenz ist es bei Marktprozessen in beiden Fällen wahrscheinlich, daß nach Erlangung der kritischen Masse eine Tendenz zum »natürlichen Nachfragemonopol« entsteht. Es werden dann regulatorische Eingriffe erforderlich, um wettbewerbliche Strukturen zu erhalten. Fraglich ist jedoch, ob überhaupt eine kritische Masse erreicht wird. Kooperation kann dies erleichtern, wobei sie umso eher erfolgreich sein wird, je geringer die Präferenzunterschiede zwischen den Marktbeteiligten sind und je eher sie stattfindet.

In dem anderen Extremfall, in dem Wirtschaftssubjekte unterschiedliche Varianten eines Dienstes, d.h. unterschiedliche Standards, bevorzugen, liegen geschlossene Netzwerke (z.B. LANs, Nebenstellenanlagen PBXs) vor. Es bestehen damit auch nur geringe Anreize zu marktweiter Standardisierung. Aufgrund der divergierenden Standardpräferenzen stellt sich das Private-Güter-Problem. In diese Kategorie wären dann insbesondere auch Netzwerkinnovationen einzuordnen, die den Marktbeteiligten nicht von vornherein als »potentieller Massendienst« erscheinen. Kooperation und Regulierung lassen hier keine Verbesserung der Marktergebnisse erwarten.

Es sollte jedoch dringend beachtet werden, daß in der Realität einerseits die Übergänge *zwischen* den unterschiedlichen Kategorien fließend sind und andererseits auch *innerhalb* eines Netzwerks unterschiedliche Kategorien aufzufinden sein können. Das ISDN weist beispielsweise als diensteneutrales Transportmedium (Schichten 1-3 des ISO-Modells) sicherlich die Eigenschaften eines offenen Netzwerks auf; auf den Anwendungsebenen sind jedoch sowohl offene als auch geschlossene Netzwerke für einzelne Dienste bzw. Dienstevarianten möglich.[114]

3.2.2 *Standardisierung bei asymmetrischen Wettbewerbsbedingungen*

Die vorstehende Analyse ist anwendbar für alle Bereiche, in denen Standardisierungsprozesse durch die Abwesenheit von Marktmacht gekennzeichnet sind. Werden nun die realen Verhältnisse betrachtet, so wird deutlich, daß auch nach erfolgter Deregulierung das zentrale Problem der nationalen Telekommunikationsmärkte die Dominanz der etablierten Fernmeldeunternehmen ist. Dies führt in vielen, wenn auch nicht in allen Bereichen zu asymmetrischen Wettbewerbsbedingungen im Standardisierungsprozeß.

---

113 Vgl. *Schmidt/Werle* (1991a), a.a.O., S. 22 f.
114 Vgl. auch Abschnitt III.3.2.2.2.2.

3.2.2.1 *Zur Marktmacht im Standardisierungsprozeß*

Wie aus der theoretischen Analyse hervorgegangen ist, fördert die marktstarke Stellung eines Unternehmens *indirekt* die Durchsetzung des von diesem Unternehmen präferierten Standards. Dies ist einerseits auf die zentrale Rolle der Erwartungen im Standardisierungsprozeß zurückzuführen. Wird eine neue Technologie am Markt eingeführt, so hat ein - bezüglich der alten Technologie - dominantes Unternehmen c.p. einen Vorteil gegenüber seinen Konkurrenten, da dieses Unternehmen vergleichsweise eher als Marktführer erwartet wird als die Konkurrenzunternehmen. Aufgrund der »self-fullfiling prophecy« besteht Grund zur Annahme, daß sich dann auch tatsächlich die Technologie (und damit der Standard) des dominanten Unternehmens durchsetzt. Andererseits kann auch eine höhere Finanzkraft, die häufig mit marktstarken Unternehmen verbunden ist, den Erfolg einer bestimmten Technologie fördern. Eine höhere Finanzkraft ermöglicht sowohl umfangreiche intertemporale Subventionierungsstrategien zur Erlangung der kritischen Masse als auch die Fähigkeit, bei kooperativer Abstimmung von Standards die Ergebnisse im eigenen Interesse zu beeinflussen.[115]

Es sei nochmals betont, daß die Fähigkeit, unilateral de-facto-Standards »zu setzen«, nicht notwendigerweise gesamtwirtschaftlich ineffizient ist. Insbesondere bei Koordinationsproblemen oder Konfliktfällen kann die Dominanz eines Unternehmens im Standardisierungsprozeß den Erfolg einer neuen Technologie am Markt überhaupt erst ermöglichen oder beschleunigen. Dies ist auch dann von Bedeutung, wenn - wie im Telekommunikationsbereich häufig der Fall - infrastrukturelle Gesichtspunkte in die Diskussion kommen. Problematisch sind allerdings zugleich die nur geringen Anreize dominanter Unternehmen, Kompatibilitätsstandards offenzulegen bzw. eine »offene« Lizensierungspolitik zu betreiben oder Netzwerkzusammenschlüsse mit relativ kleinen Unternehmen durchzuführen. Hier befinden sich die Quellen wettbewerbsbeschränkender Verhaltensweisen, auf die wettbewerbspolitisch zu reagieren ist.

Betrachtet man die Situation in den nationalen Telekommunikationsmärkten näher, so wird deutlich, daß die etablierten Fernmeldeunternehmen insbesondere auf den Marktstufen der Netze und der etablierten Dienste immer noch über institutionell abgesicherte oder faktische Monopolstellungen verfügen. So stellt auch die EG-Kommission beispielsweise für die Netzebene in den EG-Ländern fest, daß die etablierten Fernmeldeunternehmen in den nationalen Märkten »einzeln oder gemeinschaftlich eine beherrschende Stellung für

---

115 Vgl. Abschnitt II.3.2.2.

Aufbau und Nutzung der öffentlichen Netze«[116] besitzen. Daß sich die Marktmacht der etablierten Unternehmen auch in den Ländern mit weitergehender Liberalisierung nur schwerlich auflösen läßt, zeigen bereits die folgenden Fakten: In den USA haben die Wettbewerber des dominanten Unternehmens AT&T nach 20 Jahren Netzwettbewerb zusammen einen Marktanteil von nur 20-30% (je nach Marktabgrenzung) des gesamten Fernverkehrsmarktes. In Japan liegt der Marktanteil der Wettbewerber des dominanten Anbieters nach fünf Jahren Netzwettbewerb bei nur 5-7% und in Großbritannien schließlich nur bei 5%.[117]

Da insbesondere die Netze und Netzdienstleistungen eine unverzichtbare Voraussetzung für das Angebot an (Mehrwert-)Diensten und entsprechenden Endgeräten sind, entstehen somit *direkt* asymmetrische Wettbewerbsbedingungen zwischen Newcomern und den etablierten Unternehmen, die ihrerseits als Wettbewerber in den nachgelagerten Märkten auftreten. Für die Etablierten eröffnen sich hierdurch *zusätzlich* Spielräume für wettbewerbsbeschränkende Verhaltensweisen.[118]

Zu möglichen wettbewerbsbeschränkenden Verhaltensweisen sind erstens diskriminierende Gebühren für Überlassung von Netzleistungen und Nutzungsbeschränkungen zu zählen. Der Netzbetreiber nutzt in diesem Fall die Abhängigkeit eines Diensteanbieters von seinem Netz aus und verschafft sich einen Wettbewerbsvorsprung beispielsweise dadurch, daß er Tarife für die Netzleistung fordert, die über den Grenzkosten liegen.[119] Ein aktuelles Beispiel hierfür ist die Diskussion über die im internationalen Vergleich überhöhten Gebühren, die der bundesdeutsche Netzbetreiber DBP TELEKOM

---

116 *Kommission der Europäischen Gemeinschaften*: Leitlinien für die Anwendung der EG-Wettbewerbsregeln im Telekommunikationsbereich (91/C 233), Amtsblatt der Europäischen Gemeinschaften, Nr. C 233 vom 6.9.1991, S. 2-26 (16), im folgenden zitiert als: *EG-Kommission* (1991a).

117 Vgl. *Neumann, K.-H.*: Ökonomische Ziele der Regulierung der Telekommunikationsmärkte, in: *Bundesminister für Post und Telekommunikation* (Hrsg.): Regulierung und Wettbewerb in der Telekommunikation, Informationsserie zu Regulierungsfragen, Nr. 3, Bonn 1991, S. 80-86 (82), im folgenden zitiert als: *Neumann* (1991).

118 Das von von Weizsäcker vorgebrachte Argument, daß ein Netzmonopolist aufgrund der Komplementarität von Netz und Diensten bzw. Endgeräten stets an einer guten, wettbewerblichen Versorgung der nachgelagerten Märkte interessiert ist, verkennt, daß dieser die Märkte selbst bestreiten kann. Vgl. *von Weizsäcker, C.C.*: Wettbewerb im Endgerätebereich, in: Jahrbuch der Deutschen Bundespost, Jg. 35 (1984), S. 578-587 (579 ff.).

119 Zu den Tarifierungsproblemen und Nutzungsbeschränkungen vgl. *EG-Kommission* (1991a), a.a.O., S. 17 ff.; *Foreman-Peck, J./Müller, J.*: The Changing European Telecommunications Systems, in: dies. (Hrsg.): European Telecommunication Organisations, Baden-Baden 1988, S. 23-51 (41 ff.). Vgl. auch *Mestmäcker, E.-J.*: Marktzugang und Monopolmißbrauch auf deregulierten Märkten, in: *Baur, J.F.* u.a. (Hrsg.): Festschrift für Ernst Steindorff, Berlin, New York 1990, S. 1045-1064 (1050 ff.) insbesondere zum Problem des »predatory pricing«.

seinem Konkurrenzunternehmen im Mobilfunkbereich, der Mannesmann Mobilfunk GmbH, für Mietleitungen in Rechnung stellen wollte.[120]
Im Kontext dieser Untersuchung sind diese Probleme, die häufig zu sehr im Mittelpunkt des Interesses stehen, von untergeordneter Bedeutung. Wesentlich ist zweitens, daß ein Netzbetreiber einen Ermessensspielraum für die *technische Gestaltung* des Zugangs zum Monopolbereich besitzt und über die hierfür relevanten Schnittstelleninformationen verfügt. Die Standardisierung im Monopolbereich beeinflußt damit *unmittelbar* auch die Standardisierung anderer Anbieter im Wettbewerbsbereich. Hierdurch werden den angrenzenden, wettbewerblichen Märkten von vornherein Optionen der Standardisierung entzogen, die der Monopolist durch *unilaterale Entscheidung* eliminiert.
Möglichkeiten zur mißbräuchlichen Ausnutzung dieser Stellung bestehen wiederum in der Geheimhaltung von Schnittstelleninformationen mit dem Ziel, Marktzutritte zu verhindern oder zumindest zu erschweren. Da die Notwendigkeit zur Offenlegung dieser Informationen in Form von Kompatibilitätsstandards bei Bestehen von Marktmacht bereits aufgezeigt wurde, bedarf das Problem auch in diesem speziellen Fall keiner gesonderten Erörterung.[121]
Wird ein Unternehmen zur Offenlegung verpflichtet, so wird es typischerweise sein Bestreben sein, durch die Festlegung restriktiver Zugangsbedingungen die Kontrolle über den Monopolbereich zu erhalten und seine Stellung im Wettbewerbsbereich zu stärken. Einige eindrucksvolle Beispiele aus der Praxis der etablierten Fernmeldeunternehmen mögen dies unterstreichen: Bei *paket-vermittelten Datendiensten* weist die entsprechende CCITT-Empfehlung X.25, die durch die Fernmeldeverwaltungen maßgeblich beeinflußt wurde, dem Netzbereich ein hohes Ausmaß an »Intelligenz« zu, obwohl sich Teile dieser Intelligenz technisch auch netzfern in den Datenverarbeitungsanlagen realisieren ließen.[122] Bei den Standardisierungsaktivitäten für das *ISDN* im CCITT haben insbesondere die Fernmeldeverwaltungen der europäischen Länder für eine weitergehende Standardisierung der ISDN-Dienste plädiert, was jedoch am Widerstand der USA, die zu dem Zeitpunkt bereits eine liberale Fernmeldepolitik verfolgte, gescheitert ist.[123] Die DBP hat Anfang der achtziger Jahre ihre Monopolansprüche beim *einfachen Telefonhauptan-*

120 Vgl. »Das Machtwort des Schiedsrichters« in: Funkschau, Nr. 16/ 1991, S. 28-29.
121 Es sei angemerkt, daß auch die EG-Kommission im Besitz von Schnittstelleninformationen einen Faktor sieht, der die Entstehung oder Verfestigung einer marktbeherrschenden Stellung fördern kann. Vgl. *EG-Kommission* (1991a), a.a.O., S. 16.
122 Vgl. hierzu ausführlich *Sirbu* (1989), a.a.O., S. 14 ff. und *Sirbu/Zwimpfer* (1985), a.a.O., S. 38 ff., die eine Fallstudie des Standardisierungsprozesses von X.25 durchführen.
123 Vgl. *Irmer* (1987), a.a.O., S. 68.

schluß[124] und bei *Modems*[125] vorrangig mit technischen Argumenten (»Netzabschluß«) begründet, die einer näheren Überprüfung jedoch nicht standhielten. Schließlich hat auch AT&T für den Anschluß von Endgeräten an ihre Netze vereinzelt Spezifikationen gefordert, die nicht einmal ihre eigenen Geräte erfüllen konnten.[126]

Restriktive Zugangsbedingungen erhöhen nicht nur die Kosten der Wettbewerber in angrenzenden Bereichen. Durch eine entsprechende Gestaltung der Schnittstellen kann eine später schwer rückführbare technische Verknüpfung von unterschiedlichen Funktionen stattfinden, die ihrerseits für den Monopolisten machterhaltend wirkt. *Gleichzeitig* führen restriktive Zugangsbedingungen tendenziell zu einer restriktiven installierten Basis, die einen späteren Technologiewechsel behindert. Wie am Beispiel der Vermittlungstechnik der DBP deutlich wurde, können diese innovationshemmenden Wirkungen erheblich sein. Insgesamt ergibt sich die Notwendigkeit, eine »Überstandardisierung«, d.h. eine zu große Standardisierungstiefe in Monopolbereichen zu verhindern.

Ein weiteres Problem des Netzzugangs entsteht durch die Möglichkeit, durch Schnittstellenmanipulation in Monopolbereichen strategisch Inkompatibilitäten herbeizuführen, um Konkurrenzunternehmen zu schädigen. Beide Problemkreise werden nun näher beleuchtet.

3.2.2.2 *Das Problem der Überstandardisierung*

Kehrt man zur Unterscheidung der Standards in Kompatibilitätsstandards einerseits und Qualitätsstandards andererseits zurück, so kann der Begriff »Überstandardisierung« in zweierlei Hinsicht verstanden werden: Für den Zugang zu Netzwerken kann erstens ein Übermaß an Kompatibilitätskriterien gefordert werden, das über das jeweilige gesamtwirtschaftlich effiziente Maß hinausgeht. Analog kann zweitens auch ein Übermaß an Qualitätskriterien beim Netzwerkzugang vorgeschrieben sein. In der ordnungspolitischen Diskussion werden beide Kategorien bei Verwendung von Begriffen wie »normales Funktionieren des öffentlichen Netzes« oder »Optimierung des öffentlichen Netzes« häufig vermischt. Es ist deshalb sinnvoll, im Rahmen der Abgrenzung beider Kategorien auch kurz auf das Problem der Qualitätskriterien einzugehen, obwohl letztere nicht im Mittelpunkt dieser Arbeit stehen.

---

124 Vgl. *Monopolkommission* (1981), a.a.O., S. 104 ff.
125 Vgl. *Werle* (1990), a.a.O., S. 307 f.; *Pfeiffer/Wieland* (1990), a.a.O., S. 61.
126 Vgl. *Knieps/Müller/v. Weizsäcker* (1981), a.a.O., S. 112.

Zur Erhöhung der Anschaulichkeit der Darstellung werden unterschiedliche institutionelle Rahmenbedingungen mit zunehmendem Grad der Liberalisierung untersucht, und zwar:

1. Endgerätewettbewerb bei Dienste- und Netzmonopol
2. Dienste- und Endgerätewettbewerb bei Netzmonopol
3. Wettbewerb auf Netz-, Dienste- und Endgeräteebene.

3.2.2.2.1 *Endgerätewettbewerb bei Dienste- und Netzmonopol*

Für entwickelte Volkswirtschaften erscheint ein ordnungspolitischer Rahmen, bei dem lediglich Wettbewerb auf Endgeräteebene zugelassen ist, auf den ersten Blick als überholt. Dennoch ist diese Situation in vielen Ländern (z.B. in den meisten EG-Ländern) beim traditionellen Basisdienst Fernsprechen immer noch gegeben. Die folgenden Ausführungen gelten analog in den Bereichen, in denen *faktisch* eine Monopolstellung eines Unternehmens besteht.

Endgeräte sind das Mittel der Nutzung von Diensten, die über entsprechende Netze bereitgestellt werden. Aus dieser technologischen Interdependenz von Netz-, Dienste- und Endgeräteebene folgt direkt, daß es bei Wettbewerb auf Endgeräteebene immer gewisse Vorgaben für den Endgeräteanschluß seitens des Monopolisten gibt und vor dem Hintergrund der Marktöffnung auch geben muß.

Hinsichtlich der Art und des Umfangs der Standardisierung von Endgeräten ist eine vergleichsweise breite Diskussion geführt worden. Bei einer »liberalen Endgerätepolitik« sollten sich die Anschlußbedingungen für ein bestimmtes Endgerät lediglich

— auf die Definition von minimalen Sicherheitsbestimmungen für Nachfrager, Betreiber und Netz[127] und
— auf die Definition von Kompatibilitätsstandards beschränken.[128]

Die Begrenzung der Vorgaben des Monopolisten auf minimale Sicherheitsbestimmungen und reine Kompatibilitätserfordernisse ist ohne Zweifel sinnvoll:

---

127 Diese Sicherheitsstandards sind als Untergruppe von Qualitätsstandards im oben definierten Sinn zu verstehen.

128 Vgl. hierzu *Monopolkommission* (1981), a.a.O., S. 106; *Knieps/ Müller/v. Weizsäcker* (1981), a.a.O., S. 91 ff.; *Arnold*, F: Die künftige Entwicklung der öffentlichen Fernmeldenetze in der Bundesrepublik Deutschland und ihre Auswirkungen auf die Benutzer, Teil 2, Köln 1985, S. 84 ff., im folgenden zitiert als: *Arnold* (1985), *Witte, E.*: Neuordnung der Telekommunikation - Bericht der Regierungskommission Fernmeldewesen, Heidelberg 1987, S. 102 f.; *Adelmann, M.*: Die Zulassung von Endeinrichtungen für Fernmeldenetze und Fernmeldedienste, in: Jahrbuch der Deutschen Bundespost, Jg. 39 (1988), S. 393-413 (404 ff.).

Jede Form der Standardisierung, die über diese Erfordernisse hinausgeht bzw. nicht mit diesen im Zusammenhang steht, stellt eine Standardisierung von sonstigen Qualitätsparametern dar, die eine vollständige Ausschöpfung des Innovationspotentials auf der Endgeräteebene tendenziell verhindert und durch die Vielfaltsreduktion qualitative Ineffizienzen hervorrufen kann. Um diese Ineffizienzen der Überstandardisierung zu vermeiden, sollte die Entscheidung über das technische Produktdesign im allgemeinen sowie insbesondere über die Art und Weise, wie die entsprechenden Schnittstellenbedingungen im Sinne der »funktional-einheitlichen Technik« realisiert werden, den Endgeräteanbietern überlassen bleiben.

Auf die Festlegung von minimalen Sicherheitsbestimmungen für Netz und Netzbetreiber kann generell kaum verzichtet werden, da Endgerät und Netz direkt zusammenwirken müssen. Insbesondere müssen physische Schäden des Personals des Netzbetreibers (z.B. durch Einleitung von Starkstrom ins Netz) ausgeschlossen werden. Hierbei ist es allerdings erforderlich, daß die relevanten Spezifikationen nicht über diejenigen Anforderungen hinausgehen, die an vergleichbare elektronische Geräte gestellt werden. Sinnvollerweise sollte analog die physische Schädigung oder elektromagnetische Störung des Netzes durch Endgeräte verhindert werden. Bei der Frage des Netzschutzes können im Einzelfall jedoch Bewertungsspielräume bestehen.

Um eine Überstandardisierung bei Kompatibilitätskriterien durch den Monopolisten zu verhindern, ist vereinzelt diskutiert worden, auf Kompatibilitätsstandards gänzlich zu verzichten:[129] Da Endgeräteanbieter ein elementares Interesse besitzen, daß ihre Endgeräte zum Netzwerk des Monopolisten kompatibel sind, werden sie deshalb auch selbst für Kompatibilität sorgen. Diese Argumentation ist zwar korrekt, sie unterstellt jedoch, daß die Entwicklung kompatibler Endgeräte entweder ohne genaue Kenntnis der technischen Spezifikationen leicht und schnell möglich ist oder entspechend genaue Informationen bereits vorliegen. Während vom ersten Fall nicht prinzipiell ausgegangen werden sollte, wird im zweiten Fall das Problem »wegdefiniert«. Da Kompatibilitätsstandards die Transaktionskosten für Marktzutritte erheblich reduzieren, ist es auch gesamtwirtschaftlich effizient, wenn ein Monopolist dazu verpflichtet wird, die entsprechenden Standards seines Netzwerks offenzulegen. Umgekehrt ist es dann auch nicht ineffizient, wenn der Monopolist diese Spezifikationen wiederum als Zugangsbedingung zu seinem Netzwerk verwendet.

129 Vgl. z.B. *Knieps/Müller/v. Weizsäcker* (1981), a.a.O., S. 93, die das Argument mit Hinweis auf das Transaktionskostenproblem, das bei der Erlangung von Kompatibilität zwischen »dezentralisierten« Entscheidungsträgern entsteht, ablehnen.

Die Frage jedoch, im welchen Ausmaß Kompatibilitätsstandards für den Endgeräteanschluß im Einzelfall vorgegeben werden sollten, ist in Abhängigkeit von der Standardisierungstiefe des betreffenden Dienstes zu sehen. Dies wird im folgenden ausführlich diskutiert.

3.2.2.2.2 *Dienste- und Endgerätewettbewerb bei Netzmonopol*

Im Zuge der fortschreitenden Deregulierung sind die Dienstleistungsmärkte in den entwickelten Volkswirtschaften entweder vollständig oder zumindest teilweise liberalisiert, so daß eine breite Basis für die wettbewerbliche Bereitstellung etablierter und für die Entwicklung neuer Fernmeldedienste und -endgeräte geschaffen wurde. Sowohl bei etablierten als auch bei neuen Diensten sind die wettbewerblichen Diensteanbieter jedoch auf Leistungen der etablierten und marktbeherrschenden Telekommunikationsunternehmen angewiesen, die Träger der als »bottleneck facility«[130] zu bezeichnenden Netzinfrastruktur sind. Überall dort, wo rechtlich abgesicherte oder faktische Monopolstellungen auf Netzebene bestehen, sind Netzzugänge zu den öffentlichen vermittelten Netzen bzw. zu speziellen, festgeschalteten Leitungen (Festverbindungen, Mietleitungen) eine notwendige Voraussetzung für den Wettbewerb auf Diensteebene.

Zwar sind aufgrund der Komplexität und Verschiedenheit unterschiedlicher Dienste und Übermittlungstechnologien in der Frage der optimalen Standardisierungstiefe keine allgemeingültigen Regeln ableitbar, einzelne Tendenzaussagen lassen sich jedoch treffen:

Neben minimalen Sicherheitsbestimmungen für die entsprechenden Endgeräte sollten auch für die Dienste selbst prinzipiell nur Kompatibilitätskriterien vorgegeben werden. Von sonstigen Qualitätskriterien, die sich eben auch im Marktprozeß determinieren lassen, ist abzusehen. Bei den Kompatibilitätskriterien selbst sind Differenzierungen bei der Wahl der optimalen Standardisierungstiefe nötig. Zur Veranschaulichung des Problems sei auf das ISO-Schichtenmodell zurückgegriffen:

---

130 *Besen/Saloner* (1989), a.a.O., S. 205.

Abb. 15: Vollstandardisierter Dienst und Transportdienst im ISO-Schichtenmodell

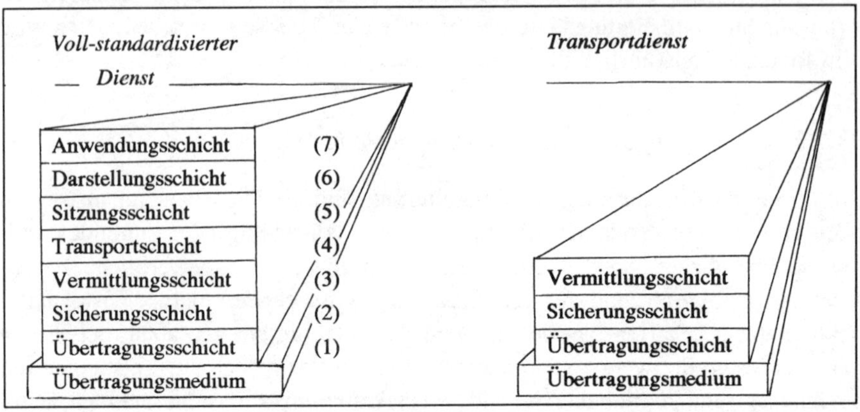

Ein Dienst, bei dem auf allen sieben Schichten Kompatibilitätsstandards definiert werden, kann als »vollstandardisierter« Dienst bezeichnet werden. Beispiele für diese Dienste sind die etablierten Telekommunikationsdienste Fernsprechen und Fernschreiben, aber auch das Fernkopieren und das Bürofernschreiben.[131] Bei diesen zumeist weit verbreiteten und auch international standardisierten Fernmeldediensten ist es für Diensteanbieter ohne Zweifel rational, sich aufgrund der großen installierten Basis von Endgeräten an den geltenden Standards zu orientieren.[132] Auch das Erreichen infrastruktureller Zielsetzungen politischer Entscheidungsträger, deren Effizienz hier nicht diskutiert werden soll, kann durch vollstandardisierte Dienste erleichtert werden. Insgesamt ist für diese etablierten Dienste keine Überstandardisierung gegeben, wenn Diensteanbieter die entsprechenden Spezifikationen auf den Schichten 1-7 des ISO-Modells beim Netzwerkzugang berücksichtigen müssen.

Das Problem der optimalen Standardisierungstiefe stellt sich jedoch insbesondere bei neuen Diensten, die über die im Monopol befindlichen Netze angeboten werden sollen.[133] Hier sollten sich Kompatibilitätsstandards des Netzbetreibers prinzipiell nur auf den Bereich der »eigentlichen« Netzleistung

131 Vgl. *Berndt* (1986), a.a.O., S. 102 ff. Für den Fernsprechdienst gilt dies mit Ausnahme der Festlegungen, die der Mensch selbst vornimmt.

132 Der Fernsprechdienst hat beispielsweise weltweit über 500 Millionen Teilnehmer, vgl. *Brenton* (1987), a.a.O., S. 163.

133 Zu diesen »neuen« Diensten sind auch Weiterentwicklungen bereits existierender Dienste zu zählen, wie z.B. die Datenkommunikation über bestehende Datennetze, bei der unterschiedliche Übertragungsgeschwindigkeiten ermöglicht werden.

beziehen, d.h. *auf die Übermittlung der Informationen auf dem Netz im Rahmen von Transportdiensten.*
In Abgrenzung zu den vollstandardisierten Diensten werden bei einem Transportdienst vom Netzmonopolisten nur Kompatibilitätsstandards für die unteren, transportorientierten Schichten definiert. Die Transportschicht, die den Übergang zwischen den transportorientierten und den anwendungsorientierten Schichten darstellt, ist den Endgeräten zuzuordnen und kann deshalb von der Netzleistung abgegrenzt werden. In der Literatur wird deshalb auch unter einem Transportdienst ein Dienst verstanden, der die Übertragung, die Sicherung und die Vermittlung von Informationen umfaßt und dann auch nur hinsichtlich dieser drei Schichten standardisiert ist.[134] Wird dieser Betrachtungsweise gefolgt, so hat ein Netzbetreiber im Rahmen von Transportdiensten nur die Verantwortung für die einwandfreie Übermittlung der Informationen auf dem Netz, nicht jedoch für den gesamten Bereich der Kommunikation zwischen den Endgeräten.[135]
Diese Eingrenzung hat den wichtigen Vorteil, daß Kompatibilitätsstandards auf den höheren Schichten nicht durch den Monopolisten unilateral vorgegeben, sondern durch den Markt, d.h. entweder durch Marktprozesse oder durch Kooperation, geschaffen werden. Auf die Transportdienste aufbauend kann sich dann für bestimmte Dienste und Dienstevarianten ein präferenzadäquates Verhältnis zwischen den Extremfällen offener und geschlossener Netzwerke einstellen.[136] Aufgrund der vergleichsweise höheren Flexibilität des Marktes läßt dieses Vorgehen (trotz möglicher Funktionsmängel) eher gesamtwirtschaftiche Effizienz erwarten, als dies bei monopolistischen Entscheidungen der Fall wäre.
Aber auch hinsichtlich dieser Transportdienste sind zusätzliche Differenzierungen möglich und nötig: Es ist zweifelhaft, ob ein »einfacher« Transportdienst überhaupt die höherwertigen Funktionen der Sicherung und Vermittlung umfassen muß. Durch den technischen Fortschritt vergrößert sich die Möglichkeit, die Intelligenz »netzfern«, d.h. in den Endgeräten, anzusie-

---

134 Vgl. *Arnold* (1985), a.a.O., S. 153 ff.; *Arnold* (1987), a.a.O., S. 28; *Scherer* (1987), a.a.O., S. 20 ff; *Kahl* (1990), a.a.O., S. 236 f. Nach dem CCITT werden Transportdienste auch als Übermittlungsdienste bzw. »bearer services« bezeichnet.

135 Für das ISDN als Transportmedium ist diese Lösung beispielsweise gewählt worden vgl. *Irmer* (1987), a.a.O., S. 66 ff. Für die Standardisierung der etablierten Dienste im ISDN auf den höheren Schichten vgl. *Kahl* (1990), a.a.O., S. 240 f.

136 Diese Trennung zwischen Transport- und Anwendungsfunktionen entspricht damit zugleich einer »offenen, prozeß-orientierten Regulierung«, wie sie erst kürzlich von *Blankart/Knieps* (1991b), a.a.O., S. 8 ff. vorgeschlagen wurde.

deln.[137] Sicherung und Vermittlung lassen sich verstärkt in den Endgeräten implementieren, so daß dem Netzbereich eine geringere Bedeutung zukommt. Folglich könnte sich ein Transportdienst auf die Übertragung eines rohen Informationsstroms beschränken lassen. Vom Netzbetreiber vorgegebene Kompatibilitätsstandards wären dann nur hinsichtlich der physischen Eigenschaften des Transportmediums und des Kommunikationsverhaltens auf der Schicht 1 zu rechtfertigen.

Eine Begrenzung der vorzugebenen Kriterien auf die Schicht 1 ist insbesondere bei *Mietleitungen* sinnvoll, die die Grundlage für die Bereitstellung von Diensten in geschlossenen Netzwerken bilden.

Eine versteckte Überstandardisierungsstrategie ist auch dann gegeben, wenn Dienstebestandteile, die getrennt abgegeben werden könnten, generell nur »gebündelt« angeboten werden. Die Bündelung von Dienstebestandteilen führt dazu, daß es für wettbewerbliche Diensteanbieter unmöglich ist, den technischen Netzzugang zu nur minimalen Diensten des Netzbetreibers zu erhalten. Bei alternativer Interpretation wird deutlich, daß »Bündelung« in ihrer Wirkung ökonomisch äquivalent zur »Inkompatibilität« ist: »If components can be obtained on a bundled basis only, the interface between them is completely inaccessible to the competing supplier. But the economic effect of an inaccessible interface is exactly the same as if it were accessible but incompatible with the supplier's equipment.«[138]

Soll Raum für den Wettbewerb geschaffen werden, so ist es folglich erforderlich, daß Diensteanbieter möglichst frei entscheiden können, welche Dienste des Netzbetreibers sie mit ihren Diensten kombinieren. Dies bedeutet, daß ein Zugriff auf einzelne, »ungebündelte« Dienstebestandteile möglich sein muß.[139] Bezogen auf das ISO-Schichtenmodell würde dies im Idealfall bedeuten, daß ein Netzbetreiber nicht nur Transport- und vollstandardisierte Dienste getrennt anbietet, sondern auch für »entbündelte« Transportdienste sorgt, die alternativ nur den Dienst der Schicht 1, die Dienste der Schichten 1 und 2 oder die Dienste der Schichten 1, 2 und 3 umfassen. In jedem Fall müßten die entsprechenden Kompatibilitätsstandards auf die jeweilige Schicht bezogen definiert und offengelegt werden.

---

137 *Arnold* (1985), a.a.O., S. 175 weist darauf hin, daß insbesondere die Digitalisierung im ISDN ermöglicht, Leistungsmerkmale zentral in Vermittlungstellen der Netze oder dezentral in Endgeräten anzubieten.

138 *Besen/Saloner* (1989), a.a.O., S. 211 f.

139 Der vollständigen Entbündelung können jedoch Verbundvorteile beim gemeinsamen Angebot von Dienstebestandteilen entgegenstehen. Allerdings ist dringend zu beachten, daß die Realisierung von Verbundvorteilen häufig *strategisch* als Argument *für* eine Integration angeführt wird.

3.2.2.2.3 *Netz-, Dienste- und Endgerätewettbewerb*

Wenn Unternehmen die Möglichkeit erhalten, eigene physische Netze aufzubauen, so scheinen die zuvor behandelten Probleme der Überstandardisierung sich nicht zu stellen, da keine direkte Abhängigkeit zwischen unterschiedlichen Unternehmen mehr gegeben ist. Tatsächlich ist dies nur dann der Fall, wenn es darum geht, geschlossene Netzwerke für einzelne Kommunikationsgruppen anzubieten. Die Standardisierungsentscheidungen der Unternehmen sind dann vollständig unabhängig voneinander.

Der Fall liegt anders, wenn offene Netzwerke betrachtet werden. Um überhaupt in Konkurrenz zum etablierten Betreiber mit großem, existierenden Kundenstamm treten zu können, müßte von einem Newcomer eine vollständig neue Infrastruktur aufgebaut werden. Offensichtlich ist jedoch die Möglichkeit der Installation eines neuen Netzwerkes für das Angebot etablierter Dienste wie Fernsprechen oder Telefax durch die exorbitanten und teilweise irreversiblen Investitionskosten erheblich eingeschränkt, so daß sich die Alternative in der Realität *nicht* stellt.

Bei Errichtung von Subnetzwerken hingegen müssen die Newcomer aufgrund der Netzwerkexternalitäten sicherstellen, daß ihre Netze kompatibel zu dem des etablierten Unternehmens sind, wenn sie von diesem Nachfrager abziehen oder neue Nachfrager für ihr Netzwerk gewinnen wollen. Folglich besteht für Newcomer die Notwendigkeit, den Zusammenschluß ihrer Netzwerke mit dem des etablierten Unternehmens anzustreben. Da ein marktbeherrschendes Unternehmen seinerseits nur geringe Anreize hat, den Zusammenschluß der Netzwerke freiwillig durchzuführen und damit seine eigene Marktstellung durch Konkurrenz zu gefährden, ist es regulatorisch zum Zusammenschluß zu verpflichten.[140] Hier taucht wiederum das Problem auf, daß vom Marktführer eine Überstandardisierungsstrategie betrieben werden kann, um sich einen Vorteil gegenüber den Konkurrenten zu verschaffen. Die gleiche Gefahr besteht auch dort, wo Übergänge geschlossener Netzwerke zu Netzwerken des etablierten Unternehmens realisiert werden sollen (z.B. bei der Verbindung eines spezifischen LANs mit einem paket-vermittelten Datennetz).

Insgesamt sind auch bei Netzwettbewerb Situationen möglich, in denen es durch die Dominanz eines Unternehmens indirekt zu Abhängigkeiten anderer Unternehmen kommt, so daß sich auch hier das Problem der Überstandardisierung stellt. Die zur Lösung des Problems notwendigen Differenzierungen

---

140 So ist in New York beispielsweise die »New York Telephone Company« verpflichtet worden, ihr Telefonnetz dem privaten Anbieter »Telepost« zu öffnen.

bei Qualitäts- und Kompatibilitätskriterien sind vorstehend diskutiert worden und können analog angewendet werden.

3.2.2.3 *Das Problem strategischer Inkompatibilität*

Ein weiteres, hier zu betrachtendes Problem besteht in der Gefahr von Penetrationsstrategien durch Inkompatibilität insbesondere durch strategischen Standardwechsel bzw. dessen Ankündigung.

In Abschnitt II.2.2.3 wurde aufgezeigt, daß es bei Vorhandensein von Netzwerkexternalitäten für dominante Unternehmen unter bestimmten Voraussetzungen vergleichsweise leicht möglich ist, die Konkurrenz durch Inkompatibilität zu schädigen. Wie *Besen/Saloner* allgemein gezeigt haben, ergeben sich für ein vertikal integriertes Unternehmen, das Monopolist auf einer Produktionsstufe ist und dort zugleich reguliert wird, auch tatsächlich erhebliche Anreize für eine Penetration der Konkurrenten auf der nachgelagerten Produktionsstufe durch das Herbeiführen von Inkompatibilität via Schnittstellenmanipulation.[141] Wie die Analyse der realen Verhältnisse in den nationalen Telekommunikationsmärkten zeigte, stellt sich die Netzebene (d.h. das physische Netz und die Transportdienste) häufig als institutionell abgesichertes oder faktisches Monopol dar, während im Dienste- und Endgerätebereich überwiegend Wettbewerb unter Beteiligung des Netzmonopolisten herrscht. Da die Netzebene einen Engpaßfaktor für das Angebot von Diensten und Endgeräten darstellt, ist folglich die Voraussetzung für diese wettbewerbsbeschränkende Verhaltensweise ohne Zweifel *gegeben.* Zu untersuchen ist jedoch, inwieweit strategische Maßnahmen tatsächlich zu erwarten sind.

Die Gefahr eines strategischen Standardwechsels ist vergleichsweise gering, wenn es sich bei dem betrachteten Dienst um einen etablierten, weit verbreiteten Dienst handelt. Der Netzbetreiber könnte durch eine Änderung der technischen Spezifikationen auf Netzebene zwar erhebliche Anpassungszwänge bei Diensteanbietern hervorrufen, würde jedoch zugleich die installierte Basis des etablierten Kundenstamms entwerten. Insbesondere bei Massendiensten, bei denen die Wirtschaftssubjekte eine vergleichsweise lange technische Nutzungsdauer der Endgeräte erwarten und entsprechend geringe Abschreibungsraten vorsehen, wird die durch die Inkompatibilität hervorgerufene Irreversibilität in der installierten Basis besondere Bedeutung besitzen. Dies

---

141 Vgl. *Besen/Saloner* (1989), a.a.O., S. 205 ff. Diese Anreize sind um so größer, je größer die regulatorischen Restriktionen sind, denen das Unternehmen auf dem Monopolmarkt ausgesetzt ist.

bringt direkt Kosten für den Netzbetreiber mit sich, sofern dieser die Geräte an seine Kunden vermietet hatte.[142]

Ein unilateraler Standardwechsel in einer späten Marktphase ist insbesondere auch dann unwahrscheinlich, wenn bereits eine internationale Standardisierung für den betreffenden Dienst besteht. Die technologische Interdependenz zwischen unterschiedlichen Netzbetreibern limitiert hier prinzipiell Spielräume für wettbewerbsbeschränkende Verhaltensweisen einzelner Unternehmen.

Bei gleichzeitigem Einsatz von Gateway-Technologien verändert sich das Bild: Erstens verhindern Gateway-Technologien den Wertverlust in der installierten Basis durch die Realisierung von Abwärtskompatibilität. Da der Netzbetreiber Gateway-Technologien schon im Vorfeld eines strategischen Standardwechsels entwickeln kann, hätte er auch in dieser Hinsicht einen Vorteil gegenüber den Konkurrenzunternehmen. Zweitens ermöglichen Gateway-Technologien auch räumliche (z.B. nationale) Insellösungen, indem sie die Netze unterschiedlicher Betreiber wieder aneinander anpassen. Sofern die Gateway-Technologien selbst keine exorbitanten F&E-Kosten hervorrufen, wird ein strategischer Standardwechsel wahrscheinlicher.

Die Wahrscheinlichkeit für einen strategischen Standardwechsel ist insbesondere dann groß, wenn eine installierte Basis bereits vollständig abgeschrieben ist oder in der Einführungsphase eines Dienstes noch keine nennenswerte Basis existiert. In beiden Fällen würde ein Standardwechsel ein wirksames Mittel sein, sich (möglicherweise wiederholt) einen Zeitvorsprung am Markt zu sichern oder einen Zeitnachteil auszugleichen. Es sollte deutlich geworden sein, daß bei Vorliegen von nachfrageseitigen Größenvorteilen bereits die frühen Marktphasen über den Erfolg einer Lösung am Markt entscheiden.

Zu beachten ist schließlich, daß der Netzbetreiber Anpassungszwänge bei konkurrierenden Diensteanbietern bereits durch die strategische Ankündigung eines Standardwechsels erzielen kann. Die Konkurrenzunternehmen werden gezwungen, ihre Planungen umzustellen. Bereits getätigte F&E-Investitionen sind vollständig irreversibel, wenn es nicht (bzw. nur zu exorbitanten Kosten) möglich ist, die entwickelten Endgeräte oder Dienste den neuen Spezifikationen anzupassen. Zumindest entstehen aber Kosten bei der Überwindung der durch den Standardwechsel hervorgerufenen Inkompatibilität.

Insgesamt haben die etablierten Telekommunikationsunternehmen über die Kontrolle des Netzbereichs (oder wesentlicher Teile dessen) die Gelegenheit, sich durch einen Standardwechsel oder dessen Ankündigung einen Wettbe-

---

142 Wurden die Geräte hingegen von den Nachfragern gekauft, so haben diese die Verluste selbst zu tragen. Dies wird für den Netzbetreiber dann jedoch Einbußen an »Goodwill« nach sich ziehen.

werbsvorsprung zu sichern oder einen Wettbewerbsnachteil auszugleichen. Es bleibt abzuwarten, ob und inwieweit von dieser Möglichkeit tatsächlich Gebrauch gemacht wird.

3.3 *Schlußfolgerungen für eine wettbewerbsorientierte Standardisierungspolitik*

Durch den technischen Fortschritt und der Liberalisierung in den entwickelten Volkswirtschaften haben sich Spielräume für den Wettbewerb geöffnet. Dieser Wettbewerb wird jedoch entscheidend von Art und Umfang der Standardisierung auf Netz-, Dienste- und Endgeräteebene geprägt. Ein ordnungspolitischer Rahmen, bei dem zwar Wettbewerb zugelassen wird, Standardisierungsentscheidungen jedoch wie in der Vergangenheit überwiegend Gegenstand der Regulierung nationaler Monopolisten sind, würde die geschaffenen Spielräume wieder erheblich einschränken. Grundsatz einer wettbewerbsorientierten Standardisierungspolitik muß es daher sein, Standardisierungsentscheidungen so weit wie möglich dem Markt zu überlassen.

Diese Forderung erweist sich jedoch nicht als unproblematisch. In einer Standardisierungspolitik muß berücksichtigt werden, daß es aufgrund des Vorhandenseins von Netzwerkexternalitäten zu Funktionsmängeln »reiner« Marktprozesse bei der Erlangung von Kompatibilität kommen kann. Wie gezeigt, kann die kooperative Abstimmung von Standards diese Funktionsmängel überwinden helfen. Wettbewerbspolitisch ist daher auch die Möglichkeit zur Kooperation im Standardisierungsprozeß offenzuhalten. Dies gilt sowohl für die Kooperation *innerhalb* als auch für die Kooperation *außerhalb* von Standardisierungsinstitutionen. Für die etablierten Standardisierungsinstitutionen ergibt sich die Notwendigkeit zur Öffnung und zur Flexibilisierung der Arbeitsweise.

Prinzipiell ist immer dann, wenn sich im Marktprozeß eine dominante Stellung eines Unternehmens oder einer Unternehmenskoalition herausbildet, dafür Sorge zu tragen, daß es nicht zu einer Verkrustung der Marktstruktur kommt. Da Netzwerkexternalitäten in Verbindung mit Irreversibilitäten in der installierten Basis eine strukturelle Markteintrittsbarriere für das Angebot inkompatibler Lösungen darstellen und deshalb ein erfolgreicher Marktzutritt nur bei Kompatibilität möglich ist, können regulatorische Eingriffe mit dem Ziel der Offenlegung von Kompatibilitätsstandards gerechtfertigt werden.

Da die nationalen Telekommunikationsmärkte der Gegenwart bereits durch die marktbeherrschenden Stellungen der ehemaligen Fernmeldeverwaltungen gekennzeichnet sind, ergibt sich als kurz- bis mittelfristiges Ziel einer wettbewerbsorientierten Standardisierungspolitik, die Macht der etablierten Unternehmen im Standardisierungsprozeß zu begrenzen und Mißbräuche zu verhindern.

Grundvoraussetzung hierfür ist zunächst, daß die etablierten Fernmeldeunternehmen die Fähigkeit zur regulatorischen Standardsetzung für den nationalen Raum verlieren, sofern sie diese in der Vergangenheit besessen haben. Mittlerweile ist es auch gängige Praxis, diese Funktion unabhängigen Instanzen zu übertragen. Es muß jedoch dringend beachtet werden, daß sich durch diesen Schritt faktisch nichts an der Dominanz der etablierten Unternehmen ändert, da diese Unternehmen schon aufgrund ihrer umfassenden Netz- und Transportdiensteinfrastruktur auch weiterhin einen wesentlichen Teil des »Inputs« für die Standardisierungsprozesse liefern. In den Bereichen, in denen Newcomer auf Leistungen des Etablierten angewiesen sind, besteht insbesondere die Gefahr der Überstandardisierung und des strategischen Einsatzes von Inkompatibilität. Es ergibt sich hier prinzipiell die Notwendigkeit für Regulierung, wobei kooperativen Lösungen zwischen den Marktbeteiligten der Vorzug vor unilateralen, autonomen Entscheidungen einer Regulierungsinstanz gegeben werden sollte. Kommt es zu keiner kooperativen Lösung, so muß über technische Spezifikationen, die vom Etablierten vorgegeben werden, regulatorisch entschieden werden.

Als Regulierungsproblem ergibt sich, eine Trennlinie zwischen »angemessenen« und »unangemessenen« Vorgaben des etablierten Unternehmens zu ziehen. Abgesehen von minimalen Sicherheitsbestimmungen bei der Netznutzung sind alle weiteren Qualitätsstandards als »unangemessen« zu klassifizieren. Für den Bereich der Kompatibilitätsstandards können keine allgemeingültigen Regeln aufgestellt werden. Es ist hier ein dienstespezifisches Vorgehen erforderlich, um die jeweilige optimale Standardisierungstiefe zu identifizieren und im Streitfall regulatorisch festzusetzen. Zwar wird auch diese Regulierungslösung aufgrund der Informationsunvollkommenheiten und der bürokratie-typischen Ineffizienzen nur eine »second-best« Lösung sein können, eine Alternative zur Begrenzung der Macht der etablierten Telekommunikationsunternehmen und zur Verhinderung von Mißbräuchen gibt es jedoch nicht.

4. *Ansätze einer wettbewerbsorientierten Standardisierungspolitik*

Nachdem in den vorhergehenden Abschnitten grundlegende Anforderungen an eine wettbewerbsorientierte Standardisierungspolitik abgeleitet wurden, soll nun abschließend diskutiert werden, inwieweit gegenwärtige Reformen bereits den Erfordernissen einer effizienten Standardisierungspolitik im Telekommunikationsbereich Rechnung tragen.
Bei den Reformen wird wiederum zwischen internationaler (dazu 4.1), europäischer (dazu 4.2) und nationaler Ebene (dazu 4.3) unterschieden. Das Vorgehen auf nationaler Ebene wird analog am Beispiel der Bundesrepublik verdeutlicht. Hier wird auch der Schwerpunkt gesetzt, da nur an einem Beispiel die konkrete ordnungspolitische Ausgestaltung - und damit das Ausmaß von Markt, Kooperation und Regulierung - aufgezeigt werden kann.

4.1 *Reformen auf internationaler Ebene*

Wie gezeigt, ist die Kooperation von Wirtschaftssubjekten im Standardisierungsprozeß dann gesamtwirtschaftlich sinnvoll, wenn es sich um potentielle Massendienste handelt, die für alle Beteiligten das Risiko erheblicher, irreversibler Investitionen beinhalten. Dies ist insbesondere für internationale Transporttechnologien und darauf aufbauende Telekommunikationsdienste gegeben, sofern diese nicht auf den spezifischen Bedarf von einzelnen Nachfragergruppen gerichtet sind. Für die Standardisierung in diesen Bereichen werden auch zukünftig die internationalen und europäischen Standardisierungsinstitutionen erhebliche Bedeutung besitzen.
Auf internationaler Ebene ist die Notwendigkeit zur Öffnung der Standardisierungsprozesse und zu deren Flexibilisierung insbesondere bei der ITU gegeben, die in der Vergangenheit als »Club-Lösung« eindeutig von den Fernmeldeverwaltungen dominiert wurde. Gegenwärtig werden auch tatsächlich wesentliche Reformschritte innerhalb der ITU durchgeführt bzw. angestrebt:[143]
Eine Öffnung der Standardisierungsprozesse ist dadurch erreicht worden, daß mittlerweile prinzipiell jedes Unternehmen oder jede Organisation Mitglied in

---

143 Sofern nicht anders angegeben, beziehen sich die folgenden Ausführungen auf einen Vortrag des Direktors des CCITT, Th. Irmer, mit dem Titel »Weltweite Standardisierung für die Telekommunikation« auf der »Ersten Standardisierungskonferenz« beim Bundesminister für Post und Telekommunikation am 01.10.1991 in Bonn. Vgl. auch *Irmer, Th./Bigi, F.*: Role of Standards on New Technologies, in: Telecommunication Journal, Vol. 58 (1991), No. 11, S. 803-809 (807 f.)

den Ausschüssen der ITU werden kann.[144] Es ist allerdings erforderlich, daß es hierfür vom Mitgliedstaat zugelassen wird. Insofern tragen nunmehr die nationalen Behörden, die für die Telekommunikationspolitik zuständig sind,[145] indirekt die Verantwortung für die Offenheit der Standardisierungsprozesse in der ITU. Eine Flexibilisierung des institutionellen Standardisierungsprozesses konnte ebenfalls erreicht werden: Studiengruppenentwürfe können unter Umgehung der Vollversammlung den Status einer Empfehlung erlangen, wenn 70% der hierzu stellungnehmenden, stimmberechtigten ITU-Mitglieder zustimmen. Dies bedeutet einerseits faktisch eine Abkehr vom bislang praktizierten Konsensverfahren, so daß die Annahme eines Standards erleichtert bzw. dessen Boykott, der beim Konsensverfahren bereits durch eine kleine Minderheit möglich ist, erschwert wird. Da andererseits nicht mehr die vergleichsweise langen Zeiträume bis zu einer Vollversammlung abgewartet werden müssen, tritt zudem eine direkte Beschleunigung des Prozesses ein. In der ITU werden gegenwärtig auch Regelungen zur Lösung der Patentproblematik angestrebt, welche sich im Telekommunikationsbereich zunehmend als kritischer Faktor für den Erfolg von institutionellen Standardisierungsprozessen erweist.

Diese Reformen sind eine notwendige Voraussetzung dafür, daß die ITU ihre selbsternannte Rolle als vorherrschende, internationale Standardisierungsinstitution[146] auch im liberalisierten Telekommunikationsbereich erfüllen kann. Da die institutionelle, internationale Standardisierung als »natürliches Monopol« angesehen werden kann, so daß die Existenz von mehr als einer Standardisierungsinstitution suboptimal und instabil wäre,[147] unterliegt die ITU nunmehr ständig dem Druck, entweder effizient tätig zu sein oder aber durch den Zutritt eines effizienten Newcomers (z.B. der ISO oder einem Konsortium regionaler Institutionen) vollständig bedeutungslos zu werden.[148] Um direkte Konkurrenzbeziehungen insbesondere zu regionalen Standardisierungsinstitutionen zu vermeiden, sollen die Aktivitäten in der ITU zukünftig auch tatsächlich darauf konzentriert werden, die Abstimmung von internatio-

---

144 Im CCITT kommen mittlerweile immerhin 40% der Ausschußmitglieder aus der herstellenden Industrie.

145 Es muß beachtet werden, daß diese nationalen Behörden in nicht-liberalisierten Ländern häufig mit den PTTs identisch sind.

146 Vgl. *Tarjanne, P.J.*: Access to 1990s Telecom Networks and Markets, in: Transnational Data and Communications Report, Vol. 13 (1990), No. 2, S. 17-19 (19). Tarjanne ist Generalsekretär der ITU.

147 Vgl. *Besen, S.M./Farrell, J.*: The Role of the ITU in Standardization: Pre-eminence, Impotence or Rubber Stamp?, in: Telecommunications Policy, Vol. 15 (1991), No. 4, S. 311-321 (319 f.).

148 Für eine ausführliche Diskussion vgl. *Besen/Farrell* (1991), a.a.O.

nalen Standards (bzw. »Rahmenstandards«) vorzugsweise auf der Grundlage der Ergebnisse regionaler Standardisierungsprozesse vorzunehmen. Es besteht nur wenig Zweifel daran, daß hierbei weiterhin die nordamerikanischen, europäischen und japanischen Standardisierungsaktivitäten einen entscheidenden Einfluß auf die ITU-Prozesse haben werden.

Da sich durch die Konvergenz der originär getrennten Bereiche Telekommunikation und Datenverarbeitung auch die Arbeitsgebiete von ITU, ISO und IEC zunehmend überlappen, ist es in der jüngeren Vergangenheit folgerichtig zu einer stärkeren Zusammenarbeit dieser Institutionen gekommen.[149] Für den Bereich der Informationstechnologien unterhalten IEC und ISO seit 1987 einen gemeinsamen Ausschuß (Joint Technical Committee, JTC 1) zur Koordination der Aktivitäten, da sich gezeigt hat, daß die klassische Trennung der Arbeitsbereiche zu Duplikationen führte. Darüber hinaus ist die Zusammenarbeit von ISO/IEC und ITU in der Vergangenheit kontinuierlich intensiviert worden,[150] was sich bereits in einer Reihe von identischen CCITT-Empfehlungen und ISO- bzw. IEC-Standards im Bereich Datennetze und -dienste ausdrückt.[151] Das von der ISO entwickelte Schichtenmodell ist zudem vom CCITT als Empfehlung X.200 als Grundlage für die Standardisierung des ISDN übernommen worden.

Neben diesem insgesamt verbesserten Rahmen der internationalen Kooperation wurden zwar im GATT auch *Regulierungs*ansätze für die Liberalisierung des Handels mit Telekommunikationsdienstleistungen und -einrichtungen angestrebt.[152] Mit dem zwischenzeitlichen Scheitern der Uruguay-Runde ist jedoch der Abschluß eines sektoralen Liberalisierungsabkommens für den Telekommunikationsbereich, das ohne Regelungen für die Standardisierung nicht auskommen kann, in weite Ferne gerückt.

4.2 *Reformen auf europäischer Ebene*

Wie auf internationaler Ebene, so hat sich mit den ordnungspolitischen Umgestaltungen auch auf europäischer Ebene ein Reformbedarf bei den etablierten

---

149 Vgl. *Larsson, T.*: Into the 90s - An Overview of the Impact of the changing Telecommunications Environment on the ITU and Standardization, in: Telecommunications Journal, Vol. 57 (1990), No. 3, S. 169-174 (173).

150 ISO und IEC sind im übrigen Mitglieder im CCITT bzw. CCIR.

151 Vgl. *Wallenstein* (1990), a.a.O., S. 94.

152 Vgl. hierzu *Ellger/Witt* (1990), a.a.O., S. 297 ff.; *Butler, R.E.*: The Changing Environment, in: Telecommunications Policy, Vol. 14 (1990), No. 3, S. 275-278 (276 ff.); *Knorr, H./Tegge, A.*: Liberalization Strategies for Free Trade in Services, in: Intereconomics, Vol. 25 (1990), No. 5, S. 220-228 (225 ff.).

Standardisierungsinstitutionen CEPT, CEN und CENELEC ergeben. Der wohl bedeutendste Schritt zur Schaffung eines funktionsfähigen Rahmens der Kooperation ist bereits 1988 durch die Neugründung des ETSI erfolgt. Das ETSI übernimmt die zentrale Rolle bei der Entwicklung europäischer Telekommunikationsstandards, wobei die Koordination mit CEN und CENELEC in einem gemeinsamen Ausschuß stattfindet. Die CEPT ist damit als Standardisierungsinstitution abgelöst worden und stellt zukünftig ein Forum der nationalen Regulierer für den gesamten Bereich der Telekommunikationspolitik dar.

Das ETSI selbst umfaßt gegenwärtig 269 Vollmitglieder aus nahezu allen europäischen Staaten und zeichnet sich durch eine wesentlich größere Offenheit aus, als das in der von den PTTs dominierten CEPT der Fall war.[153] Mitglieder des ETSI können nicht nur die Betreiber öffentlicher Netze und nationale Regulierungsinstanzen, sondern auch private Diensteanbieter, Hersteller, Nutzer und Forschungsinstitute sein, wobei die Gruppe der Hersteller gegenwärtig mit 63% dominiert. Als Abstimmungsverfahren ist das »national weighted voting«[154] eingeführt worden, wobei ein Standard für seine Annahme eine Mehrheit von 71% der nationalen, mit unterschiedlichem Gewicht versehenen Stimmen auf sich vereinen muß. Da durch das Mehrheitsprinzip der Boykott eines vorgeschlagenen Standards erschwert wird, ist prinzipiell eine Beschleunigung der Standardisierungsprozesse zu erwarten. Kontraproduktiv kann jedoch eine nur langsame nationale Konsensbildung wirken, für die es von seiten des ETSI keine Regelungen gibt. Wie in der ITU wird auch im ETSI gegenwärtig nach Lösungsmöglichkeiten für die institutionelle Behandlung von Patenten gesucht. Regelungen, in denen sich der Patenthalter - wie in der ISO - beispielsweise verpflichtet, die Nutzung der Patente zu »angemessenen Bedingungen« zu ermöglichen, wurden im ETSI als nicht ausreichend erachtet. Trotz dieses Problems konnten in der noch jungen Geschichte des ETSI bereits erhebliche Erfolge erzielt werden; die Übernahme von ETSI-Standards für ISDN-Dienste durch das CCITT sind nur ein Beispiel.

Gleichzeitig bilden sich auf europäischer Ebene jedoch auch Strukturen, die sich als problematisch erweisen können. Die europäischen Netzmonopolisten der EG- und EFTA-Staaten konstituieren gegenwärtig eine neue Organisation ETNO (European Public Telecommunication Network Operators Associa-

---

153 Für eine ökonomische Analyse des ETSI vgl. *Besen* (1990b), a.a.O.; vgl. *Wallenstein* (1990) zur Struktur und Arbeitsweise des ETSI, a.a.O., S. 207 ff.

154 Zur Gruppe mit dem höchsten Stimmengewicht gehören die Bundesrepublik Deutschland, Frankreich, Großbritannien und Italien. Diese Länder beteiligen sich auch mit den größten Anteilen an der Finanzierung des ETSI.

tion), in der eine Kooperation bei Fragen, die die Monopolbereiche betreffen, beabsichtigt ist. Zwar soll in der ETNO explizit keine Abstimmung von Standards erfolgen. Sollte dies implizit dennoch der Fall sein, so ist die Exklusivität dieser Organisation nicht zu akzeptieren, da sich eine Standardisierung im Monopolbereich *immer* direkt auch auf die Wettbewerbsbereiche auswirkt und deshalb auch die Beteiligung aller interessierten Kreise erforderlich wird. Dies gilt umso mehr, sollte in der ETNO auch die Abstimmung von Standards für Wettbewerbsbereiche erfolgen. Ähnliche Probleme ergeben sich auch im Zusammenhang mit dem neuen Forschungsunternehmen EURESCOM der europäischen Netzbetreiber, in dem Forschungsprojekte für neue Technologien (wie ATM, SDH)[155] durchgeführt werden. Das gemeinsame und koordinierte Vorgehen einiger weniger, aber marktstarker Unternehmen kann erhebliche Auswirkungen auf die Standardisierungsprozesse haben und wirkt tendenziell *marktmachterhaltend*.
In diesem Zusammenhang ist es deshalb auch problematisch, daß die EG, die ihrerseits eine eigenständige »Normungspolitik«[156] betreibt, eine intensive Zusammenarbeit der europäischen Netzmonopolisten aus industriepolitischen Gründen grundsätzlich begrüßt.[157] Zur Begrenzung der Macht der etablierten Fernmeldeunternehmen hat die EG allerdings auch regulatorische Maßnahmen eingeleitet, die in den folgenden Ausführungen berücksichtigt werden.

4.3 *Reformen auf nationaler Ebene am Beispiel der Bundesrepublik Deutschland*

Am Beispiel der Bundesrepublik sollen nun abschließend die institutionellen Reformen auf nationaler Ebene dargestellt werden, wobei der regulatorische Rahmen, der sich aus der Politik der EG ergibt, beachtet wird. Im Hinblick

---

155 Zu diesen neuen Technologien vgl. *Tenzer, G.*: New Challenges in Telecommunication Markets, DBP TELEKOM, Bonn 1991, S. 15 ff.

156 Vgl. grundlegend *Kommission der Europäischen Gemeinschaften*: Grünbuch über die Entwicklung des Gemeinsamen Marktes für Telekommunikationsdienstleistungen und Telekommunikationsgeräte vom 30. Juni 1987, Kom (87) 290, Brüssel, insbesondere S. 69 ff./ S. 100 ff.; *dies.*: Mitteilung der EG-Kommission zum Ausbau der europäischen Normung vom 16. Oktober 1990, Kom (90) 456, Amtsblatt der Europäischen Gemeinschaften, Nr. C 20 vom 28.1.91, S. 1-35; *dies.*: Die Normung der Informationstechnologie und der Telekommunikation, Informationsblätter, Brüssel 1988.

157 Dies wird schon aus Formulierungen wie beispielsweise »starke Netzbetreiber *und* mehr Wettbewerb« deutlich - vgl. *Ungerer* (1989), a.a.O., S. 109 (Hervorhebung im Original). Zur Anwendung des § 85 EWG-Vertrag (Verbot abgestimmter Verhaltensweisen) auf die marktbeherrschenden Fernmeldeorganisationen vgl. *EG-Kommission* (1991a), a.a.O., S. 9 ff.

auf die Schaffung des Gemeinsamen Marktes im Bereich der Informationstechnologien kann und sollte es keine vollständig unabhängige Standardisierungspolitik in der Bundesrepublik geben. Dennoch müssen die vorhandenen Spielräume auf nationaler Ebene ausgefüllt werden. Daß dies noch keinesfalls abschließend erfolgt ist, zeigt sich schon darin, daß erst Anfang Oktober 1991 auf der »Ersten Standardisierungskonferenz beim Bundesminister für Post und Telekommunikation« die Grundzüge und Probleme der Standardisierungspolitik erstmalig in einer breiteren Öffentlichkeit vorgestellt und diskutiert wurden.

4.3.1 *Der neue Ordnungsrahmen*

Mit dem Gesetz zur Neustrukturierung des Post- und Fernmeldewesens und der Deutschen Bundespost (PostStrukG) sowie der damit verbundenen Änderung des Gesetzes über Fernmeldeanlagen (FAG) hat der Telekommunikationsbereich in der Bundesrepublik einen neuen Ordnungsrahmen erhalten. Die wichtigsten »Eckpfeiler« dieses Rahmens sind:[158]

— Trennung von Post- und Fernmeldewesen und Aufspaltung der DBP in die drei öffentlichen Unternehmen DBP TELEKOM, DBP POSTDIENST und DBP POSTBANK,
— vollständige Liberalisierung des Marktes für Telekommunikations*endgeräte*,
— Liberalisierung des Marktes für Telekommunikations*dienste* mit Ausnahme der *Sprachübermittlung*,
— Beibehaltung des *Übertragungswegemonopols*[159] des Bundes, wobei Ausnahmen im Mobilfunkbereich und bei der Satellitenkommunikation (Datenkommunikation mit niedrigen Bitraten bis 15 Kbit/s) bestehen,
— Beibehaltung des Rechts des Bundes, *Funkanlagen* zu errichten und zu betreiben.

Ein weiteres, wesentliches Element der Poststrukturreform ist die Trennung von *unternehmerischen* und *hoheitlichen, regulatorischen* Funktionen, die in der Vergangenheit gleichsam von der DBP ausgeführt wurden:

---

158 Vgl. hierzu ausführlich *Bundesminister für das Post- und Fernmeldewesen*: Reform des Post- und Fernmeldewesens in der Bundesrepublik Deutschland, Heidelberg 1988, im folgenden zitiert als: *Bundesminister* (1988); *Ellger, R./Kluth, T.S.*: Das Wirtschaftsrecht der Internationalen Telekommunikation in Deutschland, Baden-Baden (1992); *Pfeiffer/Wieland* (1990), a.a.O., S. 7 ff.; *Werle* (1990), a.a.O., S. 324 ff.

159 Ein generelles *Vermittlungs*monopol besteht folglich nicht. Einzige Ausnahme ist die Vermittlung beim Monopoldienst Fernsprechen.

DBP TELEKOM nimmt nunmehr die *unternehmerischen* Funktionen wahr, errichtet bzw. betreibt demzufolge die öffentlichen Netze und stellt den Monopoldienst Fernsprechen bereit. Alle anderen Telekommunikationsdienste sind hingegen »Wettbewerbsdienste«, die DBP TELEKOM entweder in Konkurrenz zu privaten Anbietern anbieten *muß* (»Pflichtleistungen«) oder anbieten *kann* (»freie Leistungen«). DBP TELEKOM kann darüber hinaus ohne jegliche Einschränkung am Endgerätemarkt tätig werden. Es sollte beachtet werden, daß gegenwärtig ca. 80% des Gesamtumsatzes von DBP TELEKOM auf den Monopolbereich und nur 20% auf den Wettbewerbsbereich entfallen.[160]

Dem Bundesminister für Post und Telekommunikation obliegt hingegen die Wahrnehmung der *hoheitlichen, regulatorischen* Funktionen. Hierzu zählen:

— die Vertretung der Bundesrepublik gegenüber anderen Staaten und in internationalen Organisationen,
— die Regulierung von DBP TELEKOM,
— die Wettbewerbskontrolle sowie insbesondere
— die Regulierung der Rahmenbedingungen für die Telekommunikationsmärkte.

Zu den letztgenannten Rahmenbedingungen gehören neben dem Frequenzmanagement (Verteilung der Frequenzen auf bestimmte Dienste, Lizensierung der Betreiber) auch die Standardisierung und die hiermit verbundene Endgerätezulassung im Bereich der öffentlichen Netze. Standardisierung und Zulassung werden damit explizit als hoheitliche, regulatorische Funktionen verstanden; im neuen Ordnungsrahmen sind sie getrennt vom Unternehmen DBP TELEKOM zu realisieren.

4.3.2 *Regulierungsinstanzen und Regulierungsbereiche*

Ausgehend von der Einordnung der Standardisierung als *regulatorische* Funktion ist zu fragen, welche Instanzen als Regulierungsinstanzen fungieren und in welchen Bereichen reguliert werden soll.

Die zentrale Regulierungsinstanz ist das neustrukturierte *Bundesministerium für Post und Telekommunikation* (BMPT).[161] Zur Bewältigung der regulatori-

160 Vgl. *Broß, P.*: Umsetzung der Poststrukturreform, in: *Bundesminister für Post und Telekommunikation* (Hrsg.): Regulierung und Wettbewerb in der Telekommunikation, Informationsserie zu Regulierungsfragen, Nr. 3, Bonn 1991, S. 23-37 (29).

161 Vgl. grundlegend *Bundesministerium für Post und Telekommunikation/ Abteilung 3*: Standardisierungsstrategie des BMPT, Bonn 1991; im folgenden zitiert als: *BMPT* (1991); *Bundesminister für Post und Telekommunikation*: Wahrnehmung der Aufgaben

schen Aufgaben wurde im BMPT eine spezielle Organisationseinheit »Standardisierung« eingerichtet, die in dieser Form im bisherigen Postministerium nicht vorhanden war. Das BMPT hat darüber hinaus einzelne Ausführungsaufgaben an zwei Bundesbehörden delegiert, die dem Ministerium direkt unterstellt sind. Das neugegründete *Bundesamt für Post und Telekommunikation* (BAPT) in Mainz ist hierbei für die Erarbeitung der Standards und Zulassungsvorschriften im Regulierungsbereich zuständig.[162] Das bereits seit 1982 bestehende *Zentralamt für Zulassungen im Fernmeldewesen* (ZZF) in Saarbrücken erfüllt hingegen die Zulassungsfunktion. Das FTZ, das vor der Strukturreform die Aufgaben der Standardsetzung im Bereich der DBP wahrnahm, gehört nunmehr organisatorisch zu DBP TELEKOM und erfüllt betriebliche Aufgaben des Netzbetreibers.

In verschiedenen EG-Richtlinien[163] wurde gefordert, daß die Festschreibung von Standards, die Kontrolle ihrer Anwendung sowie die Zulassung von Endeinrichtungen von einer Stelle vorgenommen werden, die von im Telekommunikationsbereich anbietenden Unternehmen unabhängig ist. Organisatorisch ist dieser Forderung durch die Umstrukturierung des BMPT und des ZZFs sowie der Neugründung des BAPT zweifellos Rechnung getragen worden. Alle Institutionen verstehen sich als neutrale Schiedsstellen zur Gewährleistung eines funktionierenden Wettbewerbsmarktes zwischen DBP TELEKOM und privaten Anbietern.[164] Allerdings bestehen auch gewisse Zweifel hinsichtlich der vollständigen Unabhängigkeit dieser Institutionen von DBP TELEKOM.[165] Einerseits stehen sich im BMPT bzw. BAPT und der DBP TELEKOM ehemalige Mitarbeiter nunmehr als Regulierer und Regulierte gegenüber. Andererseits existieren traditionell enge Verbindungen zwischen der DBP und dem ZZF. Zwar mögen die vielfältigen Beziehungen zwischen den Beteiligten bis zur vollständigen Verselbständigung der Institutionen nur kurz- bis mittelfristig - und damit transitorisch - ein Problem sein, prinzipielle Zweifel hätten jedoch von vornherein durch die Schaffung einer

des Bundesministeriums für Post und Telekommunikation im Bereich der Standardisierung, Bonn 1991.

162 Weitere Aufgabenbereiche des BAPT sind die Zuteilung und Verwaltung von Funkfrequenzen, Genehmigung von privaten Funk- und Rundfunkanlagen, Genehmigung von öffentlichen Funkdiensten (Seefunk, Flugfunk) sowie der Arbeitsschutz im Bereich der DBP.

163 Vgl. *EG-Kommission* (1988a), a.a.O., Art. 6; *EG-Kommission (1990a)*, a.a.O., Art. 7.

164 Für das BAPT vgl. *Lenke, R.*: Bundesamt für Post und Telekommunikation, in: *Vogt, G.B.* (Hrsg.): Verwaltungs-Jahrbuch für die Deutsche Bundespost, Berlin 1991, S. 1-14 (5); für das ZZF vgl. *Friedrich, G./Neumar, F.*: Die Zulassungspraxis der Deutschen Bundespost, in: Jahrbuch der Deutschen Bundespost, Jg. 39 (1988), S. 357-392 (360).

165 Vgl. *Pfeiffer/Wieland* (1990), a.a.O., S. 15; *Wieck* (1989), a.a.O., S. 65.

unabhängigen Instanz nach dem Vorbild der FCC in den USA bzw. OFTEL in Großbritannien ausgeräumt werden können.

Das BMPT übernimmt nunmehr die »Federführung« bei der Standardisierung im Regulierungsbereich. Es hat hier die Entscheidungsbefugnisse und setzt folglich de-jure-Standards in Form von Zulassungsvorschriften und Netzzugangsbedingungen. Das BMPT ist bemüht, bei der Festlegung der technischen Spezifikationen in einem »offenen Verfahren« die »Überlegungen des Netzbetreibers, der Hersteller und der Anwender« einzubeziehen.[166] Dies deutet bereits darauf hin, daß zukünftig keine unilateralen, autonomen Standardisierungsentscheidungen durch das BMPT gefällt werden sollen, sondern daß sinnvollerweise kooperative Lösungen bei der Schaffung verbindlicher Standards präferiert werden.

In Übereinstimmung mit der EG-Politik ist die übergeordnete Zielsetzung des BMPT, in den deutschen Telekommunikationsmärkten so weit wie möglich weltweite (ITU, ISO, IEC) oder europäische Standards (ETSI, CEN, CENELEC) anzuwenden.[167] Dies gilt insbesondere auch für das Beschaffungswesen von DBP TELEKOM.[168] Nationale Standards sind nur dann vorgesehen, wenn keine europäischen oder weltweiten Standards verfügbar sind oder wenn Optionen ausgeräumt werden müssen. Zur Schaffung nationaler Standards initiiert und koordiniert das BMPT Standardisierungsprozesse, die in Ausschüssen von DIN und DKE angesiedelt werden. Hier soll auch die nationale Konsensbildung und Vorbereitung für europäische und internationale Standardisierungsprozesse erfolgen. Das BMPT beteiligt sich seinerseits direkt an den Standardisierungsaktivitäten im CCITT, CCIR und ETSI. Für die ISO, IEC, CEN und CENELEC ist eine indirekte Beteiligung über DIN und DKE vorgesehen.

Hinsichtlich der Regulierungsbereiche ist folgendes festzustellen: Eine regulatorische Standardisierung ist insbesondere in den bestehenden Monopolbereichen sowie im Bereich der Pflichtleistungen von DBP TELEKOM vorgese-

---

166 *Bundesminister* (1988), a.a.O., S. 77.

167 Vgl. auch *Rat der Europäischen Gemeinschaften*: Beschluß des Rates vom 22. Dezember 1986 über die Normung auf dem Gebiet der Informationstechnik und der Telekommunikation (87/95/EWG), Amtsblatt der Europäischen Gemeinschaften, Nr. L 36 vom 7.2.87, S. 31-35, Art. 2.

168 Vgl. *Rat der Europäischen Gemeinschaften*: Richtlinie des Rates vom 17. September 1990 betreffend die Auftragsvergabe durch Auftraggeber im Bereich der Wasser-, Energie- und Verkehrsversorgung sowie im Telekommunikationssektor (90/531/EWG), Amtsblatt der Europäischen Gemeinschaften, Nr. L 297 vom 29.10.90, S. 1-48, Art. 13. Die dort genannten Ausnahmeregelungen lassen jedoch wiederum erhebliche Spielräume für Abweichungen zu.

hen.[169] Eine Regulierung im Bereich der Wettbewerbsleistungen wurde nicht prinzipiell ausgeschlossen. Sie soll jedoch nur dann erfolgen, wenn »ordnungspolitische Fragen betroffen« sind oder der »öffentliche Fernmeldeverkehr zu sichern« ist,[170] wobei bislang nicht konkretisiert wurde, wann dies der Fall sein könnte. Da zur Zeit auch noch keine Pflichtleistungen für DBP TELEKOM festgelegt sind, beschränkt sich der Bereich der Regulierung gegenwärtig also insgesamt auf das *Übertragungswege-*, *das Sprachübermittlungs- und das Funkanlagenmonopol*.

In diesen *Monopolbereichen* ergibt sich das Problem, die Bereiche *technisch* abzugrenzen. Für die Schaffung rechtlich verbindlicher Standards muß folglich die jeweilige optimale Standardisierungstiefe identifiziert werden. Beim Übertragungswege- und Sprachübermittlungsmonopol steht im einzelnen folgendes zur Diskussion:[171]

Im Bereich des Übertragungswegemonopols (Kabel, Richtfunk, Satellit) sollen sich die Netzzugangsbedingungen und die Zulassung der anzuschließenden Endeinrichtungen hinsichtlich der Kompatibilitätskriterien[172] lediglich auf die Schicht 1 des ISO-Schichtenmodells beziehen. Die für die Schnittstellen zu treffenden Festlegungen haben sich also auf die elektrischen und physikalischen Eigenschaften der Signalübertragung zu beschränken; alle weiteren Funktionen (wie Herstellung der Kommunikationsfähigkeit von Endgeräten oder Vermittlungsstellen untereinander, logische Bildung von Dienstegruppen, logische Fehlersicherung, über das Erkennen der Betriebsfähigkeit hinausgehendes Netzwerkmanagement etc.) bleiben außer Betracht.[173] Da in der Bundesrepublik mit Ausnahme der Sprachübermittlung kein generelles *Vermittlungs*monopol besteht, ist diese Beschränkung auf die Schicht 1 des

---

169 Die Regulierung in den Monopolbereichen betrifft nicht nur DBP TELEKOM, sondern auch andere lizensierte Betreiber. Beim Mobilfunk ist beispielsweise die GSM-Norm auch für die Mannesmann Mobilfunk GmbH verbindlich festgeschrieben worden.

170 Vgl. *Bundesminister* (1991b), a.a.O., S. 1.

171 Im Bereich des Funkanlagenmonopols ist bislang noch keine Konkretisierung erfolgt. Es ist jedoch zu beachten, daß hier der gesamte, stark expandierende Bereich der Mobilkommunikation (GSM, PCN, DECT etc.) einzuordnen ist. Für einen Überblick der Standardisierung in diesen Bereichen vgl. *Silberhorn, A.*: Entwicklung europäischer Mobilfunk-Standards im Weltvergleich, in: Europäischer Mobilfunk, Fibu München 1991, S. 147-166 (160 ff).

172 Für Endgeräte gelten jedoch noch weitere Anforderungen, die nicht mit Kompatibilitätserfordernissen in Zusammenhang stehen - vgl. Abschnitt 4.3.4.

173 Vgl. *Telekommunikationsverordnung (TKV)* vom 24. Juni 1991, Amtsblatt des Bundesministers für Post und Telekommunikation, Nr. 49, Jg. 1991, S. 2046-2054, § 19, im folgenden zitiert als: *TKV* (1991); vgl. ausführlich *Bundesminister für Post und Telekommunikation*: Eckpunkte zur Beschreibung des Netzmonopols des Bundes, Bonn 1990, S. 10-13. DBP TELEKOM wird zur Einhaltung gewisser, noch nicht näher spezifizierter »Mindestqualitätsstandards« verpflichtet.

ISO-Modells auch folgerichtig. Nur auf diese Weise kann verhindert werden, daß das Übertragungswegemonopol bereits durch die Bündelung von Netzfunktionen zugunsten von DBP TELEKOM ausgedehnt wird.
Für den Bereich des Sprachübermittlungsmonopols sind notwendigerweise weitergehende Regelungen geplant:[174] Endgeräte, die am Monopoldienst Fernsprechen teilnehmen, müssen die vollständigen technischen Spezifikationen des Fernsprechdienstes als voll-standardisierten Dienst erfüllen. Gleiches gilt für Mehrwertdienste (wie z.B. Service 130, Auswertung von Wählinformationen), die auf dem Monopoldienst Fernsprechen »aufsetzen«. Dienste jedoch, die das Telefonnetz »nur« als vermittelndes Transportmedium für Nicht-Sprachdienste nutzen, müssen hingegen den Anforderungen auf den Schichten 1-3 des ISO-Modells entsprechen. Über diese Standards hinaus darf DBP TELEKOM keine weitergehenden technischen Bedingungen für den Anschluß von Endeinrichtungen an das Telefonnetz fordern.
Insgesamt ist angesichts dieser Regelungen festzuhalten, daß das BMPT grundsätzlich versucht, verbindliche Netzzugangsbedingungen und Zulassungskriterien möglichst einzuschränken, um einerseits die rechtlich abgesicherten Monopolbereiche DBP TELEKOMs nicht durch überzogene technische Anforderungen beim Netzzugang auszudehnen und andererseits eine weite Gestaltungsfreiheit in Wettbewerbsbereichen zu realisieren.
In diesen *Wettbewerbsbereichen* ist die Standardisierung prinzipiell dem Markt überlassen. Die Möglichkeit zur Kooperation bei der Abstimmung von Standards wird hierbei sowohl durch § 5 GWB[175] als auch durch die Ausnahmeregelungen des § 85 III EWG-Vertrag[176] offengehalten. Nach dem gegenwärtigen Stand der Diskussion ergeben sich jedoch in den Wettbewerbsbereichen auch bedeutende Probleme:

---

174 Vgl. *Bundesminister für Post und Telekommunikation*: Eckpunkte zur Beschreibung des Telefondienstmonopols des Bundes, Bonn 1991, S. 31 ff., im folgenden zitiert als: *Bundesminister* (1991a).

175 Nach § 5 I GWB sind »Verträge und Beschlüsse, die lediglich die einheitliche Anwendung von Normen und Typen zum Gegenstand haben«, vom Kartellverbot des § 1 GWB ausgenommen. Normen- und Typenkartelle sind anmelde- und zustimmungspflichtig und unterliegen der Mißbrauchsaufsicht nach § 12 GWB.

176 Zur Anwendung des § 85 EWG-Vertrag vgl. ausführlich *EG-Kommission* (1991a), a.a.O., S. 9 ff. Zwar werden dort mögliche wettbewerbsbeschränkende Wirkungen der kooperativen Abstimmung von Standards anerkannt, gemeinschaftlich entwickelte und veröffentlichte Standards haben insgesamt die Vermutung für sich, daß sie nicht gegen das Verbot wettbewerbsbeschränkender Vereinbarungen verstoßen. Auch die (weitergehende) Globalfreistellung für F&E-Kooperationen nach § 85 III EWG-Vertrag ermöglicht die Kooperation im Standardisierungsprozeß. Darüber hinaus unterhält die EG ihrerseits Forschungsprogrammme wie RACE oder COSINE, die sich mit Fragen der Standardisierung befassen.

Einerseits ist DBP TELEKOM rechtlich legitimiert, eine Quersubventionierung zwischen Monopol- und Wettbewerbsbereich zu betreiben. Wie gezeigt, kann dies ein entscheidender Vorteil für DBP TELEKOM im Standardisierungsprozeß sein, der nur bei infrastrukturellen Überlegungen zu rechtfertigen wäre. Hier sollte aus Sicht des Regulierers restriktiv verfahren werden.

Andererseits wird für Dienste privater Anbieter, die nicht über Mietleitungen angeboten werden können, die Nutzung der Wettbewerbsdienste (Transport- und voll-standardisierte Dienste) von DBP TELEKOM erforderlich. Abgesehen vom Telefonnetz, das Sonderregelungen unterliegt, ist für die technische Gestaltung der Netzzugänge und Anschlußbedingungen aller anderen Netze über die Schicht 1 hinaus DBP TELEKOM *zuständig* und *unreguliert.*[177] Da aufgrund der umfassenden Netzinfrastruktur eine marktbeherrschende Stellung DBP TELEKOMs insbesondere bei Netzdienstleistungen, aber auch bei einigen Mehrwertdiensten,[178] vermutet werden kann, bestehen also auch hier asymmetrische Wettbewerbsbedingungen zwischen DBP TELEKOM und privaten Dienste- und Endgeräteanbietern. Zwar unterliegt DBP TELEKOM seit der Poststrukturreform dem Gesetz gegen Wettbewerbsbeschränkungen[179] und auch den EG-Wettbewerbsregeln,[180] es ist jedoch fraglich, ob nicht auch in den Wettbewerbsbereichen, in denen eine marktbeherrschende Stellung festgestellt wird, eine regulatorische Aufsicht über DBP TELEKOM erfolgen sollte. Ansätze zur Lösung dieses Problems ergeben sich durch die ONP-Politik der EG, die im folgenden näher betrachtet wird.

4.3.3 *Bedingungen eines Offenen Netzzugangs*

Mit der Richtlinie des Rates vom 28. Juni 1990[181] hat die EG Grundsätze aufgestellt, die einen »Offenen Netzzugang« (»Open Network Provision - ONP«) zu Netzen der etablierten Telekommunikationsunternehmen als Vor-

---

177 Dies gilt auch für das Telefonnetz über Schicht 1-3 hinaus, wenn die anzuschließenden Endgeräte an Wettbewerbsdiensten teilnehmen, die von DBP TELEKOM angeboten werden. Hier hat DBP TELEKOM das Recht, die Teilnahme der Endgeräte privater Anbieter an diesen Diensten von weitergehenden Kriterien abhängig zu machen, die nicht Gegenstand der Zulassung sind.

178 Vgl. *Stoetzer* (1991), a.a.O., S. 47.

179 Dies gilt auch für die Monopolleistungen - vgl. *TKV* (1991), a.a.O., § 3.

180 Vgl. *EG-Kommission* (1991a), a.a.O., S. 6.

181 Vgl. *Rat der Europäischen Gemeinschaften*: Richtlinie des Rates vom 28. Juni 1990 zur Verwirklichung des Binnenmarktes für Telekommunikationsdienste durch Einführung eines offenen Netzzugangs (Open Network Provision) (90/387/EWG), Amtsblatt der Europäischen Gemeinschaften, Nr. L 192 vom 24.7.90, S. 1-9, im folgenden zitiert als: *EG-Rat* (1990a). Die Richtlinie gilt nicht für elektronische Massenmedien und Satellitenkommunikation.

aussetzung der Verwirklichung des Binnenmarktes für Telekommunikationsdienstleistungen erreichen sollen. Die ONP-Bedingungen betreffen sowohl den Bereich der Tarifierung und der Nutzungsbedingungen als auch den Bereich der Standardisierung.

Die Bedingungen eines offenen und effizienten Zugangs zu öffentlichen Telekommunikationsnetzen und -diensten müssen den folgenden, fundamentalen Grundsätzen entsprechen:[182]

— sie müssen auf objektiven Kriterien beruhen,
— sie müssen transparent sein, insbesondere sind sie zu veröffentlichen und
— sie müssen Diskriminierung ausschließen.

Der Grundsatz der Nicht-Diskriminierung bezieht sich dabei sowohl auf eine Gleichbehandlung aller Nachfrager von Netzdienstleistungen untereinander als auch darauf, daß eine »Fernmeldeorganisation«[183] (wie DBP TELEKOM) die gleichen technischen Spezifikationen beim Netzzugang ermöglicht, die sie selbst verwendet. In der Bundesrepublik ist der Grundsatz der Nicht-Diskriminierung bereits für die Monopolbereiche der DBP TELEKOM konkretisiert worden: »Die technischen Bedingungen, zu denen die Deutsche Bundespost TELEKOM Leistungen, die sie in Ausübung der Rechte aus dem Netzmonopol des Bundes erbringt, ihren Kunden bereitstellt, dürfen nicht ungünstiger sein als die technischen Bedingungen, zu denen sie diese Leistungen für von ihr selbst im Wettbewerb erbrachte Telekommunikationsdienstleistungen nutzt.«[184] Dieser Grundsatz gilt auch für die Leistungen, die sich im Zusammenhang mit dem Sprachübermittlungsmonopol ergeben.[185] Abweichungen von diesen Regelungen sind dem Bundesminister gegenüber zu begründen und müssen sachlich gerechtfertigt sein.

Für die Ausarbeitung der ONP-Bedingungen wird im Anhang 2 der Richtlinie vorgesehen, die Schnittstellenstandards bereits bestehender Netze und Dienste zu übernehmen.[186] Bereits vorhandene Schnittstellen für neue Dienste (oder die Weiterentwicklung bestehender Dienste) sollen - sofern geeignet - eben-

---

182 Vgl. *EG-Rat* (1990a), a.a.O., Art. 3 I.

183 *Fernmeldeorganisation* ist der bei der EG gebräuchliche Terminus für die von den Mitgliedstaaten mit exklusiven Rechten betrauten Fernmeldeunternehmen.

184 *Bundesminister für Post und Telekommunikation*: Regulierungen zum Netzmonopol des Bundes, Informationsserie zu Regulierungsfragen, Nr. 4, Bonn 1991, S. 118; DBP TELEKOM ist aufgefordert, dem Bundesminister bis zum 31.12.91 entsprechende Zugangsbedingungen zur Genehmigung vorzulegen.

185 D.h. sowohl für die Nutzung des Telefondienstes an sich und für darauf aufbauende Dienste als auch für die Nutzung des Telefonnetzes für andere Nicht-Sprachdienste. Vgl. *Bundesminister (1991a)*, a.a.O., S. 42 ff.

186 Im Anhang 2 der Richtlinie werden weiterhin auch Benutzungsbedingungen und Tarifierungsprinzipien präzisiert. So wird insbesondere die Kostenorientierung der Gebühren gefordert.

falls übernommen werden. Für noch nicht bestehende Netze, die jedoch bereits Gegenstand von Standardisierungsprogrammen sind, wird auf die Grundsätze der Objektivität, Transparenz und Nicht-Diskriminierung verwiesen. Die zu erarbeitenden Vorschläge für ONP müssen im Einklang mit den regionalen und internationalen Standardisierungsaktivitäten stehen.

Als Anwendungsbereiche für die ONP-Bedingungen werden im Anhang 1 der Richtlinie Mietleitungen, paket- und leitungs-vermittelte Datendienste, ISDN, Sprach-Telefondienst, Telexdienst, Mobilfunkdienst sowie - unter Vorbehalt - Breitbandnetze und »neue Arten des Netzzugangs« genannt. Die mit Priorität versehenen ONP-Bedingungen für Mietleitungen, Telefondienst, paket-vermittelte Datendienste und für das ISDN sind gegenwärtig in Vorbereitung[187] und Gegenstand kontroverser Diskussionen. Die Vorschläge enthalten die Kompatibilitätsstandards der zugänglich zu machenden Dienste, das Ausmaß ihrer »Entbündelung« und einen Zeitplan ihrer Verwirklichung.[188]

DBP TELEKOM ist verpflichtet, die zukünftig im Amtsblatt der EG veröffentlichten ONP-Standards anzuwenden.[189]

Wenngleich ONP als Konzeption zur Verhinderung von Diskriminierungen positiv zu bewerten ist, so ergeben sich bei dessen gegenwärtiger Ausgestaltung - soweit erkennbar - doch auch erhebliche Probleme:

Nach Auffassung der EG sollen die ONP-Bedingungen einerseits die Handlungsfreiheit der Diensteanbieter und -nutzer begünstigen. Andererseits soll hierdurch aber die Verantwortung der Fernmeldeorganisationen für den Aufbau und das Funktionieren der Netze nicht unnötig beschränkt werden.[190]

Dies findet seinen Ausdruck darin, daß der Geltungsbereich der ONP-Richtlinie von vornherein eingeschränkt wird. Beschränkungen des Zugangs zu öffentlichen Netzen und Diensten sind möglich, wenn sie sich aus besonderen oder ausschließlichen Rechten ergeben, die Mitgliedstaaten den Fernmeldeorganisationen gewährt haben (Monopolleistungen), oder auf gewissen »grund-

187 Vgl. *Commission of the European Communities*: Proposal for a Council Directive on the Application of Open Network Provision to Leased Lines, Draft, Brussels 1990; *dies.*: Analysis Report on the Application of ONP to Voice Telephony, Brussels 1991; *dies.*: Proposal for a Council Recommendation on the Harmonised Provision of a Minimum Set of Packet Switched Data Services in Accordance with Open Network Provision Principles, Draft, Brussels 1991; *dies.*: Proposal for a Council Recommendation on the Provision of Harmonised ISDN Access Arrangements and a Minimum Set of ISDN Functionalities in Accordance with Open Network Provision Principles, Draft, Brussels 1991.

188 So sollen beispielsweise bei paket-vermittelten Datendiensten bis zum 31.12.92 Dienste nach den CCITT-Empfehlungen X.25, X.28 und X.32 mit unterschiedlichen Leistungsmerkmalen verfügbar gemacht werden.

189 Vgl. *TKV* (1991), a.a.O., § 9 II (Monopolleistungen) und § 26 II (Wettbewerbsleistungen).

190 Vgl. auch *Ungerer* (1989), a.a.O., S. 109.

legenden Anforderungen« beruhen.[191] Unter diesen grundlegenden Anforderungen werden verstanden:

— die *Sicherheit des Netzbetriebes*, d.h. die Verfügbarkeit der öffentlichen Netze in Notfällen,

— die *Aufrechterhaltung der Netzintegrität*, d.h. das »normale« Funktionieren des öffentlichen Netzes und seine Anschlußfähigkeit an die öffentlichen Netze in der Gemeinschaft auf der Grundlage technischer Normen,

— die *Interoperationalität der Dienste*, d.h. die Einhaltung der »technischen Mindestspezifikationen«, die zur Ausweitung des Angebots an Diensten und der Wahlmöglichkeiten der Benutzer festgelegt worden sind, und

— der *Datenschutz*, d.h. die Vertraulichkeit von Mitteilungen und der Schutz persönlicher Daten.[192]

Hinsichtlich dieser grundlegenden Anforderungen entstehen erhebliche Abgrenzungs- und Bewertungsprobleme. Als problematisch erscheinen insbesondere die Anforderungen der Netzintegrität und der Interoperabilität von Diensten. Da sich diese Begriffe aufgrund der bestehenden Bewertungsspielräume nur sehr schwer eingrenzen lassen, wird den Fernmeldeorganisationen ein Mittel an die Hand gegeben, restriktive Netzzugangsbedingungen auf dieser Basis zu rechtfertigen. Die Gefahr der Überstandardisierung bleibt damit prinzipiell bestehen, sofern keine kritische Überprüfung der Spezifikationen im Einzelfall erfolgt.

Diese Schwäche der ONP-Konzeption wird verständlich, wenn man berücksichtigt, daß die ehemaligen Fernmeldeverwaltungen in der Anfangsphase der ONP-Politik auch in den zuständigen EG-Gremien dominierten, so daß sie ihre Interessen im Standardisierungsprozeß entsprechend einbringen konnten:

> »The raison d'etre of ONP is to benefit users by encouraging competition in the provision of telecommunications services. The reality, however, is that the TA's (Telecommunications Administrations, d. Verf.) interests and limitations, however created or interpreted, are determining much of the ONP process...« »Many of the ONP proposals continue to protect the administrations and put only weak requirements on them.«[193]

An der gegenwärtigen Ausgestaltung der ONP-Konzeption ist weiterhin problematisch, daß nicht in dem Maße eine »Entbündelung« der Dienstebestandteile erfolgen soll, wie sie maximal möglich ist und beispielsweise auch in der vergleichbaren US-amerikanischen Konzeption einer »Open Network

191 Vgl. *EG-Rat* (1990a), a.a.O., Art. 3 II, III.

192 Die Begriffsbestimmungen sind der *EG-Kommission* (1990a), a.a.O., Begründung 9 entnommen.

193 *Analysys Publications*: European Telecommunications 1: Standards and ONP - Keys to the Open Market, o.O. 1989, S. 61 / S. 38, im folgenden zitiert als: *Analysys Publ.* (1989).

Architecture« (ONA)[194] angestrebt wird.[195] Der Grund hierfür ist darin zu sehen, daß ONP aufgrund von industriepolitischen Überlegungen der EG zunehmend als Mittel eingesetzt wird, um ausgewählte Dienste gemeinschaftsweit harmonisiert verfügbar zu machen.

Mit der Betonung des Harmonisierungsaspekts in der ONP-Politik wird die Regulierung der Netzzugänge nicht mehr vorrangig am wettbewerbspolitischen Kriterium der *Marktmacht* orientiert, sondern daran, ob bestimmte Dienste von den EG-Entscheidungsträgern für den Binnenmarkt als »meritorisch« angesehen werden oder nicht. Wenn ein Dienst regulatorisch vorgeschrieben wird, so wird hierdurch automatisch dessen Standardisierungstiefe festgeschrieben. Da die Unsicherheit über die Entwicklung der Nachfragerbedürfnisse insbesondere bei neuen Diensten (z.B. bei ISDN-Diensten) groß ist, kann sich eine trotz unvollkommener Information regulatorisch festgelegte Standardisierungstiefe sehr leicht als langfristig suboptimal erweisen.

Zudem lassen unterschiedliche nationale Telekommunikationspolitiken und Liberalisierungsstadien grundsätzlich eine Harmonisierung »auf höherem Niveau« (bezogen auf das ISO-Schichtenmodell) erwarten, die dem Ziel einer maximalen Entbündelung direkt widerspricht. Wie gezeigt, ist die weitgehende Entbündelung der Dienste (insbesondere der Netzdienstleistungen) jedoch eine notwendige Voraussetzung dafür, daß Diensteanbieter Zugriff auf nur minimale Dienste des Netzmonopolisten haben und diese frei mit ihren eigenen Diensten kombinieren können. Nur auf diese Weise kann sich ein präferenz-adäquates Verhältnis zwischen offenen und geschlossenen Netzwerken bei einzelnen Diensten einstellen und auch wieder verändern.

---

194 Als Reaktion auf die Schwierigkeiten der Abgrenzung von monopolistischen Basisdiensten und wettbewerblichen Mehrwertdiensten wurden AT&T und die regionalen Bell Operating Companies aufgefordert, genehmigungspflichtige ONA-Pläne vorzulegen, die die technischen Merkmale des Netzzugangs bei maximaler Entbündelung der Netzdienstleistungen beschreiben. Im Gegenzug werden diese Unternehmen von den Restriktionen beim Angebot von Mehrwertdiensten befreit. Die US-amerikanische Regulierungsbehörde FCC hat nur grundlegende Anforderungen an die ONA-Pläne vorgegeben; die Entwicklung der Standards hat sie betroffenen Unternehmen und privaten Standardisierungsinstitutionen überlassen. Zur ONA vgl. ausführlich *Analysys Publ.* (1989), a.a.O., S. 40 ff.; *Besen/Saloner* (1989), a.a.O., S. 216 ff.; *Scherer* (1987), a.a.O., S. 103 ff.; *Rutkowski, A.M.*: Open Network Architectures: An Introduction, in: Telecommunications, January 1987, S. 30-40.

195 *Analysys Publ.* (1989), a.a.O., S. 40. Allerdings sind harmonisierte und »entbündelte« Netzzugänge aufgrund der sehr unterschiedlichen Eigenschaften der europäischen Netze im Vergleich zu den USA auch schwerer zu erreichen.

4.3.4 *Zur Zulassung von Endgeräten*

Abschließend soll noch ein Blick auf die Endgerätezulassung im neuen Ordnungsrahmen geworfen werden. Der Prozeß der Erarbeitung von Zulassungsvorschriften und der Zulassung selbst verläuft folgendermaßen:
Das BAPT erarbeitet die Standards für die öffentlichen, regulierten Dienste und stellt die entsprechenden Zulassungsvorschriften für Endgeräte auf der Grundlage der internationalen und europäischen Standards bereit. Sofern bereits europäische Zulassungsbedingungen (NET, CTR) existieren, werden sie vom BAPT auf nationaler Ebene in Zulassungsvorschriften umgewandelt und im Amtsblatt des Bundesministers für Post und Telekommunikation veröffentlicht. Sind keine weltweiten oder europäischen Standards verfügbar, so werden nationale Standardisierungsprozesse initiiert. Auf der Grundlage dieser Ergebnisse, die gleichzeitig den Input für regionale und internationale Standardisierungsprozesse darstellen, werden im BAPT Entwürfe für Zulassungsvorschriften erarbeitet. Die Entwürfe werden über die Industrieverbände (ZVEI, VDMA etc.) der Öffentlichkeit zur Stellungnahme zugeleitet. Die endgültigen Zulassungsvorschriften werden wiederum im Amtsblatt des Bundesministers für Post und Telekommunikation veröffentlicht.
Das ZZF führt die Prüfung von Telekommunikationsendgeräten auf der Grundlage der vom BAPT erarbeiteten Zulassungsvorschriften durch und erteilt die Zulassung.[196] Grundsätzlich müssen *alle* Endgeräte, die an öffentliche Netze angeschlossen werden sollen, zugelassen sein, d.h. auch die Geräte von DBP TELEKOM. Die Zulassungsvorschriften sind für alle in- und ausländischen Anbieter gleich. Über diese Vorschriften hinaus findet keine Marktzutrittsregulierung statt, da prinzipiell ein Rechtanspruch auf Zulassung besteht. Die Bediensteten des ZZFs sind zur Verschwiegenheit verpflichtet, damit keine Informationen über die zu prüfenden Endgeräte weitergegeben werden.
Das Zulassungsverfahren verläuft wie folgt: Die Endgeräteanbieter stellen einen schriftlichen Antrag auf Zulassung ihres Geräts und reichen Unterlagen ein, die Funktion und Bauweise des Gerätes bezeichnen. Fehlende Unterlagen werden nachgefordert. In der Reihenfolge der eingegangenen, vollständigen Anträge wird die Zulassungsprüfung durchgeführt, d.h. es wird untersucht, ob das Gerät die Zulassungsvorschriften erfüllt. Werden Mängel festgestellt,

---

196 Vgl. *Verordnung über die Zulassung von Telekommunikationseinrichtungen (TKZulV) vom 22. März 1991*, Bundesgesetzblatt, Jg. 1991, Teil I, Nr. 19, S. 756-763, im folgenden zitiert als: *TKZulV* (1991). Zur Struktur und Arbeitsweise des ZZF vgl. *Friedrich/Neumar (1988)*, a.a.O., S. 359 ff.; *Pohl, W./Stannat, A.*: ZZF: Neuorganisation bringt frischen Wind, in: Funkschau, Nr. 24/1991, S. 66-68.

so hat der Antragsteller die Möglichkeit zur Nachbesserung und anschließender Wiederholungsprüfung. Verläuft die Prüfung positiv, so wird das Gerät zum Anschluß an das öffentliche Netz zugelassen und erhält ein Zulassungszeichen des ZZF. Bei negativem Ausgang des Zulassungsverfahrens kann Widerspruch eingelegt werden. Wird der Widerspruch abgelehnt, so kann die Entscheidung des ZZF gerichtlich nachgeprüft werden. Das Zulassungsverfahren ist gebührenpflichtig und soll die Dauer von sechs Monaten nicht überschreiten.

Durch die EG-Richtlinie zur Angleichung der Rechtsvorschriften über Telekommunikationsendgeräte[197] werden die Inhalte der Zulassungsvorschriften präzisiert. Endgeräte, die an die öffentlichen Netze angeschlossen werden sollen, müssen zukünftig gemeinschaftsweit die folgenden »grundlegenden Anforderungen« erfüllen:[198]

— Sicherheit der Benutzer,
— Sicherheit des Personals des Netzbetreibers,
— elektromagnetische Verträglichkeit,
— Schutz des öffentlichen Telekommunikationsnetzes vor Schaden,
— effiziente Nutzung des Funkfrequenzspektrums,
— Kommunikationsfähigkeit der Endeinrichtungen mit Einrichtungen des öffentlichen Telekommunikationsnetzes sowie
— Kommunikationsfähigkeit der Endeinrichtungen untereinander über das öffentliche Telekommunikationsnetz in gerechtfertigten Fällen.

Von diesen Kriterien, die im übrigen auch in der Telekommunikationszulassungsverordnung festgeschrieben wurden,[199] betreffen die beiden letztgenannten Anforderungen damit explizit den Bereich der Kompatibilitätsstandards. Für den letzten Punkt der Kommunikationsfähigkeit zwischen Endgeräten untereinander wurde bestimmt, daß als gerechtfertigte Fälle einerseits die nach dem Gemeinschaftsrecht anerkannten Monopoldienste angesehen werden können. In der Bundesrepublik ist dies »lediglich« die Sprachübermittlung. Andererseits sind gerechtfertigte Fälle dann gegeben, wenn für einen Dienst vom EG-Rat beschlossen wurde, daß er gemeinschaftsweit verfügbar sein soll. Dieser wäre folglich in der Bundesrepublik als Pflichtleistung für DBP TELEKOM festzulegen. Diese Regelung ist jedoch keinesfalls

---

197 Vgl. *Rat der Europäischen Gemeinschaften*: Richtlinie des Rates vom 29. April 1991 zur Angleichung der Rechtsvorschriften der Mitgliedstaaten über Telekommunikationsendeinrichtungen einschließlich der gegenseitigen Anerkennung ihrer Konformität (91/263/EWG), Amtsblatt der Europäischen Gemeinschaften, Nr. L 128 vom 23.5.91, S. 1-18, im folgenden zitiert als: *EG-Rat* (1991).

198 Vgl. *EG-Rat* (1991), a.a.O., Art. 4.

199 Vgl. *TKZulV* (1991), a.a.O., § 4.

unproblematisch, da - wie bei ONP - durch bestimmte politische Entscheidungen der EG ein direkter regulatorischer Einfluß auf die Standardisierung der Endgeräte der dann als meritorisch einzustufenden Dienste ausgeübt wird.
Für die Kommunikationsfähigkeit von Endgeräten mit dem Netz wurden - sofern keine NET-Normen verfügbar sind - noch keine gemeinschaftsweiten Regelungen für die optimale Standardisierungstiefe getroffen. Wie gezeigt, ergibt sich in der Bundesrepublik mit Ausnahme des Fernsprechdienstes eine regulatorische Begrenzung der Zulassungsbedingungen auf Schicht 1 des ISO-Modells im Sinne der Abgrenzung des Übertragungswegemonopols. Daß es hierbei durchaus zu Widersprüchen mit bestehenden europäischen Standards kommen kann, zeigt sich bei Datennetzen, da die entsprechenden Zulassungsbedingungen NET 1 und NET 2 eine größere Standardisierungstiefe (Schicht 1-3) vorsehen.
Hinsichtlich der Qualitätskriterien ist für die Bundesrepublik schließlich festzustellen, daß keine Qualitätsstandards für Endgeräte festgelegt werden sollen, die über die genannten Sicherheitsstandards hinausgehen. Sinnvollerweise wird vielmehr angenommen, daß sich das optimale Qualitätsniveau im Marktprozeß einstellt.[200]

4.4 *Zusammenfassende Würdigung*

Die vorstehende Analyse der bisherigen Reformen im Telekommunikationsbereich zeigt, daß sich Ansätze zu einer wettbewerbsorientierten Standardisierungspolitik erkennen lassen:
Angesichts der zentralen Bedeutung der *Kooperation* im Standardisierungsprozeß ist es zu begrüßen, daß sich sowohl auf internationaler, europäischer als auch auf nationaler Ebene eine Öffnung und Flexibilisierung der institutionellen Standardisierungsprozesse vollzieht. Die Reformen in der ITU und die Ablösung der CEPT durch das ETSI beenden nicht nur die formelle Vorherrschaft der ehemaligen Fernmeldeverwaltungen in den etablierten Standardisierungsinstitutionen. In diesen Institutionen wird nunmehr auch mit marktnäheren Verfahren gearbeitet, die angesichts der gewachsenen Anzahl von Spielern, der Zunahme technologischer Alternativen und der Verkürzung von Innovationszyklen auch dringend notwendig sind.
Wie die Analyse der Reformen in der Bundesrepublik zeigt, konnten auch hier wesentliche Verbesserungen gegenüber der Situation der Vergangenheit

200 Nach Aussage des Präsidenten des BAPT, *Eisenried*, auf der »Ersten Standardisierungskonferenz beim Bundesminister für Post und Telekommunikation« am 02.10.91 in Bonn.

erreicht werden. Um die Macht des etablierten Unternehmens DBP TELEKOM im Standardisierungsprozeß zu begrenzen, wurden im neuen Ordnungsrahmen unterschiedliche Vorkehrungen getroffen: Die Übertragung der nunmehr *regulatorischen* Aufgaben der Standardisierung und Zulassung auf den Bundesminister für Post und Telekommunikation und der nachgeordneten Behörden ist eine Grundvoraussetzung dafür, daß die Vorgaben von DBP TELEKOM in den Monopolbereichen einer kritischen Überprüfung unterzogen werden können. Dabei ist es als eindeutig positiv zu werten, daß die Standardisierungsprozesse für alle interessierten Kreise geöffnet wurden und die Ergebnisse der Prozesse angemessen veröffentlicht werden. Der Regulierungsansatz stellt sich im Vergleich zur restriktiven Praxis der DBP insgesamt als geradezu revolutionär dar. Nach den Ergebnissen der theoretischen Analyse erscheint er jedoch zu liberal für all diejenigen Bereiche zu sein, in denen DBP TELEKOM im Wettbewerb steht und trotzdem immer noch über eine marktbeherrschende Stellung verfügt. Hier liegen die eigentlichen Probleme des neuen Ordnungsrahmens.

Ob diese Probleme durch die ONP-Politik der EG überwunden werden können, bleibt abzuwarten. Zwar entspricht ONP konzeptionell ohne Zweifel den Minimalanforderungen, die an eine wettbewerbsorientierte Standardisierungspolitik zu stellen sind, wenn eine Chancengleichheit zwischen etablierten und neuen Anbietern erreicht werden soll. Die vielschichtigen industriepolitischen Einflüsse, die die konkrete Ausgestaltung der Konzeption determinieren, und das koordinierte Auftreten der europäischen Netzbetreiber können jedoch einem wettbewerbspolitischen Erfolg von ONP entgegenstehen.

Teil IV: Zusammenfassung und Ausblick

»Variety is not always a good thing.«[1]

Ausgehend von der Bestimmung des Begriffes Kompatibilitätsstandard konnten die marktstrukturellen Determinanten aufgezeigt werden, unter denen diese Aussage von *Scherer/Ross* zutrifft. Die durch Kompatibilitätsstandards bedingte *Vielfaltsreduktion* führt zum Erreichen von gesamtwirtschaftlicher Effizienz, wenn sowohl auf Nachfrage- als auch auf Angebotsseite erhebliche Größenvorteile zu realisieren sind, Irreversibilitäten, Substitutions- und Transaktionskosten verringert werden und eine Intensivierung des Wettbewerbs eintritt. Dominiert gleichzeitig eine starke Präferenz der Wirtschaftssubjekte für marktweite Kompatibilität mögliche divergierende Standardpräferenzen, sind auch die Kosten qualitativer Ineffizienzen, die als Folge der Vielfaltsreduktion entstehen können, als eher gering einzuschätzen. Die Untersuchung der marktstrukturellen Bedingungen im Telekommunikationsbereich zeigte insgesamt eine starke Notwendigkeit für Standardisierung.

Kompatibilitätsstandards können sowohl in *nicht-kooperativen Marktprozessen*, durch *Kooperation* als auch durch *Regulierung* entstehen. Wie die Analyse der etablierten Verfahren zur Erlangung von Kompatibilität im Telekommunikationsbereich ergab, wurden Standards für internationale Telekommunikationsdienste und -netze traditionell durch eine institutionalisierte Kooperation zwischen den nationalen Fernmeldemonopolisten erreicht. Die Standardisierungsprozesse zeichneten sich dabei durch einen exklusiven Charakter und lange Zeitdauer aus. Ein Wettbewerb um Standards war nur in diesem begrenzten Rahmen möglich. Auf welche Weise die Standards an den internationalen und europäischen Netzwerkübergängen realisiert wurden, war den nationalen Monopolisten überlassen, wobei industriepolitische Gesichtspunkte stets eine große Rolle spielten. Für die Standardisierungspolitik der DBP konnte insgesamt eine sehr restriktive Ausgestaltung festgestellt werden.

Die Liberalisierung der Telekommunikationsmärkte in den entwickelten Volkswirtschaften hat zu erheblich erweiterten Spielräumen für den Wettbewerb geführt, so daß das Standardisierungsproblem auch hier zunehmend an Bedeutung gewonnen hat. Es ergibt sich für den Telekommunikationsbereich die Notwendigkeit einer *effizienten, wettbewerbsorientierten Standardisie-*

1 *Scherer/Ross* (1990), a.a.O., S. 607.

rungspolitik. Diese Politik muß die grundlegende Frage berücksichtigen, ob unregulierte Märkte ein effizientes Ausmaß an Standardisierung hervorbringen können oder nicht:
Als mögliche Ursache für marktliche Funktionsmängel kommen *Netzwerkexternalitäten* in Betracht. Letztere sind kennzeichnend für Netzeffekt-Güter, deren Nutzen sich zumindest teilweise im Netzwerkzusammenhang ergibt. Telekommunikationsdienste stellen den Extremfall von Netzeffekt-Gütern dar, da ihr Nutzen *ausschließlich* im Netzwerkzusammenhang entsteht. Diese Eigenschaft führt nicht nur zu weitreichenden Kompatibilitätserfordernissen zwischen den Komponenten eines Telekommunikationsnetzwerks, sondern stellt auch das *marktstrukturelle Spezifikum der Telekommunikationsmärkte* dar.
Dennoch ergab die Analyse, daß das Vorliegen von Netzwerkexternalitäten nicht zwangsläufig zu Problemen im Marktprozeß führen muß. Unter bestimmten Voraussetzungen können trotz Netzwerkexternalitäten unterschiedliche, inkompatible Varianten eines Gutes effizient sein. Diese Situation konnte im Telekommunikationsbereich für den Fall *geschlossener Netzwerke* (bzw. spezialisierter Dienste) identifiziert werden. Es handelt sich in diesem Fall also nicht um den vielfach befürchteten »Wildwuchs von Kommunikationsprozeduren«.
Bei einer starken Präferenz der Wirtschaftssubjekte für marktweite Kompatibilität, die im Telekommunikationsbereich im Fall *offener Netzwerke* (bzw. potentieller Massendienste) anzutreffen ist, werden die Probleme marktlicher, nicht-kooperativer Standardisierungsprozesse jedoch deutlich:
Erstens muß in der Innovationsphase von Netzeffekt-Gütern zunächst eine *kritische Masse* erreicht werden, um überhaupt ein Marktwachstum auszulösen. Daß dieses Startproblem sogar im Monopolfall erhebliche Schwierigkeiten bereiten kann, konnte am Beispiel ausgewählter Dienste der DBP gezeigt werden. Das Startproblem wird bei einer Konkurrenz unterschiedlicher Standards weiter verschärft. Notwendig sind Einführungsstrategien, um die kritische Masse zu erreichen. Gelingt dies nicht, so verschwindet der Dienst vom Markt. Die hiermit verbundenen Investitionsrisiken auf *Angebots- und Nachfrageseite* sind insbesondere bei potentiellen Massendiensten als hoch einzuschätzen. Deshalb ist hier eine kooperative Abstimmung von Standards *ex ante*, d.h. bereits *vor* der Markteinführung, gesamtwirtschaftlich sinnvoll. Gleichzeitig wird auch die Unterlegenheit von Gateway-Technologien deutlich, durch die Kompatibilität - wenn überhaupt - nur *ex post* erreicht werden kann.

Wird die kritische Masse erreicht, so stellt sich bei starken Netzwerkexternalitäten eine Tendenz zum »natürlichen Nachfragemonopol« ein, für das im Rahmen dieser Arbeit eine Definition angegeben werden konnte. Es ergibt sich das *zweite* Problem von Marktprozessen: Es kann sich ein Standard durchsetzen, der langfristig nicht notwendigerweise »der Beste« ist. Da das spätere Marktergebnis schon früh in der Entwicklung determiniert wird, ergeben sich auch nur enge Spielräume für wirksame regulatorische Eingriffe. Die Antizipation eines langfristig optimalen Standards wird dabei durch die dynamische Entwicklung der Telekommunikationsmärkte erheblich erschwert. Vielfach ist es nicht nur *ex ante* unmöglich, den optimalen Standard zu identifizieren, sondern es ist auch *ex post* kaum zu entscheiden, ob ein Standard der optimale war oder nicht. Aufgrund dieser Informationsprobleme kann eine staatliche Intervention *nicht* empfohlen werden.
Das *dritte* Problem ergibt sich ebenfalls im Zusammenhang mit dem natürlichen Nachfragemonopol. Setzt sich ein Unternehmen mit seiner Lösung durch, so kann die *Imitation* des relevanten, firmeninternen »Standards« für Konkurrenzunternehmen strategisch und/oder strukturell erschwert sein. Um wettbewerbliche Strukturen zu erhalten, muß die Offenlegung der firmeninternen Schnittstelleninformationen erfolgen. Da dies typischerweise nicht im Interesse des Marktführers liegt, besteht hier *Regulierungsbedarf*.
Die Etablierung eines Marktstandards bringt *viertens* das Problem des *Technologie- bzw. Standardwechsels*. Zentrale Bedeutung hat hierbei die installierte Basis der Vorgängertechnologie, die theoretisch sowohl »zu früh« als auch »zu spät« verlassen werden kann. Im Telekommunikationsbereich sind Anzeichen dafür zu finden, daß das Verharren auf einem suboptimalen Standard vergleichsweise *eher* zu erwarten ist als der vorschnelle Wechsel zu einem neuen Standard. Auch das Beispiel der überkommenen Vermittlungstechnik der DBP geht in diese Richtung, wobei zu beachten ist, daß hier keine marktlichen, sondern Entscheidungen eines Monopolisten zugrundelagen. Die Probleme des Standardwechsels können wiederum prinzipiell durch die Kooperation im Standardisierungsprozeß *abgemildert* werden. Angesichts der Informationsprobleme ist ein Effizienzvorteil von Regulierung *nicht* zu erkennen.
Diese vier Punkte zeigen die wesentlichen strukturellen Probleme marktlicher, nicht-kooperativer Standardisierungsprozesse bei Abwesenheit von Marktmacht auf. Der Blick auf die Telekommunikationsmärkte in den entwickelten Volkswirtschaften läßt deutlich werden, daß es im Telekommunikationsbereich noch ein weiteres Problem für die Standardisierungsprozesse gibt: die

marktbeherrschenden Stellungen der ehemaligen Fernmeldeverwaltungen insbesondere im Netzbereich und bei den etablierten Fernmeldediensten.
Im Telekommunikationsbereich ergibt sich damit die wohl einmalige marktstrukturelle Situation, daß in den nationalen Märkten *marktmächtige Unternehmen* tätig sind, die teilweise über rechtlich abgesicherte oder faktische *Angebotsmonopolstellungen* verfügen - und das in Märkten, in denen nachfrageseitige Größenvorteile prinzipiell eine Tendenz zum *natürlichen Nachfragemonopol* begründen können, das seinerseits marktmachtfördernd bzw. -erhaltend wirkt.
Aus dieser Situation ergeben sich die folgenden Konsequenzen: Die etablierten Unternehmen haben bei der Einführung von neuen Diensten prinzipiell nur aufgrund ihrer Marktmacht einen Erwartungsvorteil bei der Durchsetzung ihrer Standards gegenüber kleineren Konkurrenzunternehmen. Darüber hinaus werden auch intensive Preiseinführungsstrategien ermöglicht, da eine Quersubventionierung der innovativen Bereiche aus den faktischen oder rechtlich abgesicherten Monopolbereichen erfolgen kann. Bei neuen, internationalen Diensten kann schließlich ein koordiniertes Vorgehen der etablierten Unternehmen die Standardisierungsprozesse wesentlich beeinflussen. Zwar erleichtern alle diese Faktoren, überhaupt die Durchsetzung eines neuen Dienstes (Standards) zu erreichen, gleichzeitig führen sie jedoch tendenziell zu einer Verfestigung der bereits bestehenden Marktmacht.
In den faktischen oder rechtlich abgesicherten Monopolbereichen besitzen die Monopolisten zudem Spielräume für unilaterale Standardisierungsentscheidungen, die *unmittelbar* Anbieter angrenzender Wettbewerbsbereiche beeinflussen. Diese Situation kann ausgenutzt werden, indem restriktive Zugangsvoraussetzungen für den »eigentlichen« Monopolbereich gefordert werden oder versucht wird, diese Bereiche durch eine später nicht mehr auflösbare, technische Verknüpfung von Dienstebestandteilen auszudehnen. Gleichzeitig stellt sich wiederum das Problem der installierten Basis, die nur aufgrund der unilateralen Entscheidungen restriktiv gestaltet werden kann und für den Gesamtmarkt innovationshemmend wirkt. Insgesamt muß eine *Überstandardisierung* bei den Netzzugangsbedingungen verhindert werden; im Rahmen dieser Arbeit konnten Ansätze für die Wahl der optimalen Standardisierungstiefe bei unterschiedlichen marktstrukturellen Rahmenbedingungen aufgezeigt werden. Eine alternative Möglichkeit der Diskriminierung von Konkurrenten im Wettbewerbsbereich besteht schließlich darin, im Monopolbereich durch einen Standardwechsel strategisch *Inkompatibilität* herbeizuführen oder anzukündigen.

Insgesamt können aus der durchgeführten Analyse folgende *Schlußfolgerungen* für eine effiziente, wettbewerbsorientierte Standardisierungspolitik im Telekommunikationsbereich gezogen werden:

Prinzipiell sollten Standardisierungsentscheidungen dem Markt überlassen werden. Hierbei ist die Möglichkeit zur Kooperation im Standardisierungsprozeß offenzuhalten, da sich auf diese Weise Funktionsmängel rein marktlicher, nicht kooperativer Standardisierungsprozesse tendenziell überwinden lassen. Tatsächlich zeigen die gegenwärtigen Reformen auf internationaler, europäischer und nationaler Ebene eine Tendenz zur Entwicklung eines offenen, kooperativen Umfeldes, in dem der Wettbewerb um Standards ausgetragen werden kann und in vielen Bereichen auch ausgetragen werden wird.

Regulierungseingriffe sollten sich auf Situationen beschränken, in denen Standardisierungsprozesse durch Marktmacht gekennzeichnet sind. Dies gilt sowohl für Marktmacht, die im Standardisierungsprozeß entsteht, als auch für Marktmacht, die bereits besteht und nachgelagerte Standardisierungsprozesse nachhaltig beeinflußt. Zwar wird prinzipiell die Wahl des optimalen Eingriffszeitpunkts Schwierigkeiten bereiten, die gegenwärtige Marktmacht der etablierten Fernmeldeunternehmen rechtfertigt regulatorische Eingriffe jedoch allemal. Es erscheint deshalb auch nicht ausreichend zu sein, wenn der bundesdeutsche Netzbetreiber DBP TELEKOM nur in den rechtlich abgesicherten, nicht jedoch in faktischen Monopolbereichen einer regulatorischen Kontrolle der Schnittstellen unterzogen wird. Inwieweit die ONP-Politik der EG hier Abhilfe schaffen kann, bleibt abzuwarten.

Angesichts der gestiegenen Bedeutung des Kompatibilitätsproblems für wichtige Branchen wie Telekommunikation, Datenverarbeitung oder Unterhaltungselektronik und der vielen noch ungelösten Fragen ist die weitere Erforschung der ökonomischen Probleme von Kompatibilitätsstandards unerläßlich. Es sollte deutlich geworden sein, daß dies umso mehr für den liberalisierten Telekommunikationsbereich gilt, in dem Marktstruktur, Marktverhalten und Marktergebnis *entscheidend* von den Standards der relevanten Technologien abhängen. Von vielen möglichen Ansatzpunkten der weiteren Analyse seien hier nur drei genannt:

Da bislang nur eine geringe Anzahl von vertiefenden *Marktstudien* vorliegt, ist es erstens generell wünschenswert, daß weitere Untersuchungen durchgeführt werden. Es wird interessant sein zu sehen, inwieweit sich als Folge des liberalisierten Umfeldes auch tatsächlich marktliche Einflüsse durchsetzen, die sowohl die Struktur als auch das Ergebnis der Standardisierungsprozesse verändern. Insbesondere der Bereich der Mehrwertdienste sowie der sehr stark expandierende Bereich der Mobilkommunikation bieten sich für vertiefende Analysen an.

Da auch in dieser Arbeit kooperativem Verhalten bei der Standardisierung eine starke Bedeutung zugemessen wurde, wäre es zweitens wünschenswert, nicht nur theoretische, sondern auch empirische Analysen zur *Kooperation im Standardisierungsprozeß* durchzuführen. Erforderlich sind insbesondere differenzierte Untersuchungen zur Struktur, der Funktionsweise und den Machtverhältnissen in internationalen, europäischen und nationalen Standardisierungsinstitutionen. Ebenso muß nach effizienten Konzepten zur Lösung der Patentproblematik gesucht werden.

Für die *regulatorische* Schaffung wettbewerbsfähiger Rahmenbedingungen innerhalb der EG spielt das ONP-Konzept die zentrale Rolle. Es erscheint daher drittens sinnvoll, die weitere Entwicklung von ONP differenziert zu verfolgen. Insbesondere kann anhand von ONP das Spannungsfeld zwischen Wettbewerbs- und Industriepolitik in der EG aufgezeigt werden. Schließlich können auch die US-amerikanischen Erfahrungen mit ONA Denkanstöße geben und Grenzen aufzeigen, so daß sich ein Vergleich zwischen ONP und ONA anbietet.

Insgesamt bleibt die Hoffnung, daß mittlerweile auch für die Analyse von Kompatibilitätsstandards im Telekommunikationsbereich eine *kritische Masse* erreicht ist, so daß niemand mehr fürchten muß, nicht gefolgt zu werden und in diesem Forschungzweig *zu verwaisen*.

Literaturverzeichnis

Adams, Michael (1991): Normen, Standards, Rechte, in: Juristen Zeitung, Jg. 46, Nr. 20, S. 941-955

Adams, Walter/Brock, James W. (1983): Integrated Monopoly and Market Power: System Selling, Compatibility Standards, and Market Control, in: Quarterly Review of Economics and Business, Vol. 22, No. 4, S. 29-42

Adelmann, Meinrad (1988): Die Zulassung von Endeinrichtungen für Fernmeldenetze und Fernmeldedienste, in: Jahrbuch der Deutschen Bundespost, Jg. 39, S. 393-413

Allen, David (1988): New Telecommunications Services: Network Externalities and Critical Mass, in: Telecommunications Policy, Vol. 12, No. 3, S. 257-271

Analysys Publications (1989): European Telecommunications 1: Standards and ONP - Keys to the Open Market, o.O.

Anselmann, Norbert (1986): Die Rolle der europäischen Normung bei der Schaffung des europäischen Binnenmarktes, in: Recht der internationalen Wirtschaft, Jg. 32, Nr. 12, S. 936-941

Antonelli, Cristiano (1990): The Economic Theory of Information Networks, Dept. of Economics, University of Torino

Antonelli, Cristiano (1989): The Diffusion of Information Technology and the Demand for Telecommunication Services, in: Telecommunications Policy, Vol. 13, No. 3, S. 255-264

Arnold, Franz (1990) (Hrsg.): Handbuch der Telekommunikation, Bd. 1 u. 2, Köln

Arnold, Franz (1987): Monopol bei Netzen sichert neue Infrastruktur, in: Net Special, Nr. 2, S. 25-34

Arnold, Franz (1985): Die künftige Entwicklung der öffentlichen Fernmeldenetze in der Bundesrepublik Deutschland und ihre Auswirkungen auf die Benutzer, Teil 2, Köln

Arthur, W. Brian (1990): Positive Feedbacks in the Economy, in: Scientific American, Vol. 262, No. 2, S. 80-85

Arthur, W. Brian (1989): Competing Technologies, Increasing Returns, and Lock-In by Historical Events, in: The Economic Journal, Vol. 99, March, S. 116-131

Arthur, W. Brian (1988): Competing Technologies: An Overview, in: *Dosi, G. u.a.* (Hrsg.): Technical Change and Economic Theory, London, S. 590-607

Bain, Joe S. (1956): Barriers to New Competition, Their Character and Consequences in Manufacturing Industries, Cambridge (Mass.)

Bartkus, Robert E. (1976): Innovation Competition: Beyond Telex v. IBM, in: Stanford Law Review, Vol. 28, No. 1, S. 285-331

Berg, John L./Schumny, Harald (1990) (Hrsg.): The Information Technology Standardization Process, Amsterdam

Berg, Sanford V. (1990): Technical Standards and Technological Change in the Telecommunications Industry, in: Advances in Applied Mirco-Economics, Vol. 5, S. 105-127

Berg, Sanford V. (1989): The Production of Compatibility: Technical Standards as Collective Goods, in: Kyklos, Vol. 42, No. 3, S. 361-383

Berg, Sanford V. (1988): Duopoly Compatibility Standards with Partial Cooperation and Standards Leadership, in: Information Economics and Policy, Vol. 3, No. 1, S. 35-53

Berger, Heinz/Blankart, Charles B./Picot, Arnold (1990) (Hrsg.) : Lexikon der Telekommunikationsökonomie, Heidelberg

Berndt, Wolfgang (1986): Die Bedeutung der Standardisierung im Telekommunikationsbereich für Innovation, Wettbewerb und Welthandel, in: Jahrbuch der Deutschen Bundespost, Jg. 37, S. 87-117

Besen, Stanley M. (1990a): The Economic Dimension of Standards in Information Technology: Telecommunications and Information Technology Standard-Setting in Japan - A Preliminary Survey, OECD, Paris

Besen, Stanley M. (1990b): The European Telecommunications Standards Institute: A Preliminary Analysis, in: Telecommunications Policy, Vol. 14, No. 6, S. 521-530

Besen, Stanley M./Farrell, Joseph (1991): The Role of the ITU in Standardization: Preeminence, Impotence or Rubber Stamp?, in: Telecommunications Policy, Vol. 15 (1991), No. 4, S. 311-321

Besen, Stanley M./Johnson, Leland L. (1986): Compatibility Standards, Competition, and Innovation in the Broadcasting Industry, RAND, Santa Monica

Besen, Stanley M./Saloner, Garth (1989): The Economics of Telecommunications Standards, in: *Crandall, R.W./Flamm, K.* (Hrsg.): Changing the Rules: Technological Change, International Competition, and Regulation in Communications, Washington, S. 177-220

Blankart, Charles B./Knieps, Günter (1991a): Netzökonomik, Vortrag für die Tagung für Neue Politische Ökonomie, Technische Universität Berlin, Rijksuniversiteit Groningen

Blankart, Charles B./Knieps, Günter (1991b): Path Dependence, Network Externalities and Standardization, Technische Universität Berlin, Rijksuniversiteit Groningen

Bohm, Jürgen/Schön, Helmut/Tenzer, Gerd (1987): Mehrwertdienste - ein offener Wettbewerbsmarkt in der Bundesrepublik Deutschland, in: Jahrbuch der Deutschen Bundespost, Jg. 38, S. 207-242

Braunstein, Yale M./White, Lawrence J. (1985): Setting Technical Compatibility Standards: An Economic Analysis, in: The Antitrust Bulletin, Vol. 30, No. 2, S. 337-355

Brenton, M.E. (1987): The Role of Standardization in Telecommunications, in: *OECD* (Hrsg.): Trends of Change in Telecommunications Policy, Paris, S. 159-167

Brock, Gerald (1975): Competition, Standards and Self-Regulation in the Computer Industry, in: *Caves, R.E./Roberts, M.J.* (Hrsg.): Regulating the Product: Quality and Variety, Cambridge (Mass.), S. 75-96

Broß, Peter (1991): Umsetzung der Poststrukturreform, in: *Bundesminister für Post und Telekommunikation*_(Hrsg.): Regulierung und Wettbewerb in der Telekommunikation, Informationsserie zu Regulierungsfragen, Nr. 3, Bonn, S. 23-37

Bundesminister für das Post- und Fernmeldewesen (1988): Reform des Post- und Fernmeldewesens in der Bundesrepublik Deutschland, Heidelberg

Bundesminister für Post und Telekommunikation (1991a): Eckpunkte zur Beschreibung des Telefondienstmonopols des Bundes, Bonn

Bundesminister für Post und Telekommunikation (1991b): Wahrnehmung der Aufgaben des Bundesministeriums für Post und Telekommunikation im Bereich der Standardisierung, Bonn

Bundesminister für Post und Telekommunikation (1991c): Regulierungen zum Netzmonopol des Bundes, Informationsserie zu Regulierungsfragen, Nr. 4, Bonn

Bundesminister für Post und Telekommunikation (1990): Eckpunkte zur Beschreibung des Netzmonopols des Bundes, Bonn

Bundesministerium für Post und Telekommunikation/Abteilung 3 (1991): Standardisierungsstrategie des BMPT, Bonn

Butler, Richard E. (1990): The Changing Environment: Multidimensional Issues, in: Telecommunications Policy, Vol. 14, No. 3, S. 275-278

Carlton, Dennis W./Klamer, J. Mark (1983): The Need for Coordination Among Firms, with Special Reference to Network Industries, in: University of Chicago Law Review, Vol. 50, No. 2, S. 446-465

Chamberlin, Edward H. (1933): The Theory of Monopolistic Competition, Cambridge

Chamberlin, Edward H. (1950): Product Heterogenity and Public Policy, in: American Economic Review, Vol. 40, S. 85-92

Collins, Hugh (1987): Conflict and Co-Operation in the Establishment of Telecommunications and Data Communications Standards in Europe, in: *Gabel, H.L.* (Hrsg.): Product Standardization and Competitive Strategy, Amsterdam, S. 125-148

Commission of the European Communities (1991b): Analysis Report on the Application of ONP to Voice Telephony, Draft, Brussels

Commission of the European Communities (1991c): Proposal for a Council Recommendation on the Harmonised Provision of a Minimum Set of Packet Switched Data Services in Accordance with Open Network Provision Principles, Draft, Brussels

Commission of the European Communities (1991d): Proposal for a Council Recommendation on the Provision of Harmonised ISDN Access Arrangements and a Minimum Set of ISDN Functionalities in Accordance with Open Network Provision Principles, Draft, Brussels

Commission of the European Communities (1990c): Proposal for a Council Directive on the Application of Open Network Provision to Leased Lines, Draft, Brussels

Cowan, Robin A. (1990a): Nuclear Power Reactors: A Study in Technological Lock-in, in: Journal of Economic History, Vol. 50, No. 3, S. 541-567

Cowan, Robin A. (1990b): The Economic Dimension of Standards in Information Technology: Standards Policy and Information Technology, OECD, Paris

Crane, Rhonda J. (1979): The Politics of International Standards: France and the Color TV War, Norwood

David, Paul A. (1987): Some New Standards for the Economics of Standardization in the Information Age, in: *Dasgupta, P./Stoneman, P.* (Hrsg.): Economic Policy and Technological Performance, Cambridge, S. 206-239

David, Paul A. (1985): Clio and the Economics of QWERTY, in: American Economic Review, Vol. 75, No. 2, S. 332-337

David, Paul A./Bunn, Julie A. (1988): The Economics of Gateway Technologies and Network Evolution: Lessons from Electricity Supply History, in: Information Economics and Policy, Vol. 3, No. 2, S. 165-202

David, Paul A./Greenstein, Shane (1990): The Economics of Compatibility Standards: An Introduction to Recent Research, in: Economics of Innovation and New Technology, Vol. 1, No. 1, S. 3-41

David, Paul A./Steinmueller, W. Edward (1989): The ISDN Bandwagon is Coming - Who will be there to climb aboard?, Center for Economic Policy Research, Discussion Paper No. 171, Stanford University

Dorros, Irwin (1985): Standards, Innovation, and ISDN, in: Public Utilities Fortnightly, Vol. 115, No. 5, S. 6-10/47

Dybvig, Philip H./Spatt, Chester S. (1983): Adoption Externalities as Public Goods, in: Journal of Public Economics, Vol. 20, S. 231-247

Economides, Nicholas (1990): Compatibility and the Creation of Shared Networks, Center for Economic Policy Research, Discussion Paper No. 196, Stanford University

Economides, Nicholas (1989): Desirability of Compatibility in the Absence of Network Externalities, in: American Economic Review, Vol. 79, No. 5, S. 1165-1181

Ellger, Reinhard/Kluth, T. Sönke (1992): Das Wirtschaftsrecht der internationalen Telekommunikation in der Bundesrepublik Deutschland, Baden-Baden 1992

Ellger, Reinhard/Witt, Detlev (1990): International Free Trade in Telecommunications, in: *Friedmann, D./Mestmäcker, E.-J.* (Hrsg.): Rules for Free International Trade in Services, Baden-Baden, S. 275-339

Esser, Patrick/Leruth, Luc (1988): Network Externality, Compatibility and Product Differentiation: Equilibrium in a Duopoly Model, European Institute for Advanced Studies in Management, Working Paper No. 88-07, Brussels

Farrell, Joseph (1990): The Economics of Standardization: A Guide for Non-Economics, in: *Berg, J.L./Schumny, H.* (Hrsg.): The Information Technology Standardization Process, Amsterdam, S. 189-198

Farrell, Joseph/Saloner, Garth (1988): Coordination Through Committees and Markets, in: Rand Journal of Economics, Vol. 19, No. 2, S. 235-252

Farrell, Joseph/Saloner, Garth (1987): Competition, Compatibility and Standards: The Economics of Horses, Penguins and Lemmings, in: *Gabel, H.L.* (Hrsg.): Product Standardization and Competitive Strategy, Amsterdam, S. 1-21

Farrell, Joseph/Saloner, Garth (1986a): Standardization and Variety, in: Economic Letters, Vol. 20, S. 71-74

Farrell, Joseph/Saloner, Garth (1986b): Economic Issues in Standardization, in: *Miller, J.* (Hrsg.): Telecommunications and Equity, Amsterdam, S. 165-177

Farrell, Joseph/Saloner, Garth (1986c): Installed Base and Compatibility: Innovation, Product Preannouncements, and Predation, in: American Economic Review, Vol. 76, No. 5, S. 940-955

Farrell, Joseph/Saloner, Garth (1985): Standardization, Compatibility, and Innovation, in: Rand Journal of Economics, Vol. 16, No. 1, S. 70-83

Farrell, Joseph/Shapiro, Carl (1989): Optimal Contracts with Lock-in, in: American Economic Review, Vol. 79, No. 1, S. 51-68

Farrell, Joseph/Shapiro, Carl (1988): Dynamic Competition with Switching Costs, in: Rand Journal of Economics, Vol. 19, No. 1, S. 123-137

Fisher, Franklin M./McGowan, John J./Greenwood, Joen (1985): Der Anti-Trust-Fall US gegen IBM, Tübingen

Foreman-Peck, James/Müller, Jürgen (1988): The Changing European Telecommunications Systems, in: *dies.* (Hrsg.): European Telecommunication Organisations, Baden-Baden, S. 23-51

Friedrich, Gerd/Neumar, Franz (1988): Die Zulassungspraxis der Deutschen Bundespost, in: Jahrbuch der Deutschen Bundespost, Jg. 39, S. 357-392

Fullerton, Hugh S. (1989): Microeconomic Theory and Critical Mass - A Response to David Allen, in: Telecommunications Policy, Vol. 13, No. 2, S. 167-168

Gabel, H. Landis (1990): The Competitive Factors influenced by Standardization, Summary of the Workshop, in: *Berg, J.L./Schumny, H.* (Hrsg.): The Information Technology Standardization Process, Amsterdam, S. 443-447

Gabel, H. Landis (1987a) (Hrsg.): Product Standardization and Competitive Strategy, Amsterdam

Gabel, H. Landis (1987b): Open Standards in the European Computer Industry: The Case of X/OPEN, in: *ders.* (Hrsg.): Product Standardization and Competitive Strategy, Amsterdam, S. 91-123

Gabel, H. Landis (1987c): Conclusion, in: *ders.* (Hrsg.): Product Standardization and Competitive Strategy, Amsterdam, S. 303-316

Gabel, H. Landis/Millington, Robin (1986): The Role of Technical Standards in the European Cellular Radio Industry, INSEAD, Fontainebleau

GATT (1979): Agreement on Technical Barriers to Trade, Geneva

Gora, Walter (1990): Bedeutende WANs & VANs, in: Datacom, Nr. 8/1990, S. 30-35

Greenstein, Shane M. (1989): Computers, Compatibility, and Economic Choice, Diss., Stanford

Grewlich, Klaus (1989): HDTV: The Struggle for Telepresence, in: Transnational Data and Communications Report, Vol. 12, No. 4, S. 17-23

Grindley, Peter (1990): Standards and the Open Systems Revolution in the Computer Industry, in: *Berg, J.L./Schumny, H.* (Hrsg.): The Information Technology Standardization Process, Amsterdam, S. 99-110

Gröner, Helmut (1987): Beschaffungspolitik der DBP und Ordnungspolitik, in: *Diederich, H./Hamm, W./Zohlnhöfer, W.* (Hrsg.): Die Deutsche Bundespost im Spannungsfeld der Wirtschaftspolitik, Heidelberg, S. 317-357

Heinrich, Lutz J./Lehner, Franz/Roithmayr, Friedrich (1988): Informations- und Kommunikationstechnik, München, Wien

Hemenway, David (1975): Industrywide Voluntary Product Standards, Cambridge (Mass.)

Hergert, Michael (1987): Technical Standards and Competition in the Microcomputer Industry, in: *Gabel, H.L.* (Hrsg.): Product Standardization and Competitive Strategy, Amsterdam, S. 67-89

Heuermann, Arnulf/Neumann, Karl-Heinz/Schnöring, Thomas/Wieland, Bernhard (1986): Telekommunikation im Vergleich - Eine problemorientierte Übersicht über die Länder USA, Großbritannien, Frankreich, Niederlande, Schweden und Japan, in: Jahrbuch der Deutschen Bundespost, Jg. 37, S. 165-236

Hinterhuber, Hans H. (1975): Normung, Typung und Standardisierung, in: *Grochla, E./Wittmann, W.*: Handwörterbuch der Betriebswirtschaft, 4. Aufl., Bd. 2, Stuttgart, Sp. 2776-2782

Hummel, Eckart (1985): The CCITT, in: IEEE Communications Magazine, Vol. 23, No. 1, S. 8-11

Irmer, Theodor (1989): The CCITT - Looking Forward, o.O.

Irmer, Theodor (1987): ISDN-Standardisierung im CCITT, in: *Arnold, F.* (Hrsg.): ISDN: Viele Kommunikationsdienste in einem System, Köln, S. 61-72

Irmer, Theodor (1986): ISDN after the VIIIth Plenary Assembly of CCITT, in: Telecommunication Journal, Vol. 53, No. 5, S. 270-273

Irmer, Theodor/Bigi, Fabio (1991): Role of Standards on New Technologies, in: Telecommunication Journal, Vol. 58, No. 11, S. 803-809

Kahl, Peter (1990): ISDN: Das neue Fernmeldenetz der Deutschen Bundespost TELEKOM, 3. Aufl., Heidelberg

Kantzenbach, Erhard (1984): Diskussionsbeitrag im WuW-Kolloquium »Innovationspolitik und Wettbewerbsordnung«, abgedruckt in: Wirtschaft und Wettbewerb, Jg. 34, Nr. 12, S. 941-953

Kantzenbach, Erhard (1967): Die Funktionsfähigkeit des Wettbewerbs, 2. Aufl., Göttingen

Kantzenbach, Erhard/Kruse, Jörn (1989): Kollektive Marktbeherrschung, Göttingen

Katz, Michael L./Shapiro, Carl (1986a): Product Compatibility Choice in a Market with Technological Progress, in: *Morris, D. J. u.a.* (Hrsg.): Strategic Behaviour and Industrial Competition, Oxford, S. 146-165

Katz, Michael L./Shapiro, Carl (1986b): Technology Adoption in the Presence of Network Externalities, in: Journal of Political Economy, Vol. 94, No. 4, S. 822-841

Katz, Michael L./Shapiro, Carl (1985): Network Externalities, Competition, and Compatibility, in: American Economic Review, Vol. 75, No. 3, S. 424-440

Kauffels, Franz-Joachim (1989): Lokale Netze, 4. Aufl., Pulheim

Kehoe, Louise (1991): »Standards battle gets under way«, in: Financial Times vom 22.10.1991, Beilage »Networking and Open Systems«, S. 10

Kindleberger, Charles P. (1983): Standards as Public, Collective and Private Goods, in: Kyklos, Vol. 36, S. 377-396

Kleinaltenkamp, Michael (1990) unter Mitarbeit von Christiane Schleich, Halko Unruhe und Rüdiger Welsch: Standardisierungsprozesse: Beispielhafte Standardisierungsprozesse aus den Bereichen der Konsum- und Mikroelektronik sowie der rechnerintegrierten Fertigung, Zwischenbericht des Projektes K-2 des Sonderforschungsbereichs 187, Universität Bochum

Klemperer, Paul (1988): The Competitiveness of Markets with Switching Costs, in: Rand Journal of Economics, Vol. 18, No. 1, S. 138-150

Knieps, Günter (1987): Entstaatlichung und Wettbewerb im nationalen Telekommunikationsbereich, in: *Windisch, R.* (Hrsg.): Privatisierung natürlicher Monopole im Bereich von Bahn, Post und Telekommunikation, Tübingen, S. 147-203

Knieps, Günter (1985): Entstaatlichung im Telekommunikationsbereich, Tübingen

Knieps, Günter/Müller, Jürgen/von Weizsäcker, Carl Christian (1981): Die Rolle des Wettbewerbs im Fernmeldebereich, Baden-Baden

Knorr, Henning/Tegge, Andreas (1990): Liberalization Strategies for Free Trade in Services, in: Intereconomics, Vol. 25, No. 5, S. 220-228

Kommission der Europäischen Gemeinschaften (1991a): Leitlinien für die Anwendung der EG-Wettbewerbsregeln im Telekommunikationsbereich (91/C 233), Amtsblatt der Europäischen Gemeinschaften, Nr. C 233 vom 6.9.1991, S. 2-26

Kommission der Europäischen Gemeinschaften (1990a): Richtlinie der Kommission vom 28. Juni 1990 über den Wettbewerb auf dem Markt für Telekommunikationsdienste (90/388/EWG), Amtsblatt der Europäischen Gemeinschaften, Nr. L 192 vom 24.7.90, S. 10-16

Kommission der Europäischen Gemeinschaften (1990b): Mitteilung der EG-Kommission zum Ausbau der europäischen Normung vom 16. Oktober 1990, Kom (90) 456, Amtsblatt der Europäischen Gemeinschaften, Nr. C 20 vom 28.1.91, S. 1-35

Kommission der Europäischen Gemeinschaften (1988a): Richtlinie der Kommission vom 16. Mai 1988 über den Wettbewerb auf dem Markt für Telekommunikations-Endgeräte (88/301/EWG), Amtsblatt der Europäischen Gemeinschaften, Nr. L 131 vom 27.5.88, S. 73-77

Kommission der Europäischen Gemeinschaften (1988b): Die Normung der Informationstechnologie und der Telekommunikation, Informationsblätter, Brüssel

Kommission der Europäischen Gemeinschaften (1987): Grünbuch über die Entwicklung des Gemeinsamen Marktes für Telekommunikationsdienstleistungen und Telekommunikationsgeräte vom 30. Juni 1987, Kom (87) 290, Brüssel

Kruse, Jörn (1985): Ökonomie der Monopolregulierung, Göttingen

Lancaster, Kelvin (1975): Socially Optimal Product Differentiation, in: American Economic Review, Vol. 65, No. 4, S. 567-585

Larsson, Torsten (1990): Into the 90s - An Overview of the Impact of the Changing Telecommunications Environment on the ITU and Standardization, in: Telecommunication Journal, Vol. 57, No. 3, S. 169-174

Lecraw, Donald J. (1984): Some Economic Effects of Standards, in: Applied Economics, Vol. 16, No. 4, S. 507-522

Leibenstein, Harvey (1966): Allocative Efficiency vs. X-Efficiency, in: American Economic Review, Vol. 56, S. 392-415

Leibenstein, Harvey (1950): Bandwagon, Snob and Veblen Effects in the Theory of Consumers's Demand, in: Quarterly Journal of Economics, Vol. 64, S. 183-207

Lenke, Roland (1991): Bundesamt für Post und Telekommunikation, in: *Vogt, G.B.* (Hrsg.): VerwaltungsJahrbuch für die Deutsche Bundespost, Berlin, S. 1-14

Liebowitz, S.J./ Margolis, S.E. (1990): The Fable of the Keys, in: Journal of Law and Economics, Vol. 33, No. 1, S. 1-25

Lifchus, Ian M. (1986): Standards and Innovation: The Hidden Synergy, in: *Miller, J.* (Hrsg.): Telecommunications and Equity, Amsterdam, S. 179-184

Link, Albert N. (1983): Market Structure and Voluntary Product Standards, in: Applied Economics, Vol. 15, No. 3, S. 393-401

Lohse, Edward (1985): The Role of the ISO in Telecommunications and Information Systems Standardization, in: IEEE Communications Magazine, Vol. 23, No. 1, S. 18-24

Marshall, A. (1988): »Industry as restless as ever, reorganisation and alliances«, in: Financial Times vom 11.05.88, S. 8

Mathes, Heinz Dieter (1981): Rationalisierung, in: HdWW, Bd. 6, Stuttgart, S. 399-406

Matutes, Carmen/Regibeau, Pierre (1988): »Mix and Match«: Product Compatibility without Network Externalities, in: Rand Journal of Economics, Vol. 19, No. 2, S. 221-234

Matutes, Carmen/Regibeau, Pierre (1987a): Standardization in Multi-Component Industries, in: *Gabel, H.L.* (Hrsg.): Product Standardization and Competitive Strategy, Amsterdam, S. 23-28

Matutes, Carmen/Regibeau, Pierre (1987b): Product Compatibility and the Scope of Entry, INSEAD Working Paper No. 87/ 40, Fontainebleau

McKnight, Lee (1987): The International Standardization of Telecommunications Services and Equipment, in: *Mestmäcker, E.-J.* (Hrsg.): The Law and Economics of Transborder Telecommunications, Baden-Baden, S. 415-436

Mestmäcker, Ernst-Joachim (1990): Marktzugang und Monopolmißbrauch auf deregulierten Märkten, in: *Baur, J.F. u.a.* (Hrsg.): Festschrift für Ernst Steindorff, Berlin, New York, S. 1045-1064

Mestmäcker, Ernst-Joachim (1987) (Hrsg.): The Law and Economics of Transborder Telecommunications, Baden-Baden

Mestmäcker, Ernst-Joachim (1980): Fernmeldemonopol und Nachfragemacht - Wirtschaftsrechtliche und ordnungspolitische Probleme der hoheitlichen und unternehmerischen Funktionen der DBP, in: *ders.* (Hrsg.): Kommunikation ohne Monopole, Baden-Baden, S. 161-200

Monopolkommission (1991): Zur Neuordnung der Telekommunikation, Sondergutachten, Köln

Monopolkommission (1981): Die Rolle der Deutschen Bundespost im Fernmeldewesen, Sondergutachten Nr. 9, Baden-Baden

Müller, Jürgen/Vogelsang, Ingo (1979): Staatliche Regulierung, Baden-Baden

Neumann, Karl-Heinz (1991): Ökonomische Ziele der Regulierung der Telekommunikationsmärkte, in: *Bundesminister für Post und Telekommunikation* (Hrsg.): Regulierung und Wettbewerb in der Telekommunikation, Informationsserie zu Regulierungsfragen, Nr. 3, Bonn, S. 80-86

Neumann, Karl-Heinz (1984): Gebührenpolitik im Telekommunikationsbereich, Baden-Baden

o. V.: »Astra auf Höhenflug« in: Funkschau, Nr. 5/1991, S. 32-39

o. V.: »Das Machtwort des Schiedsrichters« in: Funkschau, Nr. 16/1991, S. 28-29

o. V.: »D-Netze: Zwischen Wunsch und Wirklichkeit«, in: Funkschau, Nr. 21/1991, S. 38-44

o. V.: »Fax-Boom nach 10 Jahren«, in: Funkschau, Nr. 21/1989, S. 34-36

o. V.: »Mac-Direktive: Zwischenergebnis europäischer Planwirtschaft«, in: Funkschau, Nr. 18/1991, S. 46-51

o. V.: »Mauerblümchen Teletex«, in: Funkschau, Nr. 19/1989, S. 45

o. V.: »Telefax wächst am schnellsten«, in: Funkschau, Nr. 3/1991, S. 4

Oberlack, Hans Günther (1989): Handelshemmnisse durch Produktstandards: Ökonomische Aspekte ihrer Beseitigung, Hamburg

Ordover, Janusz A./Willig, Robert D. (1981): An Economic Definition of Predation: Pricing and Product Innovation, in: The Yale Law Journal, Vol. 91, No. 1, S. 8-53

Pfeiffer, Günter (1990): Compatibility and Competition - A Dynamic Model of an Oligopoly with Differentiated Products and Switching Costs, in: *Berg, J.L./Schumny, H.* (Hrsg): The Information Technology Standardization Process, Amsterdam, S. 199-214

Pfeiffer, Günter (1989): Kompatibilität und Markt: Ansätze zu einer ökonomischen Theorie der Standardisierung, Baden-Baden

Pfeiffer, Günter/Wieland, Bernhard (1990): Telecommunications in Germany: An Economic Perspective, Berlin u.a.

Phillips, Almarin (1991): Changing Markets and Institutional Inertia: A Review of US Telecommunications Policy, in: Telecommunications Policy, Vol. 15, No. 1, S. 49-61

Pohl, Winfried/Stannat, Anette (1991): ZZF: Neuorganisation bringt frischen Wind, in: Funkschau, Nr. 24, S. 66-68

Rabe, Uwe (1988): Dynamisch-optimale Gebührenpolitik für einen neuen Telekommunikationsdienst, Diss., Bonn

Rat der Europäischen Gemeinschaften (1991): Richtlinie des Rates vom 29. April 1991 zur Angleichung der Rechtsvorschriften der Mitgliedstaaten über Telekommunikationsendeinrichtungen einschließlich der gegenseitigen Anerkennung ihrer Konformität (91/263/EWG), Amtsblatt der Europäischen Gemeinschaften, Nr. L 128 vom 23.5.91, S. 1-18

Rat der Europäischen Gemeinschaften (1990a): Richtlinie des Rates vom 28. Juni 1990 zur Verwirklichung des Binnenmarktes für Telekommunikationsdienste durch Einführung eines offenen Netzzugangs (Open Network Provision) (90/387/EWG), in: Amtsblatt der Europäischen Gemeinschaften, Nr. L 192 vom 24.7.90, S. 1-9

Rat der Europäischen Gemeinschaften (1990b): Richtlinie des Rates vom 17. September 1990 betreffend die Auftragsvergabe durch Auftraggeber im Bereich der Wasser-, Energie- und Verkehrsversorgung sowie im Telekommunikationssektor (90/531/ EWG), Amtsblatt der Europäischen Gemeinschaften, Nr. L 297 vom 29.10. 90, S. 1-48

Rat der Europäischen Gemeinschaften (1986): Beschluß des Rates vom 22. Dezember 1986 über die Normung auf dem Gebiet der Informationstechnik und der Telekommunikation (87/95/ EWG), Amtsblatt der Europäischen Gemeinschaften, Nr. L 36 vom 7.2.87, S. 31-35

Reddy, N. Mohan (1987): Technology, Standards, and Markets: A Market Institutionalization Perspective, in: *Gabel, H.L.* (Hrsg.): Product Standardization and Competitive Strategy, Amsterdam, S. 47-66

Rohde, Jörg (1987): Anforderungen an die Kommunikationsdienste der DBP, in: *Diederich, H./Hamm, W./Zohlnhöfer, W.* (Hrsg.): Die Deutsche Bundespost im Spannungsfeld der Wirtschaftspolitik, Heidelberg, S. 105-125

Rohlfs, Jeffrey (1974): A Theory of Interdependent Demand for a Communications Service, in: Bell Journal of Economics and Management Science, Vol. 5, No. 1, S. 16-37

Rutkowski, Anthony M. (1987): Open Network Architectures: An Introduction, in: Telecommunications, No. 1, S. 30-40

Rutkowski, Anthony M. (1985): Integrated Services Digital Networks, Dedham

Savage, James G. (1989): The Politics of International Telecommunications Regulation, Boulder u.a.

Scherer, Frederic M./Ross, David (1990): Industrial Market Structure and Economic Performance, 3rd ed., Boston

Scherer, Joachim (1987): Nachrichtenübertragung und Datenverarbeitung im Telekommunikationsrecht, Baden-Baden

Scherer, Joachim (1985): Telekommunikationsrecht und Telekommunikationspolitik, Baden-Baden

Schmidt, Susanne K./Werle, Raymund (1991a): The Development of Compatibility Standards in Telecommunications, Max-Planck-Institut für Gesellschaftsforschung, Köln

Schmidt, Susanne K./Werle, Raymund (1991b): Koordination und Evolution: Technische Standards im Prozeß der Entwicklung technischer Systeme, Max-Planck-Institut für Gesellschaftsforschung, Köln

Schneider, Volker/Charon, Jean-Marie/Miles, Ian/Thomas, Graham/Vedel, Thierry (1990): The Dynamics of Videotex Development in Britain, France and Germany, Paper prepared for the 8th International Conference of the International Telecommunications Society, Venice, Italy, March 18-21

Schnöring, Thomas (1989): Forschung und Entwicklung bei der Deutschen Bundespost, Diskussionsbeiträge zur Telekommunikationsforschung, Nr. 52, Bad Honnef

Schwandt, Friedrich (1991): Wie öffnet man den D-Netz-Markt?, in: Mobilcom, Nr. 10/91, S. 14

Siebke, Jürgen (1981): Preistheorie, in: *Bender, D. u.a.* (Hrsg.): Vahlens Kompendium der Wirtschaftstheorie und Wirtschaftspolitik, Bd. 2, München, S. 57-111

Silberhorn, Armin (1991): Entwicklung europäischer Mobilfunk-Standards im Weltvergleich, in: Europäischer Mobilfunk, Fibu München 1991, S. 147-166

Sirbu, Marvin A. (1989): Telecommunications Standards, Innovation and Industry Structure, Discussion Paper, Carnegie Mellon University, Pittsburgh

Sirbu, Marvin A./Estrin, Deborah L. (1989): Standards, in: *Barnouw, E. u.a.* (Hrsg.): The International Encyclopedia of Communications, Vol. 4, Oxford, S. 173-176

Sirbu, Marvin A./Hughes, Kent (1986): Standardization of Local Area Networks, Paper Presented at the 14th Annual Telecommunications Policy Research Conference, Airlie Virginia

Sirbu, Marvin A./Stewart, Steven (1985): Market Structure and the Emergence of Standards, Paper presented at the 13th Annual Telecommunications Policy Research Conference, Airlie Virginia

Sirbu, Marvin A./Weiss, Martin B.H. (1989): Technological Choice in Voluntary Standards Committees: An Empirical Analysis, Discussion Paper, Carnegie Mellon University Pittsburgh, University of Pittsburgh

Sirbu, Marvin A./Zwimpfer, Laurence (1985): Standards Setting for Computer Communication: The Case of X.25, in: IEEE Communications Magazine, Vol. 23, No. 3, S. 35-45

Stoetzer, Matthias-Wolfgang (1991): Der Markt für Mehrwertdienste: Ein kritischer Überblick, Diskussionsbeiträge zur Telekommunikationsforschung, Nr. 69, Bad Honnef

Stöttinger, Klaus H. (1989): Das OSI-Referenzmodell, Pulheim

Stoneman, Paul (1987): The Economic Analysis of Technology Policy, Oxford, Chapter 11

Sucker, Michael (1990): Die kartellrechtliche Beurteilung von Standardisierung und Normung auf EDV-Märkten, in: *Göbel, J.W.*_(Hrsg.): Rechtliche und ökonomische Rahmenbedingungen der deutschen EDV-Branche, Köln, S. 174-194

Swann, Peter (1990): Standards and the Growth of a Software Network, in: *Berg, J.L./Schumny, H.* (Hrsg.): The Information Technology Standardization Process, Amsterdam, S. 383-393

Tamarin, Christopher (1988): Telecommunications Technology Applications and Standards: A New Role for the User, in: Telecommunications Policy, Vol. 12, No. 4, S. 323-331

Tarjanne, Pekka J. (1990): Access to 1990s Telecom Networks and Markets, in: Transnational Data and Communications Report, Vol. 13, No. 2, S. 17-19

Tegge, Andreas: Die ITU im Zentrum der Weltfernmeldeordnung, unveröffentlichtes Manuskript, (erscheint als Diss.)

Tenzer, Gerd (1991): New Challenges in Telecommunications Markets: Standards, Networks, Benefits, DBP TELEKOM, Bonn

Tirole, Jean (1989): The Theory of Industrial Organization, 3rd. ed., Cambridge, London

Toutan, Michel (1985): CEPT Recommendations, in: IEEE Communications Magazine, Vol. 23, No. 1, S. 28-30

Tunze, Wolfgang (1991): »Das junge Talent DAT bekommt schon Konkurrenz«, in: Frankfurter Allgemeine Zeitung vom 15.01.91, S. T1

Ungerer, Herbert (1991): Liberalization of European Telecommunications, in: Transnational Data and Communications Report, Vol. 14, No. 1, S. 17-21

Ungerer, Herbert (1989): Telekommunikation in Europa, Brüssel

Veall, Michael R. (1985): On Product Standardization as Competition Policy, in: Canadian Journal of Economics, Vol. 18, No. 2, S. 416-425

Wallenstein, Gerd (1990): Setting Global Telecommunication Standards, Norwood

Waverman, Leonard (1989): U.S. Interexchange Competition, in: *Crandall, R.W./Flamm, K.*: Changing the Rules: Technological Change, International Competition, and Regulation in Communications, Washington, S. 62-113

von Weizsäcker, Carl Christian (1987): The Economics of Value Added Network Services, Cologne

von Weizsäcker, Carl Christian (1984a): Wettbewerb im Endgerätebereich, in: Jahrbuch der Deutschen Bundespost, Jg. 35, S. 578-587 *von Weizsäcker, Carl Christian (1984b)*: The Costs of Substitution, in: Econometrica, Vol. 52, No. 5, S. 1085-1116

Werle, Raymund (1990): Telekommunikation in der Bundesrepublik, Frankfurt, New York

Wieck, Reinhard (1989): Die Telekommunikation in der Wirtschaftsordnung der Bundesrepublik Deutschland, unveröffentlichtes Manuskript, Max-Planck-Institut für ausländisches und internationales Privatrecht, Hamburg

Wieland, Bernhard (1985): Größenvorteile und natürliches Monopol aus empirischer Sicht, Diskussionsbeiträge zur Telekommunikationsforschung, Nr. 13, Bad Honnef

Wiese, Harald (1990): Netzeffekte und Kompatibilität: Ein theoretischer und simulationsgeleiteter Beitrag zur Absatzpolitik für Netzeffekt-Güter, Stuttgart

Williamson, Oliver E. (1986): Economic Organization, Brighton

Williamson, Oliver E. (1975): Markets and Hierarchies: Analysis and Antitrust Implications, New York

Witte, Eberhard (1987): Neuordnung der Telekommunikation - Bericht der Regierungskommission Fernmeldewesen, Heidelberg